· 南宁师范大学旅游管理国家一流本科专业建设点建设成果

高等院校应用型人才培养"十四五"规划旅游管理类系列教材

研学旅行项目开发与运营

主　编◎叶建芳

副主编◎张　群　黄　珍

参　编◎农广达　徐慧雅　宋清雪　张玉琪

Development and Operation of Study Travel

华中科技大学出版社
http://press.hust.edu.cn
中国·武汉

内 容 提 要

《研学旅行项目开发与运营》包括十二部分,导论部分介绍了研学旅行的概念、历史,研学项目开发概念、基本原则。正文一至九章先后设置了九个研学专题项目开发内容,分别为自然生态、科学技术、历史文化、民俗文化、红色研学、文学艺术、体育健康、劳动教育、生命教育;十至十一章讲述项目运营相关内容,主要有研学旅行项目市场营销、研学旅行项目品牌塑造与推广,从理论上与前面专题探讨的问题建立连接关系。

图书在版编目(CIP)数据

研学旅行项目开发与运营/叶建芳主编.—武汉:华中科技大学出版社,2024.4
ISBN 978-7-5772-0634-9

Ⅰ.①研… Ⅱ.①叶… Ⅲ.①教育旅游-教育研究 Ⅳ.①F590.75

中国国家版本馆 CIP 数据核字(2024)第 063413 号

研学旅行项目开发与运营   叶建芳 主编
Yanxue Lüxing Xiangmu Kaifa yu Yunying

策划编辑:王 乾
责任编辑:王 乾 安 欣
封面设计:原色设计
责任校对:李 弋
责任监印:周治超
出版发行:华中科技大学出版社(中国·武汉)   电话:(027)81321913
         武汉市东湖新技术开发区华工科技园   邮编:430223
录   排:华中科技大学惠友文印中心
印   刷:武汉科源印刷设计有限公司
开   本:787mm×1092mm 1/16
印   张:12
字   数:270 千字
版   次:2024 年 4 月第 1 版第 1 次印刷
定   价:59.80 元

出 版 说 明

党的十九届五中全会确立了到 2035 年建成文化强国的远景目标,明确提出发展文化事业和文化产业。"十四五"期间,我国将继续推进文旅融合,实施创新发展,不断推动文化和旅游发展迈上新台阶。2019 年和 2021 年先后颁布的《国家职业教育改革实施方案》《关于深化本科教育教学改革　全面提高人才培养质量的意见》《本科层次职业教育专业设置管理办法(试行)》,强调进一步推动高等教育应用型人才培养模式改革,对接产业需求,服务经济社会发展。

基于此,建设高水平的旅游管理专业应用型人才培养教材,将助力旅游高等教育结构优化,促进旅游专业应用型人才的能力培养与素质提升,进而为中国旅游业在"十四五"期间深化文旅融合、持续迈向高质量发展提供有力支撑。

华中科技大学出版社一向以服务高校教学、科研为己任,重视高品质专业教材出版。"十三五"期间,在教育部高等学校旅游管理类专业教学指导委员会和全国高校应用型本科旅游院校联盟的大力支持和指导下,在全国范围内特邀中组部国家"万人计划"教学名师、近百所应用型院校旅游管理专业学科带头人、一线骨干"双师双能型"教师,以及旅游业界精英等担任顾问和编者,组织编纂出版"高等院校应用型人才培养'十三五'规划旅游管理类系列教材"。该系列教材自出版发行以来,被全国近百所开设旅游管理类专业的院校选用,并多次再版。

为积极响应"十四五"期间我国文旅行业发展及旅游高等教育发展的新趋势,"高等院校应用型人才培养'十四五'规划旅游管理类系列教材"应运而生。本套教材依据文旅行业最新发展和学术研究最新进展,立足旅游管理应用型人才培养特征进行整体规划,对高水平的"十三五"规划教材进行修订、丰富、再版,同时开发出一批教学紧缺、业界急需的教材。本套教材在以下三个方面做出了创新：

一是紧扣旅游学科特色，创新教材编写理念。本套教材基于旅游高等教育发展新形势，结合新版旅游管理专业人才培养方案，遵循应用型人才培养的内在逻辑，在编写团队、编写内容与编写体例上充分彰显旅游管理应用型专业的学科优势，有利于全面提升旅游管理专业学生的实践能力与创新能力。

二是遵循理实并重原则，构建多元化知识结构。在产教融合思想的指导下，坚持以案例为引领，同步案例与知识链接贯穿全书，增设学习目标、实训项目、本章小结、关键概念、案例解析、实训操练和相关链接等个性化模块。

三是依托资源服务平台，打造新形态立体教材。华中科技大学出版社紧抓"互联网＋"时代教育需求，自主研发并上线的华中出版资源服务平台，可为本套教材作立体化教学配套服务，既为教师教学提供便捷，提供教学计划书、教学课件、习题库、案例库、参考答案、教学视频等系列配套教学资源，又为教学管理提供便捷，构建课程开发、习题管理、学生评论、班级管理等于一体的教学生态链，真正打造了线上线下、课内课外的新形态立体化互动教材。

丛书编委会力求通过出版一套兼具理论与实践、传承与创新、基础与前沿的精品教材，为我国加快实现旅游高等教育内涵式发展、建成世界旅游强国贡献一份力量，并诚挚邀请更多致力于中国旅游高等教育的专家学者加入我们！

华中科技大学出版社

前言
Preface

    党的二十大报告指出："教育是国之大计、党之大计。培养什么人、怎样培养人、为谁培养人是教育的根本问题。育人的根本在于立德。全面贯彻党的教育方针,落实立德树人根本任务,培养德智体美劳全面发展的社会主义建设者和接班人。"研学即通过实践教育落实立德树人的根本任务,帮助中小学生了解国情、热爱祖国、开阔眼界、增长知识,着力提高他们的社会责任感、创新精神和实践能力。自2016年教育部等11部门联合印发《关于推进中小学生研学旅行的意见》以来,研学旅行已纳入中小学教育教学计划,并成为社会的强烈诉求。研学旅行的教学与研究,以及研学旅行人才的培养任重而道远。成熟的、高质量的研学旅行项目开发与运营,将成为研学旅行开展的基本保障。本教材的编写,不仅可用于培养研学旅行人才,也可为研学旅行的理论建设与实践探索提供参考。

    当前,关于研学旅行项目开发与运营的教材与研究成果相对欠缺,比较知名的有许昌斌与李玺编写的《研学旅行项目开发与运营》等,尚需要更多的同行加入此领域,在内容结构与主题提炼上提供更加多元的尝试,以满足师生的不同需求。

    本教材先编写导论,接着设置九章研学旅行专题开发内容,最后再安排两章项目运营专题理论探讨。本教材由易入难,由实践到理论,便于教师授课与学生学习,有利于培养学生的人文素养、科学素养及创新创业精神。由于缺少成熟的参考资料,本教材大量参考了旅游类研究成果及专业知识类书籍,并在此基础之上根据研学学科专业知识要求进行修改编写。本教材中的"项目",取自它的广义,包括了产品、课程、活动等内容。详细来看,"项目开发"是管理学的概念,旅游学中常用的是"资源开发"的含义,本教材在编写中同时运用了这两个层面的含义,即"项目开发"与"资源开发"有时是相通的。

    该教材大纲由叶建芳草拟,得到段文军教授、廖钟迪副教授的指点,经过数次修改而成。

具体章节编写分工如下。

导论　研学旅行概述:张群

第一章　自然生态研学旅行项目开发:叶建芳　张玉琪

第二章　科学技术研学旅行项目开发:农广达

第三章　历史文化研学旅行项目开发:叶建芳

第四章　民俗文化研学旅行项目开发:叶建芳

第五章　红色研学旅行项目开发:叶建芳

第六章　文学艺术研学旅行项目开发:宋清雪　叶建芳

第七章　体育健康研学旅行项目开发:叶建芳　宋清雪

第八章　劳动教育研学旅行项目开发:叶建芳　农广达

第九章　生命教育研学旅行项目开发:叶建芳　徐慧雅

第十章　研学旅行项目市场营销:叶建芳　张群

第十一章　研学旅行项目品牌塑造与推广:徐慧雅　叶建芳

教材案例:叶建芳　张玉琪

本教材在编写过程中得到左江花山投资股份有限公司、崇左市壮族博物馆、江西省环境国际旅行社股份有限公司、凤凰国际旅游股份有限公司(卓代研学项目组)、桂林独秀峰教育科技有限公司、全州桂北红色文化教育培训中心、南宁天骄草原国际滑草场、广西皇氏乳业有限公司、柳州城市职业学院经济管理学院研学团队、桂林阳朔山水旅游开发有限公司(世外桃源景区)等的大力支持,以及崇左市壮族博物馆杨丽云副研究馆员、广西职业技术学院罗健铭老师等同仁的热心相助,在此表示诚挚的谢意! 另外,桂林理工大学的罗妹梅老师、黄莹硕士研究生,负责该书稿的资料整理及校对修改工作,付出了辛勤的劳动,在此一并表示感谢!

由于相关研究并不是很成熟,部分概念及内容由编者根据专业知识归纳提炼而得,目前尚有许多不足之处。希望使用本教材的师生及相关研究者,能对本教材提出宝贵的批评意见与指导建议,以便编者在今后的教学与研究中进一步思考与完善。

叶建芳

2023 年 10 月 24 日

目 录
Contents

Note

导论
研学旅行概述

本章概要

　　本章主要介绍研学旅行概念、研学旅行的历史及研学旅行项目概念、研学旅行项目开发的原则。

学习目标

知识目标

(1) 了解研学旅行概念与历史。

(2) 了解研学旅行项目开发概念与原则。

能力目标

(1) 掌握研学旅行基本知识。

(2) 掌握研学旅行项目开发的基本原则。

素质目标

(1) 具备求知好学精神。

(2) 具备科学文化素养。

知识导图

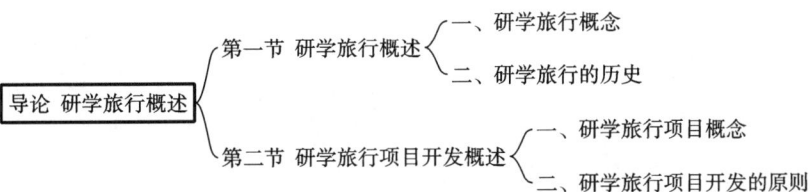

导论 研学旅行概述
- 第一节 研学旅行概述
  - 一、研学旅行概念
  - 二、研学旅行的历史
- 第二节 研学旅行项目开发概述
  - 一、研学旅行项目概念
  - 二、研学旅行项目开发的原则

章节要点

（1）研学旅行概念。

（2）研学旅行项目概念。

（3）研学旅行项目开发的原则。

学习导入

江西省环境国际旅行社股份有限公司"立里研学"

江西省环境国际旅行社有限公司（以下简称旅行社）秉承"旅游＋"的经营理念，不仅希望能够打通旅游行业的全产业链，而且希望通过"旅游＋"来进行跨界发展。目前，旅行社控股企业11家，涉及航空客运、航空货运、进出口贸易、在线科技（B2O）、会议会展、研学旅行、出入境旅行、景区运营管理等业务板块。旗下的"立里研学"，专门从事未成年人素质教育。目前，旅行社拥有长期合作教官70余人，与多家景区达成长期合作模式，在江西有300余家门店，与南昌200所教育机构以及中小学都有紧密的合作关系。旅行社秉持"安全、教育、实践、游玩"的开发理念，开设研学旅行、夏冬令营、生存挑战素质营、亲子研学、毕业季活动、国防教育宣讲等项目，旅行社的主题研学产品主要包括：红色革命文化课程，着重培养具有革命理想信念、有责任担当的共产主义接班人；蓝色科技发展课程，着重开阔学生视野、培养学生的科学思维与创新能力；绿色生态自然课程，着重培养学生热爱自然、道法自然的观念及细致的观察力、丰富的想象力；金色劳动实践课程，着重培养学生热爱劳动、积极实践、敢于创新的精神；本色人格塑造课程，着重培养学生敬畏生命、健康生活及人格健全、习惯优良、意志力顽强的品质；古色人文历史课程，着重培养学生的民族自豪感、历史责任感和爱国主义情感。"立里研学"本着"立足千里，学路无疆"的教育理念服务于广大的青少年团体。

（资料来源：江西省环境国际旅行社股份有限公司）

当前，研学旅行已成为我国基础教育领域引人注目的改革焦点和国民旅游领域炙手可热的市场风口。研学旅行继承和发扬了中国传统游学与修学的教育理念和中华民族"读万卷书，行万里路"的人文精神，成为中小学生综合素质教育的新内容和新举措。广大中小学生基于自身爱好与兴趣，从自然科学、社会知识和生活常识等知识领域选取研学内容和课程，在研学导师的组织与指导下，做到"游中学、学中游"，促进书本知识和社会实践的深度融合，全面推进素质教育。

第一节 研学旅行概述

一、研学旅行概念

目前,"研学旅行"的概念在学术界还没有达成共识。2013 年,国务院办公厅发布了《国民旅游休闲纲要(2013—2020 年)》,纲要中提出了"研学旅行"这一概念。2016年,《教育部等 11 部门关于推进中小学生研学旅行的意见》文件中,对研学旅行进行了阐释:中小学生研学旅行是由教育部门和学校有计划地组织安排,通过集体旅行、集中食宿方式开展的研究性学习和旅行体验相结合的校外教育活动,是学校教育与校外教育衔接的创新形式,是教育教学的重要内容,是综合实践育人的有效途径。该文件明确提出将研学旅行纳入中小学教育教学计划。故,研学旅行是一种融教育性、体验性、趣味性(娱乐性、休闲性)于一体的旅游活动。

二、研学旅行的历史

"研学旅行"是近年来出现的新词,但类似的活动古已有之,中国古代的游学以及近代西方国家的修学旅行,都是其源头。

(一) 中国古代的游学

在中国古代,文人墨客一向有游学之风,既要读万卷书,又要行万里路,游与学有机紧密结合,诗与远方同在。

春秋战国时期,孔子率众弟子周游列国,先后游学卫国、曹国、宋国、郑国、陈国、蔡国、楚国,考察各地风土人情,宣传礼乐文化,堪称世界修学旅行的先师和典范。

两汉承继战国游学之风,学子们为学经,远行访师问道,既求博闻也求仕途。游学丰富了学子、士人的知识与阅历,也成就了许多人。司马迁"二十而南游江、淮,上会稽,探禹穴,窥九嶷,浮于沅、湘,北涉汶、泗,讲业齐、鲁之都,观孔子之遗风,乡射邹、峄;厄困鄱、薛、彭城,过梁、楚以归"。游历和文化访古,对其终成《史记》有很大的助益。

唐代兴郊游、旅行学习之风,众多士子走出书斋,多作郊游、远行、边塞之旅。他们访古问俗、悠游林下、寻幽探胜、结交豪杰、相互学习,在旅行中学习知识、体悟人生、修为人格、传承文化,成就很多传世诗篇。"诗圣"杜甫曾作《壮游》:"东下姑苏台,已具浮海航。到今有遗恨,不得穷扶桑。王谢风流远,阖庐丘墓荒。剑池石壁仄,长洲荷芰香。""诗仙"李白的许多诗词也与其游历祖国名山大川的经历分不开。

宋、元、明、清时期,游学、书院文化盛行,士人旅行制度化,社会逐步形成了"读万卷书,行万里路"的主流意识。宋代理学家、思想家朱熹主张学子不应拘于一隅,而应"出四方游学一遭"。当时名师硕儒所在的书院,常常成为一地教育、学术中心,吸引远近的学子趋而往之;士子们则利用科举和出仕机会频繁旅行,深入了解各地历史文化、名胜遗迹、典制赋役、科技发明,观察社会,推动文化、社会变革。宋代沈括少随父宦游州县,出仕后重游历研究,他"博学善文,于天文、方志、律历、音乐、医药、卜算无所不通,皆有所论著",最后写就集科技之大成的《梦溪笔谈》。董其昌在《画禅室随笔》中谈画诀:"读万卷书,行万里路,胸中脱去尘浊,自然丘壑内营,立成鄄鄂。"明代有"旅圣"之称的徐霞客在游历中学习研究,写下《徐霞客游记》,成为后人研学旅行的宝贵财富。

(二)近代世界的修学旅游

"修学旅行"一词源于日本。日本自明治维新时期便开始鼓励修学旅行,政府在教学大纲中规定:小学生每年要在本市做一次为期数天的社会学习;初中生每年要在全国做一次为期数天的社会学习;高中生每年则要在世界范围做一次为期数天的社会学习,谓之修学旅行。

英国哲学家培根在《论远游》中谈道:"远游于年少者乃教育之一部分,于年长者则为经验之一部分。"晚清名臣张之洞认为"中国不贫于财而贫于才",在体现其人才培养思想的《劝学篇》中主张游学,明确提出:"出洋一年胜于读西书五年,此赵营平百闻不如一见之说也。"在17—19世纪的英国,一度兴起欧陆游学(Grand Tour),英国上流社会乡绅子弟或青年贵族,纷纷前往巴黎和意大利的主要城市观光学习、鉴赏艺术、结交名流、考察社会民情和政治制度,开阔视野、提高综合素养。在欧洲,17世纪开始兴起"大游学"运动,德国、法国和意大利人都崇尚"漫游式修学旅行"。起初是年轻人一到中学毕业,便被送往外国旅行,他们一边游历名胜古迹,一边学习社交艺术等,逐渐形成风气,后来修学旅行成为知识阶层和社会上层的一种生活方式。

(三)研学旅行在中国的发展

我国现代意义的研学旅行大概经历了三个阶段:第一阶段是研学旅行的启蒙;第二阶段是旅行的起步与发展;第三阶段即目前所处阶段,即现代研学旅行。21世纪以来,研学旅游进入快速发展时期,学校、旅行社、培训机构与留学中介之间开始出现跨界融合。

桂林阳朔山水旅游开发有限公司世外桃源景区的个案说明了传统景区面对研学的反应。

学习导入

桂林世外桃源研学基地

世外桃源景区始建于1997年,于1999年5月1日正式开业。景区位于桂林至阳朔的黄金线路上。先后荣获国家4A级旅游景区、全国农业旅游示范点、国家级服务业标准化试点企业等100多项殊荣。2022年11月,世外桃源景区被评为广西第四批自治区级中小学生研学实践教育基(营)地。在这里,学生不仅可以感受艺术之美、学习中华优秀传统文化知识,还能培养学生的动手能力及合作能力,增强学生们继承和发扬传统文化的使命感和责任感。

景区内有丰富的研学资源,中小学生们来到这里可以感受到晋代陶渊明诗词文化的气息,也可以领略到广西壮、侗、苗、瑶等民族的风情、技艺,以及古法酿酒、造纸、印刷、竹雕、木刻、陶器工艺,让人迷醉于中华民族的智慧。该景区研学基地主要研学项目如下。

（一）蓝染制作

学习蓝染制作的相关知识,体验蓝染制作的乐趣,提高学生的动手能力及合作能力。

（二）壮族山歌对唱

学唱山歌《山歌好比春江水》,了解壮族风俗歌会"歌圩",让学生了解、热爱并弘扬祖国民族音乐文化。

（三）壮族天琴艺术

学习广西地区壮族布傣支系盛行的天琴艺术知识,体会中国民族音乐的魅力。

（四）侗族大歌

学习"侗族大歌"相关知识,加深学生对少数民族传统文化的认识,促进该项世界级非物质文化遗产的保护与传承。

（五）古代印刷术

初步了解印刷的原理、过程和步骤;学习雕版印刷、石刻拓印印刷技术,感受中国古代文明的发达,激发爱国情感。

（六）古法造纸

了解古法造纸步骤,掌握古法造纸的操作技巧,培养学生动手能力及合作能力。

（七）中国团扇DIY

介绍扇子的历史,欣赏扇面画,了解团扇制作工序的精髓,进而体验制作团扇的乐趣;制作团扇,装饰扇面,激发学生的美学创造力。

（八）陶渊明诗词文化

诵读诗词,把握作品内容和诗人情感,体会劳动的精神;培养学生感悟古代诗歌内容的能力,品读诗歌的意境美、语言美,受到美的熏陶和感染;学生能够准确流畅地朗读并背诵诗歌。

（资料来源:桂林山水旅游公司世外桃源景区）

1. 研学旅行的启蒙

20世纪30年代,杰出的教育家陶行知秉持教育救国的信念,大力倡导"知行合一",强调实践是认识的起源,认识是实践的成果。他发起并组织了新安小学的新安旅行团,开展长途修学旅行活动,旨在增强学生的民族责任感,此举开创了我国研学旅行的先河。

自中华人民共和国成立以来,随着社会的不断发展,教育在不同阶段面临着不同的需求和挑战。为了应对这些变化,众多学校积极开展形式多样的研学活动,旨在提升学生的实践能力和爱国情怀。这些活动包括勤工俭学、爱国主义教育、红色旅游、历史文化探源以及地质生物考察等,让学生在实践中增长知识、提升技能。相比之下,校外机构组织的研学旅行则是伴随着改革开放的深入推进而逐渐兴起的,为学生提供了更多元化的学习体验。

改革开放伊始,众多来自日本、韩国,以及东南亚、欧美等国家和地区的修学旅游团纷纷涌入中国,开展文化交流之旅。这一时期,中国国际旅行社、中国旅行社、中国青年旅行社三大旅行社总社及其地方分支机构积极响应,纷纷设立修学旅游接待部门。这些部门结合中国丰富的文化资源,精心策划并推出了众多独具特色的修学旅行线路产品,成功接待了数以十万计的国外研学旅行者。这些活动不仅使外国友人增强了对汉文化的亲近感,更为国际友好关系的建立播下了种子。同时,各地在研学产品组合、组织接待和安全保障等方面也积累了宝贵的经验。随着中国与世界各国文化交流的不断深化,研学旅行活动作为促进世界各国文化和旅游交流的重要平台,其发展势头日益迅猛。

2003年,上海正式设立修学旅行中心,并精心编纂了《修学旅行手册》。同年,上海还积极倡导与江、浙、皖等地联手打造华东地区的研学旅行精品线路。2006年,儒家文化的发源地山东曲阜迎来了首届孔子修学旅行节,这一盛事标志着中国修学旅行节庆活动的诞生。2008年,广东省在全国率先将研学旅行纳入中小学教育体系,成为必修课程,并明确将研学旅行列入教学大纲。2013年,安徽以及西安和苏州积极响应,开展研学旅行试点工作,积累了宝贵的经验并取得了显著成果。其中,安徽合肥的中小学更是将研学旅行的表现纳入学生的学分统计,进一步凸显了研学旅行的重要性。此外,多个地区如西安、合肥、武汉等,还建立了研学旅行活动基地,并定期组织培训研讨活动。这些地区还举办了全国性及地区性的研学旅行论坛和研讨会,为研学旅行的深入发展提供了有力支持。

自20世纪90年代起,随着我国经济的迅猛增长,家长和学生对于国内研学旅行以及出国游学的需求逐渐增加。一些秉持开放教育理念的学校开始积极组织学生参与研学旅游和出境游学活动。为了满足这一市场需求,多家旅行社纷纷推出相关的研学旅行或海外游学旅行团,进一步推动了这一市场的繁荣发展。然而,由于缺乏相应的政策规范、引导和监管机制,研学旅行和出境游学一直未能实现制度化和规模化的发展。

直至2013年,国务院办公厅印发《国民旅游休闲纲要(2013—2020年)》,倡导逐步推行中小学生研学旅行,研学旅行得以正名。此后,政府相继出台了一系列相关政策,研学旅行逐渐受到了教育界、旅游界以及学生家长们的广泛关注与重视。

2. 研学旅行的起步与发展

伴随着我国教育模式从应试教育向素质教育的转型,国内研学旅行作为一种传统而现代的素质教育手段被广泛关注,并逐步得以推广。各部门协同发力,诸多省市的旅游、文物、物价等部门积极投身研学旅行事业,大量家长亦成为研学旅行的热心志愿者。部分地区将研学旅行纳入综合素质评价体系,有的学校则将其纳入操行量表。各地充分利用社会资源,通过购买优质服务、与旅行社合作共建基地等方式,积极为研学旅行的发展创造条件。

2012年12月,教育部印发了《关于开展中小学生研学旅行试点工作的函》,确定了安徽、江苏、西安、上海为第一批研学旅行试点地区。可以说,2012年是我国研学旅行发展的元年,随后研学旅行工作走上了发展的"快车道"。国家相继出台了一系列鼓励研学旅行发展的政策与措施,为研学旅行的发展奠定了坚实基础,相关文件如下。

2013年2月,国务院办公厅发布《国民旅游休闲纲要(2013—2020年)》,纲要中提出"逐步推行中小学生研学旅行"的设想,正式提出"研学旅行"的概念。

2014年4月,教育部颁布《蒲公英行动计划》,界定"研学旅行"定义。2014年4月19日,时任教育部基础教育一司司长王定华在第十二届全国基础教育学校论坛上发表了题为《我国基础教育新形势与蒲公英行动计划》的主题演讲,界定了研学旅行的定义,即学生集体参加的有组织、有计划、有目的的校外参观体验实践活动。研学要以年级为单位,以班为单位进行集体活动,同学们在老师或者辅导员的带领下,确定主题,以课程为目标,以"动手做、做中学"的形式,共同体验,分组活动,相互研讨,书写研学日志,形成研学总结报告。

2014年8月,国务院颁布《关于促进旅游业改革发展的若干意见》,明确了"研学旅行"要纳入中小学生日常教育范畴,积极开展研学旅行。按照全面实施素质教育的要求,将研学旅行、夏令营、冬令营等作为青少年爱国主义和革命传统教育、国情教育的重要载体,纳入中小学生日常德育、美育、体育教育范畴,增进学生对自然和社会的认识,培养其社会责任感和实践能力。按照教育为本、安全第一的原则,建立小学阶段以乡土乡情研学为主、初中阶段以县情市情研学为主、高中阶段以省情国情研学为主的研学旅行体系。

2015年8月,国务院办公厅颁布《关于进一步促进旅游投资和消费的若干意见》,规范和引导中小学生赴境外研学旅行活动。该意见有新突破,即在建立健全研学旅行安全保障机制方面,旅行社和研学旅行场所应在内容设计、导游配备、安全设施与防护等方面注意青少年学生特点,寓教于游,加强国际研学旅行交流,规范和引导中小学生的境外研学旅行活动。

2016年1月,国家旅游局发布《关于公布首批"中国研学旅游目的地"和"全国研学旅游示范基地"的通知》,要求各研学旅游目的地和示范基地要进一步挖掘研学旅游资源,深化打造主题品牌,扩大对青少年人群的政策优惠,加强接待配套设施建设,切实提高管理服务水平和安全保障,不断提升研学旅游的综合吸引力和品牌认知度。各级旅游部门要充分发挥对研学旅游目的地和示范基地的指导作用,加大在政策、资金、项目、人才培训、宣传推广等方面的支持力度,将研学旅游培育成为各地旅游发展创新的增长点。

2016年3月,教育部基础教育一司发布《关于做好全国中小学研学旅行实验区工作的通知》。为培养中小学生的创新精神和实践能力,推动研学旅行工作健康发展,教育部确定河北省邯郸市等10个地区为全国中小学研学旅行实验区。

2016年9月,《中国学生发展核心素养》正式发布。强调,要突破知识本位与应试教育的藩篱窠臼,引领学生培育适应社会发展与终身发展需求的必备品格和关键能力。

2016年12月,教育部等11部门发布《关于推进中小学生研学旅行的意见》。进一步明确了研学旅行的内涵,对推进中小学生研学旅行工作的要求、原则、主要任务、组织保障提出了具体要求,成为指导近些年研学旅行发展的纲领性文件。

2016年12月,国家旅游局发布《研学旅行服务规范》行业标准。随着我国旅游业的发展,研学旅行已经成为旅游教育市场的热点。此标准旨在规范研学旅行服务流程,提升服务质量,引导和推动研学旅行健康发展,并于2017年5月1日起实施。此标准规定了研学旅游服务项目、旅游产品类型、人员配置、安全管理等方面的内容,适用于国内组织开展研学旅行活动的旅行社和教育机构。

2017年7月,《教育部办公厅关于开展2017年度中央专项彩票公益金支持中小学生研学实践教育项目推荐工作的通知》。教育部利用中央专项彩票公益金支持开展中小学生研学实践教育项目,将在各地遴选命名一批"全国中小学生研学实践教育基地"和"全国中小学生研学实践教育营地",广泛开展中小学生研学实践教育活动。

2017年8月,教育部印发《中小学德育工作指南》(以下简称《指南》)的通知。提出该《指南》是指导中小学德育工作的规范性文件,适用于所有普通中小学。各地要加强组织实施,将《指南》作为学校开展德育工作的基本遵循,纳入校长和教师培训的重要内容,并将其作为教育行政部门对中小学德育工作进行督导评价的重要依据,进一步提高中小学德育工作水平。

2017年9月,教育部发布《中小学综合实践活动课程指导纲要》,提出把研学旅行纳入中小学综合实践课程,规定小学、初中课程时长,高中执行课程完成学分。

2017年12月,《教育部办公厅关于公布第一批全国中小学生研学实践教育基地、营地名单的通知》。根据《教育部办公厅关于商请推荐"全国中小学生研学实践教育基地"的函》教育部办公厅印发《关于开展2017年度中央专项彩票公益金支持中小学生研学实践教育项目推荐工作的通知》精神,在国家有关基地主管部门和各省级教育行政部门推荐基础上,经专家评议、营地实地核查及综合评定,命名中国人民革命军事博物馆等204个单位为"全国中小学生研学实践教育基地",河北省石家庄市青少年社会综合实践学校等14个单位为"全国中小学生研学实践教育营地"。

2018年2月,《教育部2018年工作要点》指出:继续实施中央专项彩票公益金支持校外教育事业发展项目,推进研学实践教育营地和基地建设;推进全国青少年校园足球改革试验区、试点县(区)和特色学校建设,建设"满天星"训练营试点;建立优秀校园足球等级运动员在大中小学各阶段相衔接的升学保障机制;推进冰雪运动进校园,遴选一批全国青少年冰雪运动特色学校。

2018年11月,教育部办公厅发布《关于公布2018年全国中小学生研学实践教育基地、营地名单的通知》。根据《教育部办公厅关于商请推荐"全国中小学生研学实践教育基地"的函》《教育部办公厅关于开展"全国中小学生研学实践教育基(营)地"推荐工作的通知》精神,在中央有关部门和各省级教育行政部门推荐基础上,经专家评议、营地实地核查及综合评定,命名中国人民解放军海军南海舰队军史馆等377个单位为"全国中小学生研学实践教育基地",北京市自动化工程学校等26个单位为"全国中小学生研学实践教育营地"。

2019年2月,中国旅行社协会与高校毕业生就业协会联合发布《研学旅行指导师(中小学)专业标准》《研学旅行基地(营地)设施与服务规范》。前者是研学旅行指导师培养、准入、培训、考核等工作的重要依据,后者是引导旅行社正确选用合格研学旅行基地(营地)供应商的参考依据。

2019年3月,教育部基础教育司发布《教育部基础教育司2019年工作要点》,提出继续予以资金支持,实施中央专项彩票公益金支持校外教育事业发展项目,加强研学实践教育基地(营地)课程资源和服务平台建设,遴选推广典型线路。

自 2016 年 12 月教育部等 11 部门印发《关于推进中小学生研学旅行的意见》后，全国积极响应国家政策，出台研学旅行相关地方政策，推动本地研学健康发展，帮助中小学生身心健康成长。

3. 现代研学旅行

研学旅行是"教育＋旅游"的跨界产物，是对中国古代以来的传统教育理念的回归、传承与创新，是现代教育体制改革的增量试验田，是借由旅行而实现的无痕教育，其未来的发展终将指向人的全面发展。

（1）研学旅行的行业趋势。

第一，研学产品层面的丰富将成为未来的发展重点。

未来，研学旅行将在产品层面实现多样化发展，重点包括工业科技研学游、农业研学游、文化研学游、拓展研学游等。目前的研学旅游类型主要有以下八方面。

①亲子家庭文博院馆参观。"80 后"和"90 后"的年轻父母，非常重视子女的课外教育。在五一等节假日，他们经常带子女参观博物馆、科技馆、文化馆等文博院馆。近些年，事业型文博院馆的免费开放，吸引了大量学生群体前来参观游览。

②亲子家庭户外运动休闲。为了增强子女的身体素质，父母经常带子女前往运动拓展基地、体育场馆、郊野公园、森林公园或者自然生态景区等户外场所开展攀岩、慢跑、拓展训练等户外运动休闲活动。

③高等学府参观游览。近年来，为了激励子女对学习的热情和兴趣，很多父母往往选择高等学府，比如北京大学、清华大学等，进行参观。有条件的家庭还带领子女参观国外的一流名校，为子女树立学习的目标，从小培植考取名校的理想。

④国学教育研学旅游。为了增进子女对国学等传统文化的了解和学习，近些年很多父母开始重视子女的国学教育。他们带领子女前往国学教育基地、国学文化产业园等参加古筝、围棋、毛笔字、诗词朗诵、传统礼仪、茶道等展现传统文化内涵的体验和学习活动。

⑤国防爱国主义教育活动。青少年群体往往对军事及革命战争历史有着浓厚的兴趣，为了满足青少年的好奇心，许多父母也会选择带领子女前往军事博物馆、国防教育基地、红色旅游景区、爱国主义教育基地等参观游览。此举旨在通过实地参观，让青少年们更直观地了解国家的历史与文化，从而达到增强国防和爱国主义教育的目的。

⑥夏令营、冬令营活动。当前，在暑假或寒假开展的夏令营或冬令营活动并不属于狭义研学旅行的范畴，但却是典型的研学旅行活动。在学校、教育培训机构、传统旅行社、OTA 等各方积极参与组织下，夏令营和冬令营活动得到了迅速发展，促进了研学基（营）地及自驾车露营地等的发展。

⑦大学生毕业旅行。随着经济社会发展到一定阶段，大学生群体也具有很强的消费能力。每到毕业季，一些大城市的大学生群体以同宿舍、同班级、同年级等小群体同学结伴游的形式，开展毕业旅行活动。来一场说走就走的旅行，俨然已成为大学生群体的时尚活动。

⑧国外高端研学旅游活动。随着出境旅游的快速发展，大城市等地具有经济实力的家庭，通过携程、众信等 OTA 或传统旅行社的国外研学旅游项目，前往国外开展文博院馆参观，以及参加夏令营、"童子军"拓展训练、高等学府参观及历史文化或者自然

生态旅游景区、知名旅游城市的研学旅游活动。

第二，旅行社和游学机构的结合将形成研学市场的一种新格局。

就传统的游学来看，旅行社往往注重旅行体验而忽略了教育意义，而专业的游学机构则过于强调学习而忽视了旅行的乐趣。在教育部推出研学旅行相关政策之后，旅行社和游学机构基于市场刚需，迫切升级产品。旅行社的产品升级，无法做到研学，只能在产品服务上升级；而游学机构的产品升级，已经能够满足学的要求，但怎么去游，目前还不明确。所以，在未来的研学市场上，旅行社和游学机构的结合，将形成研学市场的一种新格局。

第三，多样化、个性化的实践将成为行业探索方向。

研学旅行机构应该加强课题顶层设计，通过研学旅行课程建设与实施研究，拿出可供推广的区域推进模式和经验，探索新型育人模式，指导学校多样化、个性化实践。

（2）研学旅行的市场前景。

研学旅行已经被列入义务教育和普通高中的必修课，其学校渗透率会飞快提高，市场在迅速扩张，前景不可限量。

第一，中小学人数增长，行业需求庞大。

如果所有学生每年可以参加一次旅游活动，广义研学旅行市场，也就是研学旅游或者学生旅游市场规模可以占到国内旅游市场的 4.7％。中小学生出游市场非常旺盛，中小学生旅游市场在国内旅游市场格局中已经占据重要地位。这还是没有考虑高等学校学生群体（大学生及研究生等）的情况。目前，我国中小学学生数量已呈现出持续增长的趋势，这也反映出了我国研学旅行需求规模的增长。

第二，研学旅行消费需求后劲可期。

相比欧美发达国家，我国研学市场起步较晚，但市场需求很旺盛，发展速度也比较快。据调查，约四分之三的受访者表示了解研学旅行，约八成的人表示对研学旅行很感兴趣，六成左右受访者参加过研学旅行。各区域主要热门旅游城市如北京、上海、广州、深圳、成都、沈阳、武汉、西安等居民愿意参与研学旅行的比例基本达到七成以上。

第三，国家教育投入增长，有利于市场发展。

根据《关于推进中小学生研学旅行的意见》，一般情况下，学校每学年组织安排 1—2 次研学旅行活动，每学年合计安排研学旅行活动：小学 3—4 天、初中 4—6 天、高中6—8 天。

《关于推进中小学生研学旅行的意见》中提出，各地可采取多种形式、多种渠道筹措中小学生研学旅行经费，探索建立政府、学校、社会、家庭共同承担的多元化经费筹措机制；交通、文化和旅游等部门通过执行儿童票价、减免门票等方式支持研学旅行开展；保险监督管理机构会同教育行政部门推动将研学旅行纳入校方责任险范围，鼓励保险企业开发有针对性的产品，对投保费用实施优惠措施；鼓励通过社会捐赠、公益性活动等形式支持开展研学旅行。

其中，政府方面主要是通过财政教育经费的形式进行补贴。国家拨款到各个教育局和学校，学校和教育局有责任和有义务在每个学期给学生提供小学 3 天、初中 5 天、高中 7 天的出校、出市、出省的研学教育。保守估计，研学旅行和乐园教育市场规模未来可能会发展到 2000 亿左右。

第二节　研学旅行项目开发概述

一、研学旅行项目概念

研学旅行项目是项目的一种,是一项独立完整的任务,是具有实践性、教育性、整体性和多样性的学生集体教育实践活动。研学旅行项目一般有广义与狭义之分。广义的研学旅行项目指围绕中小学生的教育培养需求而设计的一次活动,包括学生研学的行程前、行程中及行程后的一次完整活动。狭义的研学旅行项目只包括学生行程中所涉及的活动和任务,即通常所说的研学旅行产品,一般按照资源类型分为知识科普型、自然观赏型、体验考察型、励志拓展型、文化康乐型等。本教材所说的研学旅行项目除特别说明的外,一般指广义的概念。

研学旅行项目开发即以中小学生为中心,围绕中小学生素质培养需求,根据区域特色、学生年龄特点和各学科教学内容需要,对校内外的各类要素进行组合,设定特定主题,对学生行程前、行程中和行程后的所有活动进行组织,以期达到提升学生素质和教学效果的一项完整策划活动。

二、研学旅行项目开发的原则

研学旅行项目开发的原则是指研学旅行项目开发过程中所遵循的指导思想和行为准则。

(一) 教育导向原则

对研学旅行来说教育是目的,旅行是手段,基地是载体。因此,在研学旅行项目的开发过程中,必须坚持以教育为导向的原则。

学生发展核心素养主要是指学生应具备的,能够适应终身发展和社会发展需要的必备品格和关键能力。中国学生发展核心素养,以"全面发展的人"为核心,分为文化基础、自主发展、社会参与三个方面,综合表现为人文底蕴、科学精神、学会学习、健康生活、责任担当、实践创新六大素养。各素养之间相互联系、互相补充、相互促进,在不同情境中整体发挥作用。

研学旅行作为现代素质教育的重要载体,学校需根据学生身心发展特性,结合实际情况,构建健全的研学旅行课程体系。在此过程中,学校应以先进教育理念为引领,实施相应的研学保障措施,明确目标,优化评价方式。唯有如此,方能实现整体课程的优质设计和实施,推动研学旅行事业的良性发展。因此,研学旅行项目的设计应紧贴学生培养目标,全面考虑学生的兴趣、学习动机、意志品质、认知能力及认知方式,充分挖掘周边环境和社会资源,以教育为导向,体现学生游、研、学三位一体的综合学习方法,从而促进学生全面发展。

Note

（二）安全性原则

教育部明确指出：无论学校还是机构，在组织研学旅行时，必须保证学生安全；学生安全是学校领导、老师、家长和社会共同关注的焦点，只有在安全的前提下，学生才能无后顾之忧、全身心地投入研学旅行活动中，教师才能更好地开展教育活动，研学旅行才能取得更好的教学效果。因此，在研学旅行线路设计之初就必须关注学生安全问题。研学旅行线路设计的安全性原则要求，在设计的研学旅行线路中，一切危险、威胁和潜在隐患均在可控范围内，要确保学生身体、心理不受伤害，财产不受损失。

（三）市场导向原则

市场导向原则，就是根据旅游市场的需求内容和变化规律，确定研学旅行项目开发的主题、规模和层次。这是市场经济体制下的一条基本原则。市场导向原则要求在研学旅行项目开发前一定要进行市场调查和市场预测，准确掌握市场需求和竞争态势，结合资源特色，积极寻求与其相匹配的客源市场，确定目标市场。然后，以目标市场需求为方向，对资源进行筛选、加工和再创造。市场经济同时也是法治经济，研学旅行项目开发的市场导向原则并不意味着凡是学生需求的研学旅行项目都可进行开发。研学旅行项目开发必须在国家的各项法律法规允许的范围内进行。

（四）独特性原则

研学旅行项目的独特性是能够吸引研学旅行者的关键因素。差异越大，项目的独特性就越强，对研学旅行者的吸引力就越大（假如其他因素不变）。可以说，特色是研学旅行项目开发的灵魂，独特性原则是旅游资源开发的中心原则。

独特性原则强调，研学旅行项目开发必须突出民族特色、地方特色，植根于本地、本民族的文化，结合学科培养要求，将本地和本民族的资源融入研学旅行项目。实践证明，丢掉民族特色、地方特色的研学旅行项目，就会失去市场竞争力，研学旅行项目开发便会难以持续。

（五）经济效益原则

研学旅行既是一项教育实践活动，同时也是一项经济活动，所以经济效益的实现也是其开发的主要目的之一。因此，必须进行项目投入与产出分析，确保开发活动能带来利润。在充分了解市场的基础上，对研学旅行开发项目的可进入性、投资规模、建设周期、对游客的吸引力、资金回收周期等方面，都进行细致入微的数据分析。同时，要考虑资金、人力、物力等供给因素以及市场需求的动态变化。总之，研学旅行项目的开发要结合场地实际与市场规模并留有余地，以满足中小学生研学中不断发展的新需求。

（六）环境保护原则

优良的生态环境为研学旅行项目提供了必要的物质基础。环境保护和污染控制不仅是研学旅行推进的目标，也是研学旅行顺利开展的前提条件。优美的生态环境亦是吸引研学游客的关键因素。因此，生态环境保护既关乎当前利益，也关乎长远利益。在此过程中,一方面需确保研学旅行项目依赖的资源在开发过程中不受损,正确处理开发与保护的辩证关系;另一方面,需控制在开发后的游客接待量在环境承载力范围内,以保持生态平衡。

(七) 社会效益原则

研学旅行项目的开发需要严格遵循我国及地方政府的相关法律法规,同时在遵守当地政策法规和发展规划的基础上,重视社会文化影响,确保在全面教育与引导学生的过程中,不影响当地居民的文化和社会生活。此外,研学旅行项目开发还能为当地提供就业机会,推动基础设施建设,促进文化交流与信息沟通,以赢得当地政府和居民的支持与认可,助力社会和谐发展。

本章小结

　　研学旅行是一种融教育性、体验性、趣味性(娱乐性、休闲性)于一体的旅游活动,目前主要对象是中小学生。研学旅行的核心理念是鼓励中小学生求知好学,培养他们的科学文化素养,使他们成为对社会、对国家、对人类有用的高素质人才。类似的研学旅行活动古已有之。当下,研学产品层面的丰富将成为未来的发展重点,旅行社和游学机构的结合将形成研学市场的一种新格局,多样化、个性化的实践将成为行业探索方向。由于中小学人数增长,行业需求庞大,研学旅行消费需求后劲很足,加上国家教育投入增长,有利于市场发展,因此研学旅行的市场前景可期。研学旅行项目是具有实践性、教育性、整体性和多样性的学生集体教育实践活动。研学旅行项目开发需要遵守教育导向原则、安全性原则、市场导向原则、独特性原则、经济效益原则、环境保护原则、社会效益原则等。

课后训练

一、填空题

(1) 研学旅行是一种融_____、体验性、趣味性(娱乐性、休闲性)于一体的旅游活动。

(2) 研学旅行是"_____",促进书本知识和社会实践的深度融合,推动全面实施素质教育。

(3) 董其昌在《画禅室随笔》中谈画诀:"_____,胸中脱去尘浊,自然丘壑内营,立成鄞鄂。"

二、思考题

(1) 请简述研学旅行的概念。

(2) 请简述研学旅行项目的概念。

(3) 请简述研学旅行项目开发的原则。

在线答题

第一章
自然生态研学旅行项目开发

本章概要

本章主要介绍自然生态研学旅行资源类型及利用措施;自然生态研学旅行项目规划设计,包括设计的目标、开发设计,风光、科考、科普、观鸟、探险等专题项目设计,资源保护、资本投入两种开发模式;自然生态研学旅行产品设计,包括设计步骤和方法、活动方式设计。

学习目标

知识目标

(1) 了解自然生态研学旅行概念。

(2) 了解自然生态研学旅行资源类型。

(3) 了解自然生态研学旅行项目规划设计。

能力目标

(1) 掌握自然生态研学旅行项目规划设计。

(2) 掌握自然生态研学旅行产品设计。

素质目标

(1) 具备生态和谐理念。

(2) 具备科学文化素养。

(3) 具备社会责任感。

知识导图

（1）自然生态研学旅行资源类型。

（2）自然生态研学旅行项目规划设计。

（3）自然生态研学旅行产品设计。

广西崇左白头叶猴国家级自然保护区

广西崇左白头叶猴国家级自然保护区地处中国西南部广西崇左市江州区和扶绥县境内。2017 年，广西崇左白头叶猴国家级自然保护区被评为全国中小学生研学实践教育基地。研学基地主要位于广西崇左白头叶猴国家级自然保护区的板利片区。保护区内野生动植物资源十分丰富，是以白头叶猴为特色，以科普教育、生态旅游、科研保护为主要功能和特色的研学基地。保护区内的喀斯特地貌恢宏壮观，风光秀丽，生态环境良好，是全球可以看到白头叶猴数量最多、姿态最全的区域。

白头叶猴为我国独有物种，距今已有 300 多万年的生存历史，是全球 25 种濒危的灵长类动物之一，也是第一种由我国专家命名的灵长类动物，被公认为稀有的猴类之一。白头叶猴的数量较大熊猫更为稀少，截至 2023 年我国白头叶猴数量仅存 1000 多只，仅分布于广西崇左左江和明江之间面积不足 200 平方千米的三角形地带。

白头叶猴守护研学计划，从生态学、野生动物保护等多角度出发，参与到当地区域环境生态调研、观察记录野生动植物系统的行动中去，让学生从意识形态开始，树立保护动物、保护大自然的观念，在美丽的自然环境中探索人与自然和谐共生的意义。

白头叶猴守护研学计划，将聚焦以下课题研究项目开展。

【白头叶猴种群野外监测】对白头叶猴日常生活行为及生理特征进行观察，同学们可以带着问题去观察白头叶猴。

【喀斯特地貌生态系统】广西是典型的喀斯特地貌，由于喀斯特地貌形成的特殊性，所以具有许多天然景观，如溶洞等，也蕴蓄了许多别样的生物。同学们在考察具有代表性的喀斯特地貌的同时，还可以运用手里的拍摄设备记录自己觉得最美的、最有特点的地理地貌，在最终的汇报中跟大家分享。

【白头叶猴食源植物探索】白头叶猴以树叶为主要食源，保护区内有 300 多种植物，白头叶猴经常食用的食源植物大概有 100 多种。同学们可以实地走入白头叶猴栖息地，看看白头叶猴周边都有哪些植物。

【国家动物博物馆白头叶猴馆】了解白头叶猴的分布、近亲、伴生动物、习性、食源植物等信息。

广西崇左白头叶猴国家级自然保护区中小学生研学实践教育基地课程项目列表如表 1-1 所示。

表1-1　广西崇左白头叶猴国家级自然保护区中小学生研学实践教育基地课程项目表

序号	课程名称	学习内容
1	白头叶猴观测方法	学习基本的野生动物观测方法,学会正确使用望远镜;在实地观测中,记录白头叶猴食性、社会行为等信息
2	白头叶猴食源植物探索	徒步保护区森林,观察喀斯特石山地貌,认识、寻找、分辨白头叶猴食源植物,根据季节选择不同植物进行观察,并观察其种子形状,分析其传播机制,总结种子传播方式的优劣,预测种子传播距离等
3	国家动物博物馆白头叶猴馆参观	参观国家动物博物馆白头叶猴馆,初步了解白头叶猴的分布、习性及其与生态环境的关系
4	种下一棵树,幸福一群猴	种植、抚育白头叶猴食源植物,进行植物松土、施肥、浇灌;探索人为种植白头叶猴食源植物、建立生态廊道等措施对白头叶猴的影响
5	护林员的故事	参观白头叶猴保护区监控室,了解护林员的日常工作;跟随护林员的脚步,了解白头叶猴的生活轨迹,沿途识别珍稀动植物
6	红外相机的安装	导师指导学员选取一定面积的样地,学员对样地做生物多样性调查;学习怎么使用红外相机,并选取样地放置红外相机进行监测;日后,读取红外相机拍摄内容,并记录红外相机监测成果
7	夜观"小精灵"	了解保护区内夜晚生灵;带上手电筒实地夜观探访;整理并记录观测所得
8	自然笔记	导师教授自然观察方法,指导学员观察特定或者随机物种;导师进行自然笔记教学,学员完成自然笔记学习
9	植物压花	导师教授压花课程,学员学习制作压花,将植物材料包括根、茎、叶、花、果等,经过脱水、保色、压制和烘干,再经过巧妙构思,制作成一幅幅精美的装饰画
10	夜行体验,夜观星空	夜行训练,让学员独自走一段夜路,并认真倾听夜晚在"唱歌"的物种;观测星空,找出大熊座、小熊座、织女星、牛郎星、银河、天鹅座、天蝎座等
11	劳动实践——耕种体验	田间劳作,学习相关农耕知识;学会野外生火技能;举行厨艺比赛,让学员学习制作菜品
12	劳动实践——稻作文化体验	识五谷,习稻谷;在专业农学导师的指导下学习稻谷相关知识并亲自尝试收割,用稻秆抚育白头叶猴食源植物

续表

序号	课程名称	学习内容
13	劳动实践——糖文化体验	崇左是"中国糖都",全国五分之一的糖都出自崇左。在此,学员可以了解糖文化、砍甘蔗、榨甘蔗汁、制作甘蔗肥,学习古法红糖制作工艺
14	劳动实践——豆文化体验	了解"豆"的一生,田间劳作,耕地种豆;泡豆、磨豆、煮浆、点卤等,体验打豆浆、做豆花、压豆腐的全过程

（资料来源：左江花山投资股份有限公司）

生态环境是人类生存与发展的基础,人类与自然和谐共处才能延续人类文明,生生不息。2019年,习近平指出:"地球是全人类赖以生存的唯一家园。我们要像保护自己的眼睛一样保护生态环境,像对待生命一样对待生态环境,同筑生态文明之基,同走绿色发展之路!"2023年,党的二十大报告提出:"中国式现代化是人与自然和谐共生的现代化。"自然生态研学旅行,关注人类生存、环境保护、可持续发展问题,挖掘中国式生态观念,培养中小学生的生态和谐理念及社会责任感。

第一节　自然生态研学旅行资源概述

一、自然生态研学旅行概念

自然生态研学旅行是提供以教育、引导功能为主,寓教于乐的旅游服务,其融教育性、体验性、娱乐性(休闲性、趣味性)于一体,游览对象是自然生态资源。自然生态旅游基地是良好的科普教育和科学考察场所,可以极大丰富人们地理、历史、环保等方面的知识,具有显著的环境教育功能。因此,在一定程度上,生态旅游可被称为生态研学旅行。生态研学旅行对生态知识及生态科学技术的传播,以及生态知识理念的养成都具有重要作用。

二、自然生态研学旅行资源类型

丰富的自然生态资源及生态基本知识,是研学旅行开展的基础条件,展示的是自然的魅力与力量,可以激发学生探索自然奥秘的好奇心,培养学生的生态观念与科学素养,同时还能培养他们的社会责任感。

（一）自然保护区生态旅游资源

自然保护区是人类为了保护各种重要的生态系统及其环境,拯救濒临灭绝的物种,保护自然遗产而划定的进行保护和管理的特殊地域的总称。保护区的功能多样,有保护价值、科研价值、教学价值、旅游价值、生态价值等。随着生态旅游的兴起,自然保护区更是以其优良的自然生态景观及美学价值成为生态旅游的首选。但须注意,仅外围缓冲区和实验区适合开发,核心区应受到严格保护,禁止旅游开发。

1. 生态系统

生态系统指的是生物系统与环境系统进行能量流动和物质循环形成的,具有一定结构和功能的整体。生态系统包括森林、草原、海洋、沙漠、湿地和水域等各具特色的生态系统。如,广西壮族自治区山口红树林国家级自然保护区,截至 2011 年,共有红树植物 10 多种,大型底栖动物 170 多种,鸟类 100 多种,鱼类 80 多种,昆虫 200 多种,贝类90 多种,虾蟹类 60 多种,浮游动物 20 多种,其他动物 10 多种,底栖硅藻 100 多种,浮游植物 90 多种,保护区还时有儒艮出没;广东省鼎湖山自然保护区,以南方亚热带季风性常绿阔叶林为主;云南省迪庆藏族自治州碧塔海自然保护区,保护高山针叶林、高原湖泊系统、黑颈鹤越冬地等。它们均是生态系统保护区的典型代表。

2. 风景名胜区

风景名胜区是具有观赏价值、文化价值或科学价值,自然风光优美或文化遗产比较集中,可供人游览或进行科学、文化考察的特定地区。风景名胜区要发挥其审美价值、文化价值、科学价值,就必须向公众开放。因此,风景名胜区的开放必须服从保护原则,明确保护是开放的前提。其中,限制游客数量是一项十分重要的保护措施。

3. 生物物种

由于地质演化的历史作用,地球上的一些特殊地区还保留着其他地区早已灭绝的古老孑遗和残遗种类,生存着系统分类上属于原始或孤立的生物物种。它们作为某一特定生态环境的产物,蕴含在特定的生态系统中,而这些生态系统的稳定性较差且十分脆弱,受人类干扰后极易发生变化,甚至会因为不可逆转的变化导致生态系统的覆灭和物种的灭绝。如,云南省迪庆藏族自治州保护金丝猴的白马雪山自然保护区,保护长臂猿、绿孔雀的哀牢山自然保护区;广西弄岗国家级自然保护区,这里的国家Ⅰ级保护动物有白头叶猴、黑叶猴、林麝、蟒、云豹、蜂猴等,其中白头叶猴为广西壮族自治区的特有物种。

(二) 森林公园生态旅游资源

森林公园以良好的森林景观和生态环境为主体,融合自然景观和人文景观,利用森林的多种功能,以开展森林旅游为宗旨,为人们提供具有一定规模的游览、度假、休憩、保健疗养、科学教育、文化娱乐的场所。森林生态系统,是指以乔木为主体的生态系统与环境系统之间由能量流动、物质循环组成的具有一定结构和功能的整体。森林植物有制氧、净化大气、清洁生态环境的功能,还具有防风降尘、保持水土、降低噪声、调节森林气候的功能。森林植物的这些特点决定了它在生态旅游中的作用和地位。

(三) 农业生态旅游资源

农业生态旅游资源是指以农业文化景观、农业生态环境、农业生产活动以及传统的民族习俗等为代表的生态资源,融观赏、考察、学习、参与、娱乐、购物、度假等多种功能于一体,能满足游客回归田园的需求。其中,田园风光、农事劳作和农村风土人情等具有较高的生态研学旅行价值,体现了人与自然和谐共处,蕴含着中国传统生态智慧。

1. 田园风光

田园风光指的是传统农业顺应大自然、与大自然共同营造的具有一定规模和审美价值的田野景观。农业生产过程中的农作物、林木、花草和饲养的动物等构成了宁静、清新的田园风光,具有较高的生态研学旅行价值。如,南方水乡的农业景观,北方平原的旱作农业景观,西北干旱区的绿洲农区景观,北方草原的牧区景观,沿海发达地区及大城市郊区的现代化农业景观,均包含着自然生态科学知识,都是典型的生态研学旅行资源。

2. 农事劳作

我国传统的农业文化造就了富有文化内涵的种植方式和劳动工具。农村农事劳作中的种植、养殖、采摘、狩猎、捕捞、手工艺品和农产品的加工等均对游客具有一定的吸引力。通过观光活动,游客可以获得绿色植物特有的形、色、味等浓厚的大自然意趣。游客若参与农业生产活动,还可学习农业生产技术,体验农业生产乐趣。丰富多样的农事活动,具有历史、经济、科学、精神、民俗等内涵,可极大地丰富游客的农业文化知识。

3. 农村风土人情

农村风土人情融服饰、民居与居住乡情、民情于一体。游客可直接了解和体验当地的民风和民俗,目睹各地文化差异,体味几千年历史积淀下来的民族文化,包括对自然现象、动植物,以及人与自然生态环境关系的认知。游客在充满乡野情趣的诸如抓泥鳅、摘水果的活动中,享受田园的轻松与舒适,并感悟劳动人民的智慧。

(四) 园林生态旅游资源

园林是由建筑物、山水、花草树木等组合而成的,是具有空间性和时间性的综合艺术品,是人类对自然生态知识的运用。东西方对自然生态的观念差异形成了特色各异的两大类园林:一类是欧洲大陆几何规则式园林;另一类是中国自然式山水风景园林。这体现了文化的多元性与差异性。

1. 中国园林

园林是中国古代文化艺术领域的一个特殊范畴,它以满足人的游赏和居住等多重需要为目的,将人为的物质环境与自然风景相结合,融建筑、绘画、文学、书法、园艺于一体。中国园林起始于商周时期的帝王苑囿,兴于春秋战国时期,秦汉时已初具模仿自然的造园风格,并出现了私家园林,魏晋南北朝时期寄情山水的私家园林兴盛,唐宋时期又将诗情画意引入园林的布局与造景之中,之后经历代造园实践,至清代形成了完整的园林艺术体系。中国园林艺术风格体现了生态型自然式布局。中国园林的审美特征表现出立意构思、掇山理水、亭台楼阁、莳花栽木、题名点景、诗情画意的中国艺术特色。中国古典园林据其性质可分为皇家园林、私家园林、寺庙园林和风景名胜区园林。

2. 西方园林

西方园林完全是由人工雕琢的,其基本特征为地形、地貌平整,或把山建成不同高度的台地;水体多采用具有几何形状的水池和喷泉;树木多采用行列式栽植形式,并修

Note!

剪成几何形状。西方园林艺术风格以几何规则式布局为主,宽阔的道路或笔直的河渠展现了西方园林的宏大之美。

三、自然生态研学旅行资源保护性利用措施

生态旅游强调保护与利用的有机结合,使旅游目的地始终保持良好的景观生态环境,使生态旅游资源能够被永续利用,从而保证生态旅游业的可持续发展。

(一)加强生态教育,提高旅游者对生态旅游的认识

基于生态学原理,在景区和景点开展生态旅游有助于减少旅游活动对环境的负面影响,使资源的保护与利用有机结合,实现旅游与环境的和谐共生,推动旅游业的可持续发展。因此,相关部门必须对开发和经营管理人员进行教育,使他们了解当前的旅游发展趋势,并在实践中运用生态学原理,推出真正的生态旅游产品,以促进生态旅游资源的开发与保护,进一步推动旅游与环境的协调发展。

(二)进行生态旅游规划,建设生态旅游区

自然生态研学旅行规划旨在保护和利用生态旅游资源,实现环境、社会、经济效益的统一,推动旅游产业优化和地方经济发展。其目标包括:优化旅游环境;开发新的生态旅游资源;促进旅游产业向自然生态研学旅行转型;建设自然生态旅游区,自然生态旅游区应以生态学为基础,实现环境优化和良性循环,同时具备观赏和游览价值。

(三)精心设计,推出一系列具有地方特色的自然生态研学旅行产品

推出具有地方特色的自然生态研学旅行产品,是自然生态研学旅行开发的关键和根本。可考虑推出以下自然生态研学旅行产品:一是独特的地质地貌参观旅游;二是水上探险猎奇生态旅游;三是农业生态旅游;四是民俗文化生态旅游;五是野生动植物考察生态旅游。在具体的自然生态研学旅行路线设计中,设计者要将人文生态旅游资源和自然生态旅游资源有机地结合起来,让旅游者获得多种经历和体验,并获得人与自然关系的综合性知识。

(四)提高旅游地居民和生态研学旅游者的参与程度

旅游目的地居民和旅游者的高度参与是生态旅游区别于传统观光旅游的一个重要特征。生态旅游者积极投身自然与人文生态系统中,领悟生态旅游的真谛与奥秘,从而更加热爱大自然,并增强保护自然生态的意识;旅游目的地居民参与生态旅游的开发、管理、经营,有利于增强他们的自主意识,使他们自觉保护生态旅游资源,传播地方传统生态观念与生态知识。提高旅游地居民和旅游者的参与程度是促进旅游业与经济、社会可持续发展的重要环节。

(五)确定生态旅游景区的生态容量,切实保护好生态研学旅行资源

对生态旅游区的环境影响进行监测、评价,确定生态环境和旅游资源的承载力,是

保护自然生态研学旅行资源，维持自然生态研学旅行可持续发展的关键。那些有很高历史价值、观赏价值和科学文化价值的生态旅游资源一旦被破坏，往往难以恢复，甚至会永远消失。在自然生态旅游区，应以保护植被、培植森林为主，适度开发，限制交通，尽量减少道路和其他旅游设施的兴建；在人文生态旅游区，以修复资源、恢复特色为基本原则，在可建性的前提下发展旅游配套设施。

第二节　自然生态研学旅行项目规划设计

一、自然生态研学旅行项目规划设计的目标

自然生态研学旅行规划设计的目标要体现人与自然和谐共处、保护环境、生态可持续发展等理念。

（一）生态环境保护与自然生态研学旅行开发相协调

自然生态研学旅行是以高品位的、良好的生态环境为基础的。自然生态研学旅行规划设计的首要目标是要有效地保护自然生态研学旅行地的生态系统多样性、物种多样性、景观多样性和生态旅游资源利用的可持续性，以及文化的完整性。这样才能实现自然生态资源环境和自然生态研学旅行的良性循环发展。

（二）旅游开发者、旅游者、当地社区居民利益共享

自然生态研学旅行除了要考虑学生教育，还应对生态环境、旅游开发者、当地社区居民带来长期利益，以谋求长远发展。不同于大众旅游，自然生态研学旅行强调开发者、旅游者与当地社区居民的利益共享，避免资源环境的过度损耗。开发者、当地社区居民需要在不破坏生态环境的前提下，策划并推广独特的自然生态研学旅行项目，通过广告吸引旅游者，实现利益共享，推动自然生态研学旅行的可持续发展。

（三）自然生态研学旅行项目开发要遵循生态发展理念

自然生态研学旅行的开展必须遵循环境伦理，依托特定自然生态旅游资源，从不同主题出发，开发多元化自然生态研学旅行项目，如观鸟、赏花、漂流、徒步探险、科学考察和科学普及等。这些活动要融入生态和谐、生态平衡、生态危机和可持续发展等理念，打造高质量的自然生态研学旅行品牌，以培养旅游者的科学素养和社会责任感。

（四）自然生态研学旅行应以实现生态教育为目的

自然生态研学旅行并非是以价格为导向的大众旅游，而是以价值为导向，注重负责任的旅游开发、管理和行为的研学旅行。它对旅游者、开发者、管理者、从业者和当地居民都有生态环境教育的责任和要求。通过生态旅游活动，利益相关者可以提高生态环

境保护意识,成为践行生态可持续发展理念的行动者,并积极传播生态可持续发展理念。

二、自然生态研学旅行项目专题开发设计

自然生态研学旅行项目专题开发设计要注重体验感。旅游者除了理解和掌握生态科学知识,还要具有创新思维。此处主要介绍一些具有代表性的自然生态研学旅行项目专题。

(一)风光旅游

风光旅游是一种欣赏自然风光的观光旅游,和传统观光旅游的差别主要表现在风光旅游的观光对象主要为自然风光和"天人合一"的景观,且这些景观不会因旅游活动的开展而受到损害。这种旅游项目往往涉及一些举世闻名的奇异自然风光地和人与自然和谐、尽显人文生态美之地。通常,利用轻型飞机、电动游艇、马车等交通工具或步行,旅游者既能观赏世界顶级的自然风光,又不破坏生态环境。

(二)科学考察旅游

在自然保护区和特殊自然景观区域,可以设计专业科学考察旅游项目,如热带雨林考察、大熊猫基地考察、火山地貌考察、喀斯特景观考察等,但这种旅游项目需要较为完善的科学研究基础和较为丰富的研究资料。

(三)科学普及旅游

在自然保护区,可设计满足旅游者好奇心及提高自然科学知识普及的旅游项目。旅游者与大自然接触交流,通过看展览等活动获得自然知识,认识自然规律,从而增强保护自然环境的意识。自然生态科普基地是青少年夏(冬)令营等活动的主要场所。

(四)观鸟旅游

在大自然中,有生机、观赏价值高又易于接触的野生动物首推鸟类。一些鸟类周期性的迁徙和集聚为观鸟活动提供了相对稳定的时间和空间,旅游目的地可设计远地和近地观鸟项目。针对飞行高度高、距旅游者远的鸟类观赏项目通常可以设计瞭望台,再配以高倍望远镜供旅游者欣赏鸟类飞行、取食等;对于近距离群鸟,旅游者可以直接用肉眼观赏。

(五)探险旅游

在自然环境较为险峻之地,在安全前提下可设计探险类旅游项目,如悬崖峭壁上的攀岩、湍急河流中的漂流等。这些项目需要配备专门的设备、训练有素的导游和较高水平的安全保护措施。由于这些地区往往生态环境较为脆弱,所以项目接待人数须严格控制,以保护环境。

三、自然生态研学旅行开发模式

自然生态研学旅行开发模式既要注重环境保护,又要考虑社会效益及经济效益。另外,在开发时,开发者还要具有创新思维。

(一)"护源"开发导向模式

传统的旅游资源开发以追求旅游经济高效益为目标,开发导向存在差异。以可持续发展为目标的自然生态研学旅行资源开发应将保护作为主导因素并贯穿其中,探索新的"护源"导向模式。

1. 传统"一源"开发导向模式

传统"一源"开发导向模式主要基于单一主导因素,包括"资源型"和"客源型"两种。"资源型"指的是具有独特旅游资源的地区,如泰山、张家界等,这些资源成为当地旅游开发的优势和竞争力。"客源型"则适用于旅游资源相对匮乏,但区位条件优越的大城市,如深圳等,它们通过创造旅游资源和利用交通流量巨大、基础设施完善等优势,发展旅游业并获得成功。

2. 传统"二源"开发导向模式

以这一开发模式获得成功的地区往往同时具有发展旅游业的资源优势和区位决定的客源优势,如北京、西安、广州等地都以其"二源"优势成为我国著名的旅游城市。这些地区既可以开发原有的旅游资源,又可适当建设一些主题公园,以充分发挥旅游业发展的双重优势,成为备受瞩目的热门旅游目的地。

3. 生态旅游"护源"开发导向模式

传统旅游开发多以"资源""客源"或"资源＋客源"为开发导向模式,成功地发展了当地的旅游业,但成功的背后隐藏着一个危机,即进一步发展的后劲不足,也就是旅游业的可持续发展性较差。究其原因主要是保护问题,即作为旅游发展主导因素的旅游资源遭到破坏后将导致旅游业发展走下坡路。因此,保护旅游业发展的主导因素,无论是"资源"还是"客源"的"护源"开发模式就成了生态旅游开发的一种新模式。保护旅游资源就成了旅游业可持续发展的关键。

(二)"三 Z"(资本)开发投入模式

旅游资源的开发到底需要投入些什么才能使旅游业既有近期的高效益又有长远的可持续效益呢? 我们可以从传统旅游开发教训中获得启示。

1. 传统的"一 Z"开发投入模式

传统的旅游资源开发主要依赖资金投入,即"一 Z"。然而,这存在两个误区。其一,忽视旅游资源的价值,导致旅游业被视为低投入、高产出的产业,从而难以有效保护资源环境,出现破坏和污染问题,影响旅游业的可持续发展;其二,低估了知识的价值,认为知识廉价,导致旅游规划设计不够精细,进而产生旅游开发粗放、管理方案设计不合理等问题,破坏了旅游资源的可持续发展。

2. 生态旅游的"三 Z"开发投入模式

从对传统"一 Z"开发投入误区的分析中,我们认识到旅游业可持续发展需要形成

Note

资源、知识、资金"三Z"开发投入模式。这一模式包括：其一，承认资源有价，使资源在旅游业中占有一定的地位，部分资金用于保护资源；其二，重视知识在旅游开发中的价值，如特色挖掘、主题创意和宣传促销等；其三，资金投入是发展旅游业的关键。总的来看，资源和知识是发展旅游业的基础，资金投入是发展旅游业的保障，三者缺一不可。

第三节　自然生态研学旅行产品设计

一、自然生态研学旅行产品设计的步骤和方法

（一）自然生态研学旅行产品设计的一般步骤

1. 资源基础分析

资源基础分析主要包括：资源的区位条件及可进入性分析；资源的地质、水文、气候等基本要素分析；资源的特性和特色分析；资源的美学价值和生态价值评估分析等。

2. 自然生态研学旅行产品的市场评估

自然生态研学旅行产品的市场评估主要涉及：资源的吸引半径评估；预期客源市场需求特征研究；预期客源市场定位等。

3. 自然生态研学旅行产品开发后可能对环境产生影响的评估

这是非常重要的一步，其对环境的影响程度决定了设计的自然生态研学旅行产品能不能开发，如果能开发，则决定了自然生态研学旅行产品的规模及相关限制。

4. 经济效益分析

经济效益分析主要分析自然生态研学旅行产品开发后能带来多大的经济效益，对环境保护和社区居民有多大的贡献等。

5. 设计多个可选方案

在充分考虑资源条件、市场前景、影响限制、经济效益等因素后，设计者要设计多个可选方案。

6. 进行专家咨询和民意调查，确定优选方案

比对多个可选方案，向专家咨询，并进行民意调查，综合考虑后选取最适合的方案。

7. 自然生态研学旅行产品开发后的信息反馈及调整

在自然生态研学旅行项目开发过程中，设计者要继续收集多方反馈意见并进行分析，对于有问题的地方要及时调整并改进。

上述七个环节，是一个循序渐进的过程，一般不能忽略或跳越进行，因为每一个环节都可能影响到自然生态研学旅行产品设计的合理性。在自然生态研学旅行中，不合理的产品设计带来的损失往往无法估量。因此，设计自然生态研学旅行产品一般都应包括以上七个步骤。

（二）自然生态研学旅行产品设计的方法

设计自然生态研学旅行产品时，应注意科学规划与适度发展相结合，有形研学旅行产

品与无形研学旅行产品相结合,自然生态研学旅行开发与乡村、林区相结合。针对不同景观地段设计特色各异的自然生态研学旅行产品,并避免自然生态研学旅行产品对环境造成破坏。在设计时,还要注意将景观生态学原理融入自然生态研学旅行产品的规划设计中,实现人工景观与天然景观的和谐共生。同时,注重研究当地风土人情及文化内涵,从地方民俗文化中提取生态文化元素,设计符合自然、融入环境、体现"天人合一"理念的研学旅行产品,展现中国式生态智慧。

二、自然生态研学旅行活动方式设计

(一) 自然生态研学旅行活动方式

生态研学旅行活动可被大致分为三种类型,即自然生态研学旅行、人文生态研学旅行和自然人文型综合生态研学旅行,每种类型又包含多个子类别。依据游客体验程度,每种类型都可分为生态观光游和生态体验游。生态研学旅行活动应具备四大功能,即旅游功能、教育功能、保护功能、生态扶贫功能。

1. 自然生态研学旅行

自然生态研学旅行包括观光游和体验游两种。自然生态研学旅行以大自然为背景,让游客获得回归自然、亲近自然、天人合一的旅行体验。

(1) 森林生态研学旅行。

森林,特别是自然保护区和森林公园,是生态系统和生物物种的"储存库",也是科研"实验室"和自然教育的"博物馆"。森林生态研学旅行能让游客在动植物资源和各种生态环境中享受自然之美,接受科普教育,增强环保意识。森林生态研学旅行可开展的活动包括森林浴、观景、露营和科学考察等。

(2) 水域生态研学旅行。

水域生态研学旅行以水景景观为主。随着工业社会的发展,人类有时会面临水体污染和水资源短缺等问题,会更向往天然洁净的水体,因此水域生态研学旅行逐渐兴起。水域生态研学旅行项目包括游泳、划船、漂流、观光休闲以及进行科普知识实验与实践等。

(3) 草原生态研学旅行。

一望无际的草原,能够让游客耳目一新、胸怀坦荡、涤尘荡污。草原生态研学旅行能够让游客尽享自然,珍惜大自然的馈赠。草原生态研学旅行活动项目包括骑马、放牧、射箭、采集标本、野营等。

(4) 高山雪原生态研学旅行。

在高山雪原生态研学旅行中,游客可以体验科考探险、登山猎奇以及经历挫折教育等旅行活动项目。科考探险活动,可以让游客深入雪域腹地,观赏珍稀野生动植物的生长环境以及冰川地貌等自然奇观。登山猎奇项目,挑战了游客的体力和耐力。游客在攀登过程中,可以体验超越自我、挑战极限的快感。挫折教育项目,让游客在面对严酷的自然环境和未知的挑战时,能够克服恐惧,顺利完成任务。

(5) 特殊景观体验生态研学旅行。

特殊景观体验生态研学旅行,将那些遭受重大自然灾害或受人类活动影响而退化的自然景观,如荒漠、滑坡、泥石流、火山、地震遗迹和古城废墟等,作为环境教育的反面教材。特殊景观也是生态研学旅行的宝贵资源。特殊景观体验生态研学旅行能丰富游客的科学文化知识，并通过提供反面例证的方式，加强游客热爱自然、保护自然的观念。

2. 人文生态研学旅行

人类文明源于自然，自然塑造了人类的文化，并影响着艺术和科学的发展，各民族利用不同的自然资源来解决衣、食、住、行等一系列问题，因此也就出现了风格各异的民族生态文化。这些文化体现了先民对人与自然和谐共处的朴素认识，影响了人们对待自然的方式。从远古崇拜到后来的禁忌、乡规民约、风俗习惯，各民族在与环境对话中逐渐形成了"善待自然"的传统观念。生态研学旅行的目的是通过探索，寻求人与自然和谐共处的智慧。

3. 自然人文型综合生态研学旅行

生态研学旅行许多是自然与人文相结合的乡村旅行。乡村旅行利用农业文化景观、生态环境、农事活动及传统习俗开展旅行活动，集观赏、考察、学习、娱乐、购物、度假于一体。游客在乡村，可以感受到人与自然的和谐共处。目前，较受欢迎的乡村旅行形式包括观光农园、农业公园、教育农园、休闲农场以及参与森林旅行、农村"留学"、民俗旅行等。乡村旅行可分为乡村观光游和乡村体验游，这取决于旅行活动的形式和游客的参与程度。

（1）乡村观光游。

乡村观光游是一种乡村旅行活动，也被称为农业观光。乡村观光游利用现有农业资源，将农业建设、科学管理、农艺展示和农产品加工等融于一体，让游客通过观光游览感受大自然的魅力。在农村，孩子们可以聆听自然的声音，居住乡村小屋，参与民俗表演，品尝天然食品。

（2）乡村体验游。

乡村体验游是当前热门的研学旅行形式。乡村体验游集观光、学习、教育和参与于一体，游客参与度高，体验时间长，回头率高。乡村体验游活动项目的主要形式有两种：务农旅游，是参与农业劳动，体验农家生活；民俗民风体验游的活动时间较长，通过农村生活，游客可以参与农村文艺节庆、社交等活动，深入了解民风和增长知识。

（二）自然生态研学旅行活动项目

自然生态研学旅行活动项目是一个综合系统，它涵盖了旅游景观元素，并具备多种特性，例如整体性、层次性、开放性、动态性、非均质性与和谐性等。它的设计、建设、管理和运行必须基于生态学原理。在设计活动项目时，设计师要具有创新性思维，并考虑多个重要因素，如自然生态旅行资源的特性和特色、自然生态旅游区的客容量、当地居民的心理承受能力、活动的吸引能力及市场，以及活动项目建设的可操作性。自然生态研学旅行活动项目设计方法如下。

1. 生态内涵的发掘与展示

旅游资源的生态内涵是无形的，需通过活动项目的设计来展现。设计者需从科学考察、文献典籍、民间传说和日常生活中捕捉灵感，结合资源特性和最新趋势，发掘旅游资源的生态内涵并选择最佳表现形式来设计活动。原生自然景观，开发内容应以原始风光观光体验、自然科普、探险考察为主，只设置一些必要的标志即可。此外，设计师还需力求将自然科学知识和地方民俗转化为旅游产品。人文景观是地方文化的历史积淀,包括历史遗迹、建筑艺术、文学艺术、民俗风情等,蕴含着很多人与自然在互动过程中形成的生态知识,此类活动项目设计应发掘这些生态知识,找准典型,通过适当的活动形式将生态知识表现出来。

2. 资源的美学内涵发掘和展示

自然生态研学旅行是独特的旅行体验,设计师在设计时需深入考虑游客的审美需求,发掘并精准引导游客发现各种审美要素。自然生态研学旅行能让游客在自然中学习,亲身感受并理解自然之美,培养审美能力。审美要素包括景观的视点、视角、视距和时间安排等。发掘审美要素后需引导游客参与,了解历代的审美评价,了解不同文化和历史背景下人们对自然美的理解和评价的变化,以激发游客审美思维,形成自己的审美意识。

3. 迎合市场需求,设计出新奇的生态研学旅行活动项目

为了吸引更多游客,打造独具特色的旅游产品成为各大景区追求的目标。创造新奇特色,不仅有助于突出旅游个性和主题,更是提升游客体验的关键所在。创新研学旅游活动项目的方式多种多样,既可以对现有项目进行改进和创新,也可以从零开始打造全新的旅游产品。在创新过程中,应遵循生态旅游开发的基本理念,确保旅游活动与生态环境和谐共生。具体而言,创新旅游活动项目应注重环保、强化文化内涵、关注游客体验、注重可持续发展等,为游客提供更优质的旅游产品,推动我国自然生态研学旅行行业的高质量发展。

本章小结

　　自然生态是全人类共同关注的主题,包括自然和谐、环境保护、可持续发展等内容。自然生态研学旅行项目开发既要有科学知识,还要有创新性思维及强烈的社会责任感,才能实现环境、社会、经济效益协同发展。自然生态研学旅行资源包括自然保护区生态旅游资源、森林公园生态旅游资源、农业生态旅游资源、园林生态旅游资源。要可持续利用自然生态研学旅行资源,就要加强自然生态旅游教育,提高人们对生态旅游的认识;进行自然生态旅游规划,建设生态旅游区;精心设计,推出一系列具有特色的自然生态研学旅行产品。自然生态研学旅行规划设计的目标有:生态环境保护与自然生态研学旅行开发相协调;旅游开发者、旅游者、社区居民利益共享;自然生态研学旅行项目与生态发展理念相协调;通过自然生态研学旅行活动开展生态教育。自然生态研学旅行项目的开发设计包括风光旅游、科学考察旅游、科学普及旅游、观鸟旅游、探险旅游。自然生态研学旅行开发有"资源"模式与"资本"模式。自然生态研学旅行产品设计要使科学规划与适度发展相结合,有形产品与无形产品相结合,生态旅游开发与乡村、林区相结合等。自然生态研学旅行活动方式包括自然生态研学旅行与人文生态研学旅行。自然生态研学旅行项目开发需要:生态内涵的发掘与展示,资源美学内涵的发掘和展示,以及迎合市场需求开发新奇的自然生态研学旅行项目。

课后训练

一、填空题

（1）自然生态研学旅行提供的是以_____、引导功能为主，寓教于乐的旅游服务，旅游对象是自然生态资源。

在线答题

（2）自然保护区生态旅游资源包括_____、风景名胜区、生物物种。

（3）农业生态旅游资源包括_____、农事劳作、农村风土人情。

二、思考题

（1）请简述自然生态研学旅行的概念。

（2）请简述自然生态研学旅行资源有哪些类型。

（3）请简述自然生态研学旅行项目专题开发设计。

（4）请简述自然生态研学旅行产品设计的方法。

Note

第二章
科学技术研学旅行项目开发

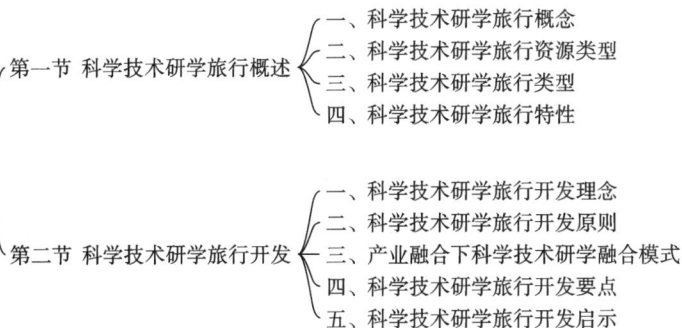

本章概要

　　本章主要介绍科学技术研学旅行概念、旅行资源类型、旅行类型、旅行特性，以及科学技术研学旅行开发，包括开发理念、开发原则、科学技术研学融合模式、开发要点等。

学习目标

知识目标

(1) 了解科学技术研学旅行概念、旅行资源类型、旅行类型、旅行特性。

(2) 了解科学技术研学旅行项目开发理念、开发原则、开发启示等。

能力目标

(1) 掌握科学技术研学旅行开发要点。

(2) 掌握产业融合下科学技术研学融合模式。

素质目标

(1) 具备求知好学的精神。

(2) 具备良好的科学文化素养。

(3) 具有科技自信的精神。

知识导图

第二章 科学技术研学旅行项目开发

第一节 科学技术研学旅行概述
- 一、科学技术研学旅行概念
- 二、科学技术研学旅行资源类型
- 三、科学技术研学旅行类型
- 四、科学技术研学旅行特性

第二节 科学技术研学旅行开发
- 一、科学技术研学旅行开发理念
- 二、科学技术研学旅行开发原则
- 三、产业融合下科学技术研学融合模式
- 四、科学技术研学旅行开发要点
- 五、科学技术研学旅行开发启示

（1）科学技术研学旅行类型。

（2）科学技术研学旅行项目开发要点与开发启示。

"探索地铁奥秘，感悟科技魅力"：
南宁轨道中小学生研学实践教育基地

南宁轨道交通运营有限公司中小学生研学实践教育基地，目前拥有 7 个车辆段、5 条地铁线路、104 个地铁车站及调度控制中心大楼等独具特色的研学场地、专业设备、专业师资等丰富的科普资源。组织学生走进南宁地铁研学基地不仅可以使他们了解到广西乃至我国地铁建设与发展的历程，感受到科学技术的创新给人们出行带来的便捷，同时也开阔了学生的眼界，增强了学生实践动手能力，培养学生树立正确的劳动价值观与职业观，激发学生的家国情怀，增强学生的民族自豪感和自信心。

一、知识与能力目标

观察学习智慧车站内的数字化、智能化设施设备，搭乘华南首条全自动无人驾驶地铁，增强学生对科技创新改变生活的认知。

运用数学方法与知识，对各个地铁站上下车人流进行相关统计与分析，感悟生活中的数学应用。

揭秘南宁地铁指挥调度控制中心是如何对地铁进行指挥与调度的，学习地铁模拟驾驶技术，当一回地铁"小司机"。

二、过程与方法目标

通过科普讲解、现场见习、互动体验、观察调研等方式方法，学生可以运用所学的知识综合分析问题、解决问题，从而提升学生的认知能力及创新能力。

通过"小小站务员"体验，学生主动宣传文明乘车礼仪与安全出行观念，提升人们乘坐地铁的安全意识与公民的社会责任感。

学生通过学习地铁驾驶知识，模拟驾驶培训实操体验，能够激发学习兴趣与职业兴趣，培养动手实践能力。

三、行程坐标

学校—广西大学地铁站（探索广西首个数字化智慧地铁站）—车站控制室（近距离参观地铁站中枢控制系统）—5 号线候车站台（化身"小小站务员"、地铁观察员）—屯里车辆基地（乘车 30 分钟）—午餐—屯里车辆基地（体验"我是地铁小司机"活动)—趣味操场(进行户外游戏)—调度大楼(探索地铁大脑OCC)—返回学校。

(资料来源：卓代研学南宁地铁研学实践基地)

人类社会之所以能从蒙昧时代发展到今天的高度文明时代,科学技术起到了基础性、关键性、开创性作用。科学是人类有意识地认识自然、探索未知世界活动的总称(或是总和);技术通常指人类改造自然、创造适合人类生存与发展的环境(也称人工自然或人工环境)的方法、手段与活动的总和,是在人类历史过程中发展着的劳动技能、技巧、经验和知识。党的二十大报告强调:"教育、科技、人才是全面建设社会主义现代化国家的基础性、战略性支撑。必须坚持科技是第一生产力、人才是第一资源、创新是第一动力,深入实施科教兴国战略、人才强国战略、创新驱动发展战略,开辟发展新领域新赛道,不断塑造发展新动能新优势"。少年强则中国强,研学旅行的开展能深化学生对某一学科领域的理解,激发他们的学习兴趣和求知欲,培养青少年的科学素养和创新思维。

第一节　科学技术研学旅行概述

一、科学技术研学旅行概念

科学技术研学旅行主要是将原理学习与直观体验相结合的综合实践活动,使学生在真实的情境中了解科技知识,提升科技素养,走近科技、了解科技、学会科技。根据"科技"的定义及我国现阶段学生学习的课程内容来看,科学技术研学旅行,在广义上包括自然科学、生态环境、技术工程等主题,在狭义上专指包括现代科技、工业农业技术等在内的高新科学主题。科学技术研学旅行基地都有丰富的科学技术产品,能让学生亲自进行科学原理的还原操作及情景探究,引导学生发展创新思维。同时,了解我国科技资源与科学技术现状,尤其是顶端技术,能让他们为伟大祖国而感到自豪,并萌生一种为理想而努力奋斗的雄心壮志。

二、科学技术研学旅行资源类型

目前,学术界对科学技术研学旅行资源的分类尚未完善。根据中国旅游资源分类系统,自然景系均可视作科学技术资源,人文景系中的现代人文吸引物景类包括科学教育设施景型、博物馆及展览馆景型、产业旅游地景型等,均与科学技术相关。科学技术旅游资源分类体系如表2-1所示。

表 2-1　科学技术旅游资源分类体系

景系	景类	景型
A 自然 景系	AA 地文景观景类 AB 水文景观景类 AC 气候生物景类 AD 其他自然景类	AAA 山岳形胜　AAB 喀斯特地貌　AAC 风沙地貌　AAD 黄土地貌　AAE 海岸地貌　AAF 自然灾变遗迹等特异地貌　AAG 地质现象 ABA 冰雪地　ABB 飞瀑流泉　ABC 江河溪涧　ABD 湖泊水库　ABE 海面 ACA 树木　ACB 草原与草地　ACC 野生动物栖息地　ACD 花卉地　ACE 天象现象　ACF 气象现象　ACG 气候现象 ADA 其他自然景型
B 人文 景系	BA 科技园区景类 BB 科技场馆景类 BC 古代科技景类 BD 其他人文景类	BAA 高新科技园　BAB 工业厂区　BAC 农业园区　BAD 科研院所　BAE 高等院校 BBA 科技观测场所　BBB 专题科技博物馆　BBC 科学技术馆　BBD 科技主题公园　BBE 动植物园 BCA 古建遗迹　BCB 古代技术 BDA 其他人文景型

三、科学技术研学旅行类型

我国地处亚洲东部,太平洋沿岸,地质地貌复杂多样。无论是著名山岳、优美水系、深邃峡谷、奇特洞穴,还是江河、湖泊、瀑布、泉水等,皆具有极高的科学研究价值,为科学技术研学旅行提供了丰富的资源。近年来,我国经济飞速发展,农业与工业均取得了显著的成果。众多高质量的工业基地、科技园区、科技场馆、科研基地在全国各地落地生根,既推动了经济发展,又普及了科学知识,皆成为重要的科学技术研学旅行资源。总的来说,我国科技研学旅行涵盖了地文景观科学、水文景观科学、气候生物科学、科技园区、科技场馆、古代科技、科学教育设施等科学技术研学旅行类型。

（一）地文景观科学

地文景观科学研学旅行涉及地质学、地理学和环境科学等多个学科。学生可参观地质公园、自然保护区、地质遗迹等地。地文景观的生成和演变,直接受到地层、岩石、地质构造、地质动力等因素的影响与控制,是地球内力和外力共同作用的结果,包括山岳形胜、喀斯特地貌、风沙地貌、黄土地貌、海岸地貌、自然灾变遗迹等特异地貌、地质现象等类型,具备显著的地文科学研究价值。通过专业科学考察与旅游活动的结合,游客可以了解和学习地质、地貌的科学知识。

（二）水文景观科学

水文景观科学研学旅行涉及水资源、水循环和水生态等领域。游客可以实地参观水库、湖泊、河流和湿地等,通过观察和研究,深入了解水循环过程、水资源管理的必要性以及湿地生态系统的功能。此外,游客还可以学习水生态系统的构成、生物多样性的知识,以及保护和可持续利用水资源的方法。

(三)气候生物科学

生物不仅丰富了生态系统,还为我们提供了宝贵的科学研究价值。从微观的细胞结构到宏观的生态系统,生物科学的研究广泛而深入,涵盖了树木景观、草原景观、花卉场地、珍禽异兽栖息地、天象与气候等领域。研究树木景观,游客可以更好地了解生态系统的稳定性和可持续性,为生态保护和环境治理提供科学依据。研究草原景观,可以深入了解草原生态系统的演化和适应性,为草原的保护和可持续利用提供理论支持。研究花卉场地,可以了解花卉的生长规律和生态功能,为花卉的种植和养护提供科学的方法。研究珍禽异兽栖息地,可以了解这些物种的生活习性和生态需求,为它们的保护和恢复提供有效措施。研究天象与气候,可以了解它们对生物的影响机制和规律,为生物适应和应对环境变化提供参考。这些研究有助于推动生物科学的发展和创新,为人类社会的进步和发展做出贡献。

(四)科技园区

科技园区是一种以智力密集为依托,以开发高新技术和开拓高新产业为目标,促进科研、教育与生产相结合,推动科学技术与经济社会协调发展的综合性研学基地。科技园区以技术创新为导向,以科技成果转化为核心目标,是高新技术与经济融合的前沿阵地。科技园区旅游资源丰富,包括高新科技园、工业厂区、农业园区、科研院所、高等院校及其科技产品等。置身其中,游客可以目睹、探索各种科学奥秘。在科技园区,游客可了解科技产业发展趋势、科技创新方法及科技应用实践。他们可参观科研实验室、孵化中心和科技企业,了解不同领域的科技研发项目和创新成果。他们可以与创业者和科技工作者交流,深入了解创新、创业的过程与实践。通过互动和参与,游客可深入了解现代科技产业运作机制、创新思维和创业实践情况,培养自己的科学素养与创新精神。

(五)科技场馆

科技场馆主要是指各种科技观测场所、科技馆等。作为国家与地区开展科普活动的重要场所,科技场馆具有举足轻重的作用,诸如我国各地的气象台、地震局,以及卫星发射基地、遥感地面监测站等,皆为尖端科技观测场所。

天文观测活动致力于提升青少年的科技教育水平,极大地拓宽了人们的科技视野。专题科技博物馆主要涵盖自然、科技及特定主题类的博物馆,是我国民众接受科普教育的重要场所。自然、科学类博物馆以分类、发展或生态的方法展示自然界,以立体化方式从宏观或微观角度展示科技成果。同时,针对游客的不同兴趣和心理特点,科技场馆还会推出丰富多彩的活动项目,注重提升游客的体验感,为游客提供亲近自然、走近科学的契机。

科学技术馆则集展览教育、培训教育和实验活动于一体,作为一种综合性、多功能的新型科技普及阵地和旅游景点,具有重要意义。

Note

（六）古代科技

古代科技研学旅行是指以古代科技思想、科技发明、科技器物、科技方法等为主体和内容，通过对房屋建筑、生产工具、生活用品、科学仪器、军事武器、艺术作品等科技遗产的整理和展示，来发现其中包含的科学思想和原理，揭示其所达到的科技发展水平。游客可参观古代科技遗址、博物馆和文化遗产地，了解古代科技发展的历程、科学家的贡献以及古代科技的应用。游客可深入了解古代数学、天文学、医学和工程学等领域的成就，探讨古代科技的原理和实践。通过实地参观和学习，游客可以体验古代科学的魅力，了解古代科技对现代科学的影响，特别是了解我国古代科学技术对世界的贡献，如造纸术、活字印刷术、火药、指南针等，可以增强游客的民族自豪感和科技自信。

（七）科学教育设施

科学教育设施是培养学生科学兴趣和深入理解科学原理的基础条件，主要包括实验室、天文台、科学展馆等。实验室为学生提供实践操作机会，学生可以观察实验现象，进而深刻理解科学原理。天文台能让学生观测天体，增进对天文学的认知。科学展馆通过展览和展示，让学生了解各领域的科学成果。这些设施既为学生提供了理论学习的环境，又激发了学生对科学的热爱。通过积极参与实验、观测和科学展览，学生更能将抽象的理论与实际生活相联系，增强他们对知识的理解和促进他们对科学的思考。

四、科学技术研学旅行特性

随着科学技术的进步和旅游事业的发展，科技研学旅行不断借鉴和吸收其他领域的先进成果，自身文化内涵和表现手段都越来越丰富，逐渐形成和显示以下几方面特点。

（一）突出的科学性

科学技术研学旅行是以科技为核心的，传递科技信息、普及科技知识、宣扬科学思想的活动，强调游客的体验和感受。在旅行中，游客可以参观科技场馆、实验室、科研机构等，了解最新科技进展和应用，体验科技产品的魅力，并与科技专家、学者进行交流，了解科技前沿动态和未来趋势。此外，研学旅行机构还可开展科技实践活动，如科学实验以及创新、制作科技产品等，提高游客的实践能力和创新能力。

（二）浓厚的趣味性

科学技术研学旅行之所以日益受到中小学生的喜爱，原因在于它具有旅游和教育的双重优势，特别强调内容的趣味性，符合中小学生的心理特征。这种旅行方式为中小学生提供了新的学习平台。中小学生通过参观科技馆、博物馆等，能够学习科学知识，了解科技最新动态，进而激发他们的好奇心和探索欲望。同时，科学技术研学旅行强调互动性和参与性，中小学生可亲手操作实验设备，参与各种科技活动，深入了解科学原理，并锻炼自己的沟通、协作能力，培养团队合作精神。在旅行过程中，导游和老师们通过设计有趣的游戏和挑战任务,能够让中小学生在轻松愉快的氛围中学习科学知识,培养学习兴趣。

（三）极强的参与性

科学技术研学旅行,强调引导和鼓励游客在旅游过程中亲自动手,获得真实的旅行体验。动手和参与本身就是直接调动大脑工作的有效方式,符合人们学习的规律和特点。新奇而不抽象、简单而不复杂的动手参与,既能够调动游客学习科技、体验科技的积极性,又能通过真实的感受使游客得到启发,学习并掌握相关科技知识。

第二节　科学技术研学旅行开发

一、科学技术研学旅行开发理念

（一）明确科学技术主题

所有研学旅行基地的开发,都要在系统地分析本土文化资源的基础上,形成具有本土特色、本土生命力的特色元素,再经过提炼、整合,最后形成相应特色的主题文化。《教育部等 11 部门关于推进中小学生研学旅行的意见》指出,要有针对性地开发自然类、历史类、地理类、科技类、人文类、体验类等多种类型的活动课程。可见,科学技术研学旅行是基本构成内容之一。科学技术类研学主题项目让中小学生通过参观科技馆等形式,进行科技探究,增强中小学生对科技的了解,提高他们的动手能力。

（二）突出科学技术教育功能

科学技术主题研学基地主要在科技博物馆、军事博物馆、航天博物馆等体现科技装备及科学技术应用的研学基（营）地展开,以科技发展、科技研发、科学伦理等为展示对象,让学生通过实际观摩和仿真体验来认知科学技术的发展过程,以及现场体验重大项目中科学技术的运用,激发他们对科研的兴趣,并强化数学、物理、化学、生物、信息等学科的应用能力。同时,科学技术研学旅行能够引导学生学习科学知识、培养科学兴趣、掌握科学方法、增强科学精神,树立总体国家安全观,树立国家安全意识和国防意识。

（三）符合参与者需求

科学技术研学旅行项目应考虑参与者的需求和兴趣,提供吸引参与者的内容和活动。项目开发过程中,开发者要充分了解参与者的背景和特点,设计具有吸引力和趣味性的研学活动,以满足参与者的学习需求和期望。

科学技术研学旅行项目开发需要通过市场调研与分析,在已有的研学旅行项目基础上,总结出能够符合潜在参与者核心需求的研学旅行主题项目,并设计相应的可实施活动方案。中小学生的核心素养包括科学研究、信息技术使用等，这些素养可以通过参与课程教学和科学技术研学旅行获得。研学旅行设计者可在明确科学技术类研学主题的基础上，设计科技探究项目，综合运用各种信息技术，提升参与者体验感。

（四）符合标准和规范

科学技术研学基地一般是以科技馆、博物馆和科学体验馆等为基础的，在此之上再进行标准化研学基地开发。注意，开发需要符合国家与当地各级管理部门的各类规范、标准与管理要求。

（五）提供完整的研学旅行产品

科学技术研学项目建设，以科学技术为核心，但旅游资源是个复杂的综合体。研学旅行设计者须为游客提供完整的研学旅行产品。因此，科学技术研学基地的建设并非仅限于科技体验，而应拓展至富含教育价值、丰富多样的研学旅行产品，涵盖富有吸引力和趣味性的观赏、体验或互动项目体系。在平面维度上（即同一地区同类产品之间的相互支持与有机协同），以及纵向维度上（全产业链上相互关联的不同产品与服务之间的合作共赢），均需构建有机的产品体系。

（六）及时更新换代

当前，我们正处于一个科技信息技术迅猛发展的时代。在此背景下，研学旅行产品的教育属性显得尤为重要，需要紧跟时代步伐，为学生提供最新且先进的学习体验。特别是在科学技术领域，研学旅行产品更应如此。科学技术产品以科技馆等现代信息技术场馆为根基，必须保持与时俱进，设计出富有吸引力且趣味盎然的项目体系，兼顾观赏、体验及互动功能。这样，学生在享受科技魅力的同时，也能在愉悦的氛围中感受到信息技术的发展力量，从而提升自身的科学素养。

二、科学技术研学旅行开发原则

（一）教育性原则

科学技术研学旅行项目开发，较重要的属性就是教育性。作为推动素质教育发展的重要载体，科学技术研学旅行应当从促进学生身体和心理发展的角度出发，结合学生现实生活，着力提高学生的综合素质。在研学项目实施过程中，为避免出现"只研不学"、研学活动与校内科技教育相割裂等情况的发生，研学旅行活动要始终以教育性为原则，多方面规范引导，组织学生开展探究式学习，通过协作探索、亲身体验的方式，学生能够提高对科学知识的了解与运用。

（二）体验性原则

研学旅行是综合教育活动，学生通过亲身参与和直观感受进行学习。科技技术研学旅行项目需强调体验性，打破传统教育模式，在科技场馆中接受教育，拉近学生与实际生活的联系。科学技术研学旅行项目开发需以学生为中心，注重学生的直观感受，指导学生实践操作,增强学生的参与体验感。传统课堂多注重学生的学习结果,而科学技术研学旅行则注重学生的学习过程与感受。通过实践外化知识,学生可以更好地了解科学技术知识。

(三) 整合性原则

科学技术研学旅行作为一项综合性实践活动,要将科学技术研学旅行资源与校内相关教材、课标整合在一起,结合学生的知识储备,进行全方位教育。科学技术研学旅行不仅整合校内、校外资源,衔接学生的课堂与校外生活,还要进行跨学科的融合,以促进学生的全面发展。同时,科学技术研学旅行还能整合不同研学资源,如当地科技馆、科研院校等,以丰富研学项目,加深学生对科技活动的理解,并在不同场所提供科技教育,以达到最佳教学效果。

(四) 安全性原则

科学技术研学旅行涉及的环节较多,且都是在校外进行的,学生的安全自始至终都应得到有效保障。小学生在进行校外活动时,因其自主管理和防范意识较差,安全问题显得尤为突出。在科学技术研学旅行前,学校和基地需制订活动计划和紧急预案,选择安全的出行方式,并培训人员,检查设施。在研学旅行过程中,基地工作人员和学校教师需监督管理学生,防止安全事故的发生。在研学旅行结束后,基地工作人员和教师要及时总结安全管理工作中有待解决的问题。在科学技术研学旅行中,各方应明确责任。安全管理需不断改进、探索和完善,基地工作人员和教师可借鉴先进经验,并结合实际情况创新工作思路,以保障研学旅行稳定运行。

三、产业融合下科学技术研学融合模式

(一) 产业融合与科学技术融合介绍

产业融合就是不同产业之间或者不同行业之间的相互交叉、渗透,甚至是重组,融合为一个产业或者是形成一个新兴产业。在产业融合的背景下,旅游业也可与其他产业融合,形成新的旅游业态,如科学技术研学旅行。从产业角度看,旅游产业融合主要有两种形式,即产业间融合和产业内融合。产业间融合指旅游产业与其他产业融合,如旅游与农业、文化、信息等产业的融合;产业内融合指旅游产业内不同产业的融合,如酒店、旅行社、旅游出租车、旅游教育、旅游景点等多个领域的融合。旅游产业融合及其经营管理主要可划分为以下三种模式:一是主动融合模式,旅游产业通过其旅游服务无形要素对其他产业产生影响,改变被融合产业的产业链,如旅游产业与农业的融合;二是互动融合模式,旅游产业与其他产业相互影响,各自产业链发生改变,旅游产业的旅游服务跨越产业边界,同时另一产业的无形要素也应用到旅游产业,如旅游产业与文化产业的融合;三是被动融合模式,其他产业的无形要素跨越产业边界,被融入旅游产业,对相应功能模块进行创新,如旅游产业与信息产业的融合。产业融合揭示了产业间的关联作用,表现为产业边界的模糊和新兴业态的产生。旅游产业与科普产业的互动融合源于旅游服务与科学普及在另一产业中的应用和扩散,体现了两者相互促进的关系。

Note

　　旅游产业与科普产业之间的互动融合新业态——科学技术研学旅行已经出现。这一现象充分证明旅游产业与科学普及之间存在互动、融合的可能性，并能催生新的业态。

　　科学技术研学旅行作为产业间互动融合的新业态，主要通过产业间经济活动的功能互补和延伸来实现。这种融合方式使得各自产业的价值链活动环节得以拓展，从而打破原有产业间的业务和运作边界，使彼此的产业边界发生交叉与融合。这不仅能够赋予原有产业新的附加功能和更强的竞争力，还形成了融合型产业体系。科学技术研学旅行的出现不仅延伸了旅游产业的边界，提升了旅游的品质，同时，旅游与科普产业的融合也补充和完善了传统科普教育方式，达到了寓教于乐的目的。科学技术融入研学旅行新模式如图 2-1 所示。

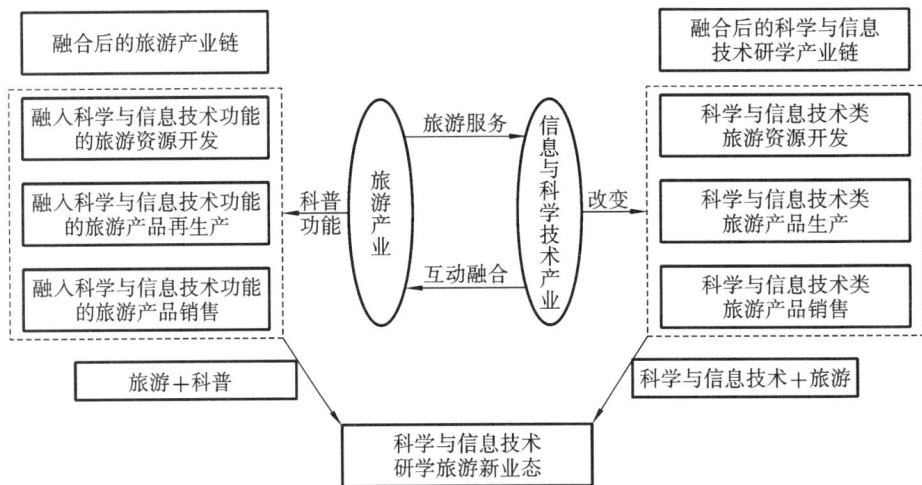

图 2-1　科学技术融入研学旅行新模式

（二）科学技术研学开发模式

1. "科学技术＋研学旅行"模式

　　"科学技术＋研学旅游"模式，是传统科普场所的转型与升级。为实现科学知识的传播，原有的科普场所借助如书籍、报纸、宣传片、专业教育者等中间载体，使青少年在游玩过程中了解科学知识，进而促成科学技术研学旅行。此类模式下，科普场所不仅具备科普功能，同时具备旅游功能。在以上提到的科普旅游资源中，科技场馆类、科技园区类、科学教育设施类主要采用"科普＋旅行"模式。这些场所最初并无旅游功能，如科普场馆（科技馆等）初衷为教育展览，现多数已向公众开放。科技园区、科学教育设施类部分场所已具备旅游功能，但总体而言，此类场所的旅游活动仍相对较少。鉴于这些场所原属性偏"科学技术"，在添加"旅游"功能时，应注重娱乐性、趣味性，并不仅限于"科学技术"和教育。

　　因此，科普旅游的开展需兼顾"研学"属性，适度增加游玩乐趣，特别是体验环节。许多科技场馆已设计相关体验活动，比如郑州科学科技馆截至 2023 年 10 月有 16 个展区、200 多件展品，还编排了科普剧、高压放电演示、4D 电影播放，并增设了"小小机械师"和考古体验等动手项目。科技园区、科学教育设施类未来发展方向可分为两步：其一，开放场所，即适当向公众开放科技；其二，在开放基础上，增加游客体验高科技及高科技制品的项目，以吸引游客，增添乐趣。例如，广西皇氏乳业有限公司，先后获批"智能工厂示范企业""绿色工厂""高新技术企业"等荣誉称号，其自主研发的相关技术曾荣获中国奶业协会科技进步二等奖，是广西壮族自治区研学实践教育基地之一，它们的"一杯奶强健一代少年"研学课程通过带领学生参观智能生产线，包括原料加工、生产过程、包装和质量控制等环节，了解乳制品的生产流程和现代工厂的特点，让学生对于先进的生产设备和现代技术有了具体的感知。

2."研学旅行＋科学技术"

科学技术研学旅行的概念分为广义和狭义两种。狭义科学技术研学旅行的场所仅限于科普场馆这种较传统的科学知识传播场所；广义科学技术研学旅行偏重科普，即在旅行过程中，要提升旅行资源的内涵，不仅要观赏、娱乐、讲故事，更要挖掘其中的科学知识，提高旅行的科学内涵。"旅行＋科普"模式主要针对广义范围的科学技术研学旅行，旨在让游客在游中学。从科学技术研学旅行资源属性来看，地文景观科学、水文景观科学、气候生物科学三类自然科学技术研学旅行资源和古代科技类研学旅行资源，最初以游玩、参观为主，但随着科普工作的深入，其科普功能已受到重视，官方也采取措施促进这些场所开展科学技术研学旅行活动。因此，科学技术研学旅行的范围正在逐步拓宽，广义科学技术研学旅行时代已经到来。

"研学旅行＋科学技术"模式要求如下。

（1）科普设施建设。

景区应设立科普展厅、实验室、观测站等场所，以丰富科学展示和游客实践体验感。这些设施应配备先进的科技设备和信息技术，以吸引游客并激发他们对科学的兴趣。

（2）科普人员培训。

景区工作人员，尤其是导游和讲解员，需接受科普知识和目前科技进展的培训。他们应熟知科学概念、科技应用和最新研究成果，以便为游客提供准确、生动的科普解说。

（3）定期举行科普活动。

景区应定期举办科普讲座、实验示范、科学展览等活动，以吸引更多游客参与科普学习。这些活动可以为游客提供丰富多样的科学体验。

（4）信息技术应用。

景区可利用信息技术手段，开发科普导览 App、虚拟实境体验、在线科学课程等，以增强游客的科学参与感和学习效果。同时，确保景区内有充足且稳定的无线网络，便于游客获取科学信息。

（5）多方合作。

景区可与科研机构、高校、科普组织等开展合作，共同开展科学研究、科普推广和人才培养等活动。此类合作有助于景区获得专业机构的支持和专业知识，提升科普水平和影响力。

（6）用户反馈和改进。

景区应积极收集游客的反馈意见和建议，并关注他们对科学内容和科普体验的评价。根据反馈信息，景区要持续改进科普活动安排和服务质量，以提高游客的满意度和参与度。

四、科学技术研学旅行开发要点

科学技术研学旅行是集数学、物理、化学等知识于一体的旅行。通过特色主题定位、娱乐化活动、趣味性体验、专业化引导,学生可以拓展研究思维,发展综合能力。在进行科学技术研学旅行开发和规划时,需要注意以下几点。

(一) 交互感体验,真实氛围营造

科技感设施设备运用了文字、声音、3D 图像、影片(科普动画)、模型、实验装置、互动多媒体装置、浮空投影技术、体感侦测技术(微生物扫描仪)以及光影效果等多种手段,旨在提升观赏学习的趣味性,激发学生的好奇心和探索欲。通过直观、形象、易懂的方式,学生能够深入理解相关现象、知识,进而引发深度思考。

中国科学技术馆的外部为单体正方形,它巧妙地利用了若干个相互咬合的块体,呈现为一个巨大的"鲁班锁",亦似一个"魔方",寓意着"解锁"与"探秘"。中国科学技术馆内设有"科学乐园""华夏之光""探索与发现""科技与生活""挑战与未来"五大主题展厅,公共空间展示区,以及球幕影院、巨幕影院、动感影院、4D 影院共四个特效影院。其中,球幕影院具备穹幕电影放映和天象演示两种功能,充满浓厚的现代气息。

(二) 研学主题凸显,与学校教育衔接

科学技术类研学旅行基地的设立要突出主题,明确重点,以满足学生需求。针对学生特点,研学旅行机构要制订特色教育计划或课程,例如 DIY 实验、科学表演、科普剧、探究式课程等,开展富有创新性、互动性、专业性的教育活动。同时,积极探索科学技术研学旅行项目,以实现研学旅行与学校教育的良好衔接。

中国科学技术馆"科学乐园"展区设置了诸如拔萝卜、挤牛奶、小拖拉机手、雏鸡孵化等展项,为孩子们营造了一个真实的农村生活场景。通过趣味性互动参与和实际观察,孩子们可以了解日常食品的来源,包括农作物的生长、耕作、加工过程以及农业机械等方面的基本知识,体验农业生产,认识常见家禽、家畜,培养勤俭节约的意识。

(三) 邀请专业领域人才,分享科技成果

科学技术领域的研学旅行要以专业人才导师为基础,实施研学课程。基于此,研学旅行机构可从以下方面开展研学活动。首先,邀请专业人才做科普讲座,内容可涵盖多个学科领域,如数学、物理、化学、生物等。讲座应注重科学原理的阐述和实际应用的展示,使学生能够了解科学知识在现实生活中的重要作用。其次,组织学生参观科研机构和高新技术企业。这样,学生可以亲身体验科研人员的工作环境,了解高新技术产品的研究和开发过程。在参观过程中,学生可以与科研人员和企业高管进行交流,了解科研人员和企业高管的工作经历,为自己的未来规划提供有益的参考。最后,还可以举办大型科普活动,让学生近距离接触行业最新知识,领略大家风范,引导学生明确自己的兴趣爱好。总之,在科学技术研学旅行项目中,邀请专业领域人才分享科技成果,有助于激发学生对科学研究的热情,也有助于培养学生的创新精神和实践能力。

五、科学技术研学旅行开发启示

科学技术研学旅行的载体主要包括科研基地、博物馆等,发展这一专业领域需深入挖掘基地的科学内涵与人文精神,实现科普价值与学生兴趣的有机结合。基地通过丰富多样的实践活动来衔接课程实施,并以经验丰富的导师团队为保障,推动项目的顺利进行。

(一) 方式由"主导型"向"引导型"转变

科学技术研学旅行从中小学生的视角和自主学习方式出发,而非以成人的角度和知识传授方式来阐述,课程内容通常不以结论的形式出现,而是通过设计相关活动,引导学生探究并得出结论,为学生的自主学习预留充足的空间。科学研学活动与学校科学课程内容有所不同,它是对科学知识的再认识,起到衔接、加深、拓展和应用的作用。传统的科普场所和正式的教育机构共同构成了实施科学教育的两大基地。我国致力于提高全民科学素质,重点关注青少年,发挥科学殿堂的作用,普及科学知识、弘扬科学精神、传播科学思想、倡导科学方法。研学旅行成为实现这些目标的重要手段。

(二) 研学课程多样化、精细化、科学化

科学技术研学旅行要求研学课程多样化、精细化、科学化。首先,多样化意味着需要提供丰富多样的研学课程,涵盖不同领域、不同主题的科学技术内容。这样的设计可以激发学生的学习兴趣,让他们在实践中接触更广泛的科学技术知识。同时,多样化也有助于培养学生的综合能力,让他们在不同的领域中都能得到锻炼和提升。其次,精细化则要求在研学课程的设计上更加细致入微,注重课程内容的深度和广度。根据学生的年龄、兴趣、能力等因素,为他们量身定制课程。此外,还需要对课程内容进行深入的挖掘和拓展,让学生在深入学习的过程中能够感受到科学技术的魅力。最后,科学化要求在研学课程的设计上遵循科学的原则和方法。根据学生的认知发展规律和学习特点,科学合理地安排课程内容,让学生在轻松愉悦的氛围中学习知识、掌握技能。同时,还需要注重课程评价的科学性,通过合理的评价方式来检验学生的学习成果,为他们的进一步发展提供有力支持。科学技术研学旅行对课程的专业程度有较高的要求,强调知识性探索与体验。设计者可根据基地的教育理念和资源特性设计研学旅行项目,并充分考虑学生的心理状况、研学主题等要素,兼顾教育性、趣味性、科普性、实践性和探索性,为学生带来更具未来视野的认知方式。

(三) "订单式"服务,专业导师助阵,教育平台支撑

针对学生的多样化需求,研学旅行基地要致力于打造个性化、专业化的"订单式"研学课程服务包。此类服务包主要根据学生的年龄、研学基地类别、课程知识类型及地域差异等因素进行设计,以深入挖掘基地蕴含的科技知识和人文精神。此外,"订单式"服务包还涵盖学习过程及成果的追踪与评估。通过互动、演讲、作品展示等多种形式,研学导师可以量化评估学生的学习效果。这一过程的实施离不开专业导师的指导及教育平台师资力量的保障。例如,微生物博物馆设立专门的教育平台并制订相应的教育计划,使博物馆的参观学习具有实际效用,形成了完整的研学旅行闭环。

Note

本章小结

科学技术研学旅行是将原理学习与直观体验相结合的综合实践活动，使学生在真实的情境中了解科技知识，提升科技素养，走近科技、了解科技、学会科技。科学技术研学旅行类型有地文景观科学、水文景观科学、气候生物科学、科技园区、科技场馆、古代科技。科学技术研学旅行有突出的科学性、浓厚的趣味性、极强的参与性。科学技术研学旅行项目开发要求明确科学技术主题、突出科学技术教育功能、符合参与者需求、符合标准和规范、提供完整的科学技术研学旅行产品、及时更新换代。科学技术研学旅行项目开发要遵循教育性原则、体验性原则、整合性原则、安全性原则。产业融合下科学技术研学融合主要有"科学技术＋研学旅行""研学旅行＋科学技术"两种模式。科学技术研学旅行开发要点主要有：交互感体验，真实氛围营造；研学主题凸显，与学校教育衔接；邀请专业领域人才，分享科技成果。科学技术研学旅行项目开发，方式由"主导型"向"引导型"转变；研学课程多样化、精细化、科学化；"订单式"服务，专业导师助阵，教育平台支撑。科学技术研学旅行为培育未来国家建设的栋梁之材发挥着不可替代的作用。

课后训练

在线答题

一、填空题

（1）科学技术研学旅行在广义上包括＿＿＿＿＿、生态环境、技术工程等主题。

（2）科学技术研学旅行特性包括＿＿＿＿＿、浓厚的趣味性、极强的参与性。

（3）科学技术研学旅行项目开发要遵循教育性原则、＿＿＿＿＿、整合性原则、安全性原则。

二、思考题

（1）请简述科学技术研学旅行的类型。

（2）请简述科学技术研学旅行项目开发理念。

（3）请简述科学技术研学旅行项目开发原则。

（4）请简述科学技术研学旅行项目开发要点。

（5）请简述科学技术研学旅行项目开发启示。

Note

第三章
历史文化研学旅行项目开发

本章概要

　　本章主要介绍历史文化研学旅行资源类型、资源价值,以及历史文化研学旅行项目开发原则、开发程序,历史文化研学旅行业开发等。

学习目标

知识目标

(1) 了解历史文化研学旅行资源类型。

(2) 了解历史文化研学旅行资源价值。

能力目标

(1) 掌握历史文化研学旅行资源项目开发原则、程序。

(2) 掌握历史文化资源的研学旅行行业开发。

素质目标

(1) 具备历史文化自信的精神。

(2) 具备良好的人文素养。

知识导图

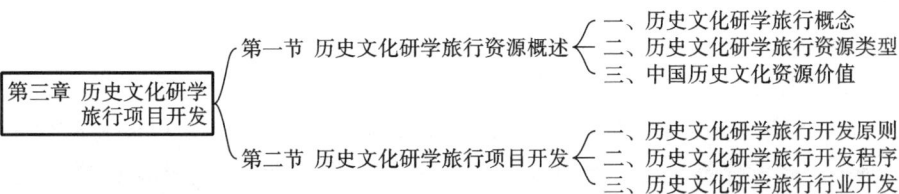

(1)历史文化研学旅行资源类型。

(2)历史文化研学旅行项目开发程序。

(3)历史文化研学旅行行业开发。

独秀峰·王城景区研学实践基地活动方案

桂林独秀峰·王城景区是广西壮族自治区唯一一家国家5A级历史文化景区，也是一家坐落着高等院校的国家5A级旅游景区、国家大遗址考古公园。截至2021年2月，景区拥有一项非物质文化遗产和156项知识产权。独秀峰·王城景区研学实践基地（以下简称研学基地）具有研学资源独特化、课程设置定制化、教学安排人性化、师资队伍多元化、运作模式市场化及服务质量标准化的办学特色。研学基地全年对外开放，拥有充足的场地，供学生集中学习、体验和休整。研学基地可容纳大规模的研学团队开展研学实践教育活动，最大研学团队承载量约为4000人/天。

一、历史文化研学资源

南朝文学家颜延之曾在独秀峰下习文咏诗，开启了桂林的读书文化，使独秀峰成了岭南文脉的发源地。唐朝，独秀峰下兴建孔庙，以圣贤教育淳化百姓，培养人才。宋、元、明各代文人学子以遨游秀甲天下的桂林山水为荣，在独秀峰坚硬的石壁上镌刻出"桂林山水甲天下"的千古名句。清代，独秀峰下兴建广西贡院，成就了五百八十五名进士，四位状元，文风如潮。现在，这里是广西师范大学王城校区的所在地，独秀峰集自然风光与人文历史于一体，是桂林山水文化的代表，亦是广西文脉的发源地，常言道"桂林山水甲天下，阅尽王城知桂林"。

二、课程简介

本课程以"仁义礼智信"为核心育人价值，秉承寓教于乐的教育理念，以一封"神秘的召集令"开启任务驱动式教学。学生穿上学子服扮演古代读书郎，通过博物馆知识寻宝、科举情景互动体验、非遗秘拓制作、探秘摩崖石刻及创意字体设计等趣味教学活动，感受古代读书郎的游学生活，感悟社会主义核心价值观对"仁义礼智信"的传承与发展。使学生在获得区别于课堂的沉浸式学习体验的同时，树立正确的价值观与远大的志向。

三、课程目标

学生们通过扮演古代读书郎，参加非遗秘拓制作、传统礼仪互动、博物馆知识寻宝、科举考试等情景互动体验，了解古代读书人日常生活、交友、娱乐和学习，感受古人读书的艰辛与金榜题名的喜悦，将传统文化的优秀部分吸收内化，以获得有积极意义的价值体验，促进身心成长，在各个活动环节的小组竞赛中，培养团队精神与组织观念。

探索独秀峰,使学生们赏析摩崖石刻上的书法艺术作品,开拓创造性思维,感受汉字的魅力,通过制作非遗秘拓、设计创意文字,传承与弘扬优秀传统文化,提升文化自信。

漫步状元廊,使学生们了解桂林八大状元的传奇人生,深刻感受古人"追求卓越,报国济民"的光荣事迹,传承与弘扬"为中华崛起而读书"的爱国主义民族精神,树立远大志向。

四、课程路线

研学基地根据靖江王府博物馆、国学堂、独秀峰、广西贡院博物馆、广智门(上城墙)、遵义门、端礼门、状元廊等几处标志性参观点设置了四条研学行程线路。活动场地有:体仁门·状元及第、端礼门·三元及第、遵义门·榜眼及第、靖江王府大门、王道、基石、承运殿、状元井、国学堂、读书岩、"卓然独立于天地间"、贡院、月牙池、城墙(三元及第门、广智门)。

另外,该基地还有"揭秘王城建筑"的实践项目。靖江王城的建筑是典型的中原建筑风格,主体布局有承运门、承运殿、寝宫、左宗庙、右社坛。主体两侧有众多的厅堂楼阁、书屋轩室。分别设置三个主题:一是初探王城,踏上城墙,描绘建筑;二是触摸王城,我是小小建筑师,动手做模型;三是展望王城,对比建筑,分享感悟。引领学生登上王城城墙,认识王城建筑布局和风格特点,观察并绘画出王城承运门轮廓,动手制作承运门建筑模型,对比家乡的建筑特点进行分享汇报等,增进学生对建筑文化的学习兴趣和向往,提高动手能力、探究能力和对建筑的鉴赏能力,有利于培养未来建筑师。

(资料来源:桂林独秀峰教育科技有限公司)

中国具有五千多年不间断的文明史,历史悠久,文化博大精深,在人类文明史上写下了浓墨重彩的一笔。中华优秀传统文化体现了民族自信与民族自豪感。党的二十大报告中强调要"推进文化自信自强,铸就社会主义文化新辉煌",并指出"发展社会主义先进文化,弘扬革命文化,传承中华优秀传统文化,满足人民日益增长的精神文化需求,巩固全党全国各族人民团结奋斗的共同思想基础,不断提升国家文化软实力和中华文化影响力"。在全国广泛开展历史文化研学旅行,是传承中华优秀传统文化的具体实践行为,有助于培养中小学生对伟大祖国、中华民族、中华文化、中国共产党、中国特色社会主义的认同,是铸牢中华民族共同体意识建设的重要举措。

第一节　历史文化研学旅行资源概述

一、历史文化研学旅行概念

历史文化研学旅行,是指以历史文化资源为对象,融教育性、体验性、趣味性(娱乐性、休闲性)于一体的旅游活动。2016年12月,教育部等11部门联合印发了《关于推进中小学生研学旅行的意见》,提出要加强研学旅行基地建设并要求,各基地要将研学旅行作为理想信念教育、爱国主义教育、革命传统教育、国情教育的重要载体,突出祖国大好风光、民族悠久历史、优良革命传统和现代化建设成就,根据小学、初中、高中不同学段的研学旅行目标,有针对性地开发自然类、历史类、地理类、科技类、人文类、体验类等多种类型的活动课程。从中可见,历史文化是研学的基本内容,相关的历史文化机构是研学基地的基础组成部分。组织历史研学旅行活动,有利于学生培养和践行社会主义核心价值观,激发学生的爱国主义情怀;有利于帮助学生梳理历史文化知识,强化学生的知识深度;有利于将学、思、行相结合,促使学生自主学习、学会思考,增强学生的社会责任感和实践能力。

二、历史文化研学旅行资源类型

基于历史文化内容,中国历史文化研学旅行资源,主要包括中国历史、中国古代思想与科技文化、古迹、古建筑、园林、文物。旅游资源学又把它们统称为历史古迹,是指人类社会发展历史过程中留存下来的活动遗址、遗迹、遗物及遗风等。人类社会有长达300万年的发展历史,在这漫长的岁月中,人们通过自己的聪明才智和长期的社会实践,利用自然、适应自然、改造自然,使地球成为人类的家园。历史古迹形成于历史发展阶段,是人类活动的产物,也是历史真实的客观表现,凝聚着人类智慧,昭示着特定的历史特征,成为重要的旅游资源。从广义上讲,任何人类社会的遗存物,都应该属于历史古迹的范畴,其表现内容和遗存形式十分丰富,一般可划分为古代遗址、古代建筑、古代陵墓、古代园林、文物遗存、古代城市、古代文学艺术、古代风俗等。《中华人民共和国文物保护法》(2017年修正本)对文物进行了分类,包括:具有历史、艺术、科学价值的古文化遗址、古墓葬、古建筑、石窟寺和石刻、壁画;与重大历史事件、革命运动或者著名人物有关的以及具有重要纪念意义、教育意义或者史料价值的近代现代重要史迹、实物、代表性建筑;历史上各时代珍贵的艺术品、工艺美术品;历史上各时代重要的文献资料以及具有历史、艺术、科学价值的手稿和图书资料等;反映历史上各时代、各民族社会制度、社会生产、社会生活的代表性实物。文物认定的标准和办法由国务院文物行政部门制定,并报国务院批准。具有科学价值的古脊椎动物化石和古人类化石同文物一样受国家保护。而且,古文化遗址、古墓葬、古建筑、石窟寺、石刻、壁画、近代现代重要史迹和代表性建筑等不可移动文物,根据它们的历史、艺术、科学价值,可以分别确定为全国重点文物保护单位,省级文物保护单位,市、县级文物保护单位。历史上各时代重要实物、艺术品、文献、手稿、图书资料、代表性实物等可移动文物,分为珍贵文物和一般文物,其中珍贵文物分为一级文物、二级文物、三级文物。

三、中国历史文化资源价值

(一)历史价值:社会历史的真实写照

人类社会经历了漫长且曲折的发展历程,终于演进到现今高度繁荣的现代社会。

这一发展进程对于生活在当下的我们来说,充满了神秘与奇妙。理解历史的演变,追溯古代文明,探寻人类社会发展的本质规律,已成为现代人的重要追求之一。然而,随着时光的流逝,历史与我们的距离越来越远,那些曾经的历史场景已无法重现。因此,历史的见证——古迹,成为我们了解历史发展的最真实、最具体的载体。通过追寻历史古迹,我们能够更直观地回溯历史、理解历史,从而更好地把握现在、展望未来。

(二) 文化价值:人类文化的集中凝聚

历史文化的发展催生了现代文化,理解现代文化离不开对历史文化的了解。人类文化具有传承和变迁双重特性。历史古迹是记录历史文化状况和特征的载体,也是理解文化特征的关键媒介。金字塔和雅典神庙分别展示了古埃及和古希腊的文明,而中国大地的历史古迹则见证了五千年中华文化的发展。文化旅游强调思想性和求异性,通过历史古迹串联的历史文化游,如丝绸之路游和三国之旅,有助于东西方游客和不同民族加深对异文化的理解和认识。

(三) 科学价值:古代科技的高度浓缩

古代科技虽有其局限性,但代表了人类科技的历史进程和古代人民的智慧,如古代工程建设、科学思想和科技创造等。历史古迹是古代科技成果的浓缩,具有极高的历史科学价值,有的至今仍发挥作用,令人惊叹。我国古代科技水平较高,取得了众多令人瞩目的科技成果,相关历史古迹是反映我国科技发展史的最好证据。

(四) 艺术价值:景观美学的形象展示

在不同时代的美学观念下,人们在建筑、物品、陵墓、园林等方面展现了独特的美学思想,如凝重与精巧、古朴与华丽等,具有高度的美学观赏价值。历史古迹,特别是古建筑、园林、陵墓及文物,是景观美学的体现,具有丰富的美学内涵,如造型美、质地美、色彩美等,令人百看不厌。尽管美学观念随时间变迁而发生变化,但追求美的生活旋律古今相通。

(五) 社会教育的价值

历史是过去的记载,历史文化旅游资源具有文化教育的作用。参观历史遗址,不仅有助于深化对历史的认知,洞察昔日国家及社会风貌,还能提升个人的思想境界。对个人而言,可以增进知识,促进思考,提高自身人文素养,培养健全的人格;对一个国家而言,更可以增强民族意识,进行爱国主义教育,为国家培养服务国家、造福社会的良好公民。文物古迹和文化遗产展示了先民们应对生存挑战、改善生活环境和提升生活质量的智慧。它们是前人文化创造力的集中体现,是创造性思维的结晶。历史旅游资源蕴含古人的开拓精神、创造毅力、天才的想象与技艺等,激发后人创造历史的壮志与信心,成为人们永恒的智慧之源和精神滋养。历史文化旅游资源还承载人类文明的记忆,成为后人缅怀历史、发怀古之情思古之幽的依托。这些资源为探寻历史文化根源、寻求文化认同及感受文化亲和力提供了最佳对象与载体。

第二节　历史文化研学旅行项目开发

历史文化旅游,一定程度上可以升华或发展成为研学旅行,前者的游客范围更广泛,后者的执行要求更加具体。因为两者之间的紧密关系,在它们相通之处,历史文化旅游与历史文化研学旅行不再作详细区分。

一、历史文化研学旅行开发原则

历史文化旅游开发,指的是在现代意识的指导下,开发主体对已经消逝的历史这一特殊客体进行深入的研究、理性的分析、精心的筛选、有效的吸收、审慎地点染以及富有创造性的更新与构建。这一过程旨在通过对历史文化资源的开发利用,实现对历史的继承、延续、升华和再创造。在开发历史文化研学项目时,应遵循以下原则。

(一)突出历史内涵,感受文化氛围

历史文化研学旅行是将历史文化融入旅游产品的一种方式。在这个过程中,历史文化景观旅游区应充分把握地域历史资源的文化定位,使游客能够在游览过程中感受到深厚的历史文化底蕴,同时也能激发他们对传统历史文化的现代思考,实现旅游与学习的有机结合。

(二)注重文化个性特色,发挥历史景观优势

历史文化研学旅行开发过程中,应充分把握各地区历史资源的特点,依据特定历史人物、历史事件以及当地历史遗址所具备的文化价值,着重展现各个历史文化旅游区的独特风貌,进而围绕这些个性化主题进行历史文化的研学旅行开发。

(三)注意景观整体风格,突出历史文化形象

历史文化研学旅行的开发应确定旅游地的整体文化风格或文化主格调,并围绕这一整体文化风格进行研学旅行项目设计和产品开发。在历史文化旅游区内,无论是自然景观、历史遗迹还是人造建筑,均应体现明确的历史文化主旨,突出旅游区的整体文化特色,把握历史文化的导向。

(四)兼顾可持续发展,强调历史文物保护

步入 20 世纪 90 年代,随着人类社会对"可持续发展"主题的不断重视,人们逐渐认识到旅游业的发展与自然环境及旅游资源之间的冲突愈发严重。历史文化资源中的有形元素,如自然景观、历史遗址、文物、化石等均为不可再生资源,一旦遭受破坏,损失无法挽回。因此,在历史文化旅游(含研学旅行)的规划中,应以保护为优先,开发为辅,高度重视历史文化景观、文物古迹的保护与修复工作。同时,加强对工作人员和游客的教

育与宣传,通过优化旅游环境及保护旅游资源,实现历史文化旅游的可持续发展。

二、历史文化研学旅行开发程序

(一) 开发环境分析

文物古迹密集的区域,旅游价值较高,更能吸引游客。此外,地区的历史文化特色越鲜明,游客对旅游产品的喜好程度也越高。因此,在分析历史文化旅游资源的开发环境时,可从数量、质量以及特色三个维度进行思考。

1. 数量性

文物古迹密集的区域可以设计以文物古迹为核心的旅游线路,如我国西安、北京、洛阳、开封等历史文化名城,以及湖北境内的古三国旅游线路。这些历史文化资源得益于古迹的相对集中且易于开发,并具有高度历史文化旅游价值。

2. 质量性

开发环境质量与当地历史文化和文物古迹保护密切相关。丰富的文化内涵和到位的保护可提升旅游资源的价值。以万里长城为例,其体现了中国古代建筑智慧,承载了丰富的历史文化内涵,成为中华民族精神的象征。明代长城部分建筑保存完好,具有历史研究价值和旅游吸引力。

3. 独特性

独特性为旅游核心追求,是吸引旅客的本质属性。我国幅员辽阔,地理环境多样,历史积淀深厚,由此造就各地独特历史文化风貌。因此在环境分析过程中,应充分挖掘本地历史文化特色,从而提升旅游资源开发价值。

(二) 开发内容确定

历史文化研学旅行的开发内容应以地区历史文化主题为核心进行拓展与设计,应注意以下几点。一是,须针对历史文化研学旅行市场需求,结合所在地历史文化资源条件,在研学旅行产品即旅游综合服务方面做出决策,体现历史文化的旅游价值,同时实现经济效益;二是,在历史文化资源开发过程中,要抓住历史文化的独特性、地域性、持续性特点,激发中小学生历史文化消费需求,让他们在研学旅行中体验到一种独特的经历,获得独特的精神享受;三是,历史文化研学旅行开发需配备食、住、行、游、购、娱等服务设施,同时在开发过程中保持历史文化风格完整性,凸显旅游区历史文化主题特色。

(三) 开发项目设计

根据历史文化资源的不同类型,其项目设计可被分为历史名人、历史古都、原始遗址、战场遗址和城墙关堡等几种开发形式。

1. 历史名人

在我国上下五千年光辉灿烂的文明史上,贤君名相、名哲先驱、科学巨匠、文艺大家、文人墨客、政治豪杰、军事奇才、民族英雄、革命先烈等,层出不穷。他们不仅给后世留下永不磨灭的精神财富,而且在中华大地上留下了数不尽的遗踪,成为我国历史文化旅游资源的重要组成部分。历史名人的研学旅行开发,包括对与名人有关的历史遗迹、名人的纪念场所和纪念建筑、名人笔下的山川风貌、历史遗物及以名人命名的景观等的开发,概括起来有名人故里、名人故居、名人游历地,还有帝王陵园名胜等方面。

2. 历史古都

都城作为首府,是城市制度的高级形式,是一国的政治、经济、军事、文化的中心。中国疆域广袤辽阔,中国古都也经历过多次迁移而造成经济、政治、文化中心的转移。古代中国先后涌现过数以百计的全国性或地方割据性的都城,其中尤以安阳、西安、洛阳、开封、南京、杭州、北京等古都著称于世。

3. 原始遗址

中国的原始先民多傍水而居,黄河流域、长江流域、珠江流域和东北的辽河、黑龙江流域是他们较理想的活动区域,而且他们还从这些地区向四周发散,足迹遍布全国各地。到目前为止,我国在 24 个省、自治区、直辖市都发现了旧石器时代遗址。截至2021 年 4 月,已在全国各地发现了新石器时代遗址近两万处,遍及全国。

4. 战场遗址

历史上著名的战争遗址,都是具有高品位的历史文化旅游资源,历来为世界各国旅游部门所重视和利用。我国历史悠久,留下了许多著名战役,不少著名战役还留下了纪念性遗物。

5. 城墙关堡

城墙关堡是古代帝王或地方割据势力为了军事防御而修建的。从春秋战国起,一直绵延至近代,在中国广袤大地上散布着众多的城墙关堡,从西部边陲到东部沿海,从穷乡僻壤到发达城镇,均可看到其遗踪。

在城墙关堡旅游资源开发中,要在不影响现存建筑的前提下,进行保护和开发,各地旅游部门要做好与政府其他部门的协调。古代的城墙关堡已失去军事防御的功能,但它们是研究我国古代社会城市、军事历史的珍贵实物资料,所以在开发这些实物资源时要突出其在历史、经济、政治、军事活动中的地位,同时向中小学生讲解其建筑的历史背景及过程,让青少年知道它们不单是一项建筑工程,更是宝贵的历史文化遗产。

(四)旅游市场推广

历史文化研学旅行的开发离不开市场的需求驱动。只有当旅游者对某一地域的历史文化产生浓厚兴趣,同时旅游企业推出具有高度吸引力的旅游产品,才能确保历史文化旅游资源的开发获得良好的经济效益。在开发历史文化旅游过程中,旅游企业必须重视市场推广,主要包括以下两个方面。其一,面对同行业旅游企业的竞争,通过开发或利用具有特色的历史文化资源,以赢得旅游者的关注和了解,从而树立良好产品形象。其二,历史文化研学旅行产品的市场推广能够传递信息,激发中小学生的消费兴趣,将潜在市场需求转化为现实需求。历史文化研学旅行产品的市场推广手段包括广告、促销、公共关系及旅游印刷品等多种形式。

1. 广告

广告是由企业和组织出资,请广告公司进行创作,用付费的方式由媒介发布和传播本企业产品的信息,以释放信息来树立某种产品形象。旅游广告是指,由旅游企业、旅游目的地国家和地区旅游组织出面,用付费方式选择和制作关于本地历史文化旅游方面的信息,并通过电视、广播、网络、杂志等媒介向国内外社会公众发布,以提高本地的影响力和知名度,树立旅游目的地国家、地区和旅游企业的历史文化旅游特色形象。对历史文化旅游产品的广告宣传而言,必须以本国、本地区的社会、经济、文化环境为依托,突出该地域的文化特色。在宣传手段上,要注重吸引力与表现力,利用声音、色彩、影像等艺术和技术手段;在内容上,要着力宣传和塑造历史文化旅游产品的总体形象。

2. 促销

促销是指对同行业(中间商)或消费者提供短期激励的一种活动,目的在于诱导其购买某一特定产品。由于旅游产品具有生产消费同一性的特点,只有实现销售才能促进旅游产品的再开发与生产,从而促进旅游业竞争力的提升和效益的增长。在开展文化旅游的销售活动时,要针对中小学生特征,可采用赠送纪念品、宣传品及富有历史文化特色的实物礼品等手段,还可以针对竞争者采取赠送折价券、降价等方式来吸引消费者。需要强调的是,历史文化旅游在促销中赠送的纪念品和礼品应尽量体现当地旅游资源的历史文化特色,要能使消费者把它同该次旅游活动和享受的服务联系起来,提升研学旅行的吸引力,同时达到历史教育的目的。

3. 公共关系

公共关系指通过信息的沟通,发展企业和社会、公众之间的良好关系。旅游企业的公共关系活动包括两个方面,即针对新闻媒体的公共关系活动和针对社会公众的公共关系活动。

开展历史文化旅游活动与公共关系密不可分,历史文化旅游产品开发要以旅游目的地国家和地区的社会、经济和文化生活为依托,如果不能向公众展示本地区的优秀历史文化,或者不能树立当地旅游业良好的形象,是无法参与竞争、吸引消费者的。旅游部门应加大对外公共宣传力度,如举办各种具有历史文化特色的公益活动等,给消费者留下深刻印象。

此外,旅游企业员工应针对消费者开展公共关系活动,除了提供优质服务,还应向消费者宣传本企业历史文化旅游特色,扩大历史文化旅游企业的知名度。需要指出的是,公共关系活动主要以不付费的方式提供,不像广告那样带有浓厚的"交换"色彩。

4. 旅游印刷品

旅游印刷品指由地区或国家旅游管理部门、度假地、游览地管理部门及旅游企业出资制作,用于旅游宣传,提供信息服务和其他一些实际功能的旅游线路说明书、目录集、价格表及其他用途的信封、挂历、明信片等。这些旅游印刷品图文并茂、精美大方,可以长时间保留,随时提供信息支持,并能展示当地历史文化特色。此外,它们还具有一些实用功能和便利的特点,深受消费者喜爱。对历史文化旅游而言,旅游印刷品成本低,节省促销经费,同时它能融实用性与艺术性于一体,较好地反映当地历史文化旅游资源特色,为潜在旅游者提供重要信息沟通渠道,达到良好促销效果。作为研学旅行产品,可以附上相关历史文化知识,配以思维导图,形成图文并茂的小册子,会更受中小学生青睐,效果更好。

三、历史文化研学旅行行业开发

历史文化资源,包括有形历史文化资源和无形历史文化资源,是文化产业发展的重要基础。历史文化资源通过旅游、艺术、音像、影视、出版等方式进行开发,进而促进相应的旅游业、艺术业、音像业、影视业和出版业的形成与发展。

(一)历史文化资源的旅游业开发

中国旅游业的快速发展,得益于中国丰富的历史文化资源,历史文化资源的旅游业开发主要有以下三种形式。

1. 历史文化遗址资源的研学开发

历史文化遗址资源是古代人类劳动创造的物质性遗存,一般分为遗迹和遗物两大类。遗址是指从历史、审美、人种学或人类学角度看,具有突出价值的人类工程或自然与人类的联合工程及考古地址等地方。遗址也是人类社会政治、经济、军事、文化等活动的结晶,它凝聚着人类智慧,见证了历史发展轨迹,是前人留给后人的宝贵财富,是十分重要的有形文化资源,包括古人活动遗址、古城遗址、古战场遗址、名人活动遗址、古道遗迹等。除了现场参观考察,还需要配套场景再现、角色扮演等体验项目,还有遗存复制等。

2. 历史文化建筑资源的研学开发

我国古代建筑种类繁多,形式多样,内容丰富,是一个建筑科学宝库。现今,留存下来的建筑物有宫殿、楼阁、城防工程、古镇古村落、园林,以及民居、陵墓、亭台等,具有很高的艺术欣赏价值,是吸引游客的重要文化旅游资源。研学项目,还需要增加手工制作、模型搭建等内容,让中小学生沉浸式体验中国建筑的高超技术及独特的艺术价值。

3. 文学艺术资源的研学开发

(1)文学书法。

中国古代闻名于世的文学作品非常多,许多名胜古迹,就是因为著名文学作品而游人如织的。中国书法艺术举世无双,许多风景名胜区的独特书法艺术,如匾额、楹联、诗词等,都给旅游景点增添了中华文化历史的神韵。

(2)古代艺术。

中国古代艺术资源十分丰富,可以分为艺术遗迹和艺术遗物两大类。艺术遗迹是指地上或地下的古代建筑附属装饰,又分中国古代壁画和中国古代雕塑两类。艺术遗物主要是指经过艺术加工创造的绘画、雕塑、碑刻书法作品,以及实用和审美相结合的工艺美术品。绘画艺术品分帛画、绢画、木版画、木简画、卷轴画等;雕塑艺术品分陶塑艺术品、瓷塑艺术品、木雕艺术品等;碑刻书法艺术品有甲骨文、金文、简帛文字、石刻文字等;工艺美术品有陶器艺术品、玉器艺术品、铜器艺术品、漆器艺术品、瓷器艺术品、丝织艺术品、金银艺术品、骨牙雕艺术品等。

可以依据文学艺术资源设计多种多样的文学艺术研学体验项目,这极受学生及家长的欢迎,学生可以将亲手制作的工艺品带回家,不仅培养了他们的国学素养,还提高了他们的动手能力及团队合作能力等。

(二)历史文化资源的艺术业开发

根据创造艺术形象所使用的物质材料不同,艺术可分为表演艺术、造型艺术、语言

Note

艺术和综合艺术四大类。其中,表演艺术包括音乐、舞蹈、曲艺、杂技等,造型艺术包含工艺美术,综合艺术包括戏剧、电影、电视剧等。

1. 历史文化资源表演艺术业开发

(1) 音乐艺术的再创作。

以历史上的音乐为题材,进行再创作;复原和发掘古代音乐,把它原汁原味地再现给观众;利用考古发现复原历史上的表演艺术。中小学生可以即学即演,体验古代艺术的魅力。

(2) 舞蹈艺术的创新。

以某一历史时期的文化为主题,进行艺术表演的创作,例如敦煌舞蹈,还有近来红遍大江南北的舞蹈《只此青绿》。它们都是体验性极强又受学生喜爱的中国传统文化艺术。

(3) 服装设计艺术的演示。

我国历史悠久,每个朝代初建之时,都要正衣冠,因此留下了汉服、唐装、清服等不同时代的服饰。这些琳琅满目的古代服饰,为我国服装设计提供了取之不尽的素材和灵感。具有浓郁民族特色的中国服装,引起了世界服装设计界的瞩目。研学体验项目可以设计服饰穿戴,举办古代礼仪(包括成年礼、拜师礼等),还有供学生自由创作的空间,有利于发挥学生的想象力,培养学生的创新思维。

2. 历史文化资源的工艺品业开发

中国的艺术品、工艺品形式多样、特色鲜明,如果能捕捉商机创造性地加以开发,就有可能带来可观的经济效益。这些针对中小学生的体验项目现在开展得如火如荼,既锻炼了学生的动手能力,又开拓了学生的思维。

(1) 陶瓷艺术品。

陶瓷艺术品是中国传统工艺品,在历史上享有盛名。当前,陶瓷艺术品种类丰富,既有仿古的作品,也有现代意识的创新作品,如唐三彩、景泰蓝、景德镇瓷器、德化瓷器等。这些陶瓷艺术品文化气息浓郁、高贵典雅,是当代室内装潢摆设的理想作品。

(2) 铸锻工艺。

中国铸锻工艺源远流长,早在夏、商、周时期就开始铸造青铜器;到了汉代,青铜器褪去了神秘凝重的原始宗教色彩,而被赋予崭新的美学品质,其杰出代表是甘肃武威出土的"马踏飞燕"和河北满城出土的"长信宫灯"。中国历史上的铸锻工艺材料以铜、锡、金、铁为主,其种类主要为香炉、酒壶、灯台、花瓶、动物等。这类工艺品历史感强,严肃庄重,拥有特定的消费人群。

(3) 雕刻艺术。

中国雕刻艺术历史悠久,种类繁多。从雕刻的材料划分,主要有石雕、玉雕、木雕;从雕刻的技艺划分,则有圆雕、浮雕、线雕、镂空雕、影雕、微雕等;雕刻的内容主要有人物、飞禽走兽、山水、花卉、花纹图案等。

此外,中国以苏绣、湘绣、粤绣、蜀绣闻名的刺绣,以北京雕漆、扬州螺钿、福州脱胎漆器,以及笔墨纸砚文房四宝、剪纸窗花、泥玩具等,都极富民族特色,有待发扬光大,开发出更多的文化产品。

这些学生参与体验的作品,可以带回家,作为成长的纪念,备受欢迎。

3. 历史文化资源的戏剧业发掘

中国地域辽阔,民族众多,地方戏曲剧种繁多,据 1987 年出版的《中国戏曲剧种手册》记载,有多达 275 种,其中影响最大的有京剧、昆曲、越剧、黄梅戏、沪剧、评剧、粤剧、扬剧、吕剧、川剧、豫剧、湖南花鼓戏、梨园戏、闽剧、歌仔戏等。这些戏曲都具有浓郁的地方色彩、乡音乡情,牵动人心,也是取之不尽、用之不竭的艺术宝藏,值得挖掘、保护和开发。戏曲是中华传统文化的代表,它们是中小学生认识中华优秀传统文化,培育中华民族认同感的重要文化符号。

(三) 历史文化资源的音像影视、出版业开发

历史文化资源的音像影视、出版业开发,不像旅游业受到时间、交通和经济实力的制约,也不像艺术业受舞台等即时性消费的限制,比旅游业和艺术业有更广阔的发展空间,可以让中小学生带回家、带回课堂,既可先入为主地预先了解研学课程,又可以在研学后把课外体验实践带回进行深入的认识、消化、巩固。

1. 历史文化资源的音像、影视业开发

通过现代科技音像制品,即通过图像、文字、音乐、语言再现风景名胜、历史文化、习俗风情、音乐舞蹈、地方戏曲等,图文、音色并茂,直观形象。历史文化资源的音像业开发,具有广阔的市场潜力。音像制品如《中华泰山·封禅大典》等,红色经典如《红太阳》,黄梅戏如《女驸马》和《天仙配》,小提琴协奏曲如《梁祝》,钢琴协奏曲如《黄河》等,都深受欢迎。

2. 历史文化资源的出版业开发

书籍、报刊虽然不能像音像制品那么直观形象地展示客体,但通过文字可以表达其较深刻的思想和体验,给读者留下更广阔的想象空间。比如,同样是介绍世界文化遗产——丽江古城,图书的表述就比音像深刻,学术品位更高。中小学生阅读量较大,他们对课外书的诉求较高,图文并茂的精致读物尤其受欢迎,历史文化资源的出版业开发在中小学有很大市场。

本章小结

历史文化研学旅行,指以历史文化旅游资源为对象,融教育性、体验性、趣味性(娱乐性、休闲性)于一体的旅游活动。历史文化资源包括具有历史价值、文化价值、科学价值、艺术价值、社会教育价值的历史遗址、遗迹、文物等。历史文化研学旅行项目开发要突出历史内涵,感受文化氛围;注重文化个性特色,发挥历史景观优势;注意景观整体风格,突出历史文化形象;兼顾可持续发展,强调历史文物保护。项目开发,首先要分析开发环境的数量性、质量性、独特性;其次研究开发的内容,以及设计开发项目;最后进行旅游市场推广。行业开发包括历史文化遗迹、建筑、文学艺术资源的旅游业开发,以及历史文化资源表演、工艺品、戏剧业等艺术业开发,还有历史文化资源的音像影视、出版业开发等。

课后
训练

一、填空题

（1）历史文化研学旅行，是指以历史文化为对象，融教育性、_____、趣味性（娱乐性、休闲性）于一体的旅游活动。

（2）历史上各时代重要实物、艺术品、文献、手稿、图书资料、代表性实物等可移动文物，分为_____和一般文物，其中珍贵文物分为一级文物、二级文物、三级文物。

（3）《中华人民共和国文物保护法》对文物进行了分类，包括具有_____、_____、_____价值的古文化遗址、古墓葬、古建筑、石窟寺和石刻、壁画。

二、思考题

（1）请简述历史文化研学旅行的资源类型。

（2）请简述历史文化研学旅行项目的开发程序。

（3）请简述历史文化研学旅行行业开发。

在线答题

第四章
民俗文化研学旅行项目开发

本章概要

　　本章主要介绍民俗文化旅行资源及其价值,民俗文化研学旅行开发原则、项目开发程序、开发模式。

学习目标

知识目标

(1) 了解民俗文化研学旅行资源类型及资源价值。

(2) 了解民俗文化研学旅行开发原则。

能力目标

(1) 掌握民俗文化研学旅行项目开发程序。

(2) 掌握民俗文化研学旅行开发模式。

素质目标

(1) 具备民族文化自信。

(2) 具备良好的人文素养。

知识导图

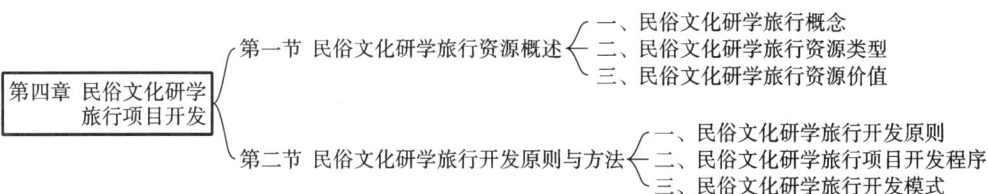

　　第四章 民俗文化研学旅行项目开发

　　第一节 民俗文化研学旅行资源概述
　　　　一、民俗文化研学旅行概念
　　　　二、民俗文化研学旅行资源类型
　　　　三、民俗文化研学旅行资源价值

　　第二节 民俗文化研学旅行开发原则与方法
　　　　一、民俗文化研学旅行开发原则
　　　　二、民俗文化研学旅行项目开发程序
　　　　三、民俗文化研学旅行开发模式

章节要点

（1）民俗文化研学旅行资源类型。

（2）民俗文化研学旅行项目开发程序。

（3）民俗文化研学旅行开发模式。

学习导入

侗乡传情，侗茶传礼："小茶匠"走进三江茶的非遗世界

本研学课程以"茶""侗"元素为线索，以"三江茶文化"为主脉，充分利用茶产业学院及柳州城市职业学院旅游管理专业师资等优势资源，将三江饮茶文化、茶叶加工新标准、新工艺等融入研学课程，展现三江茶的魅力，突出柳州地方茶的特色，通过博茶思源、一叶知茶、"茶"颜观色、"侗"之以礼、"侗"之以情等单元课程，探究学习三江茶之源、三江茶之形、三江茶之礼、三江茶之技、三江茶之食，让学生感受三江茶文化的深厚底蕴，培养学生对非遗的保护与传承意识，力求让学生在研学过程中培养正确的情感态度和价值观，为祖国悠久的历史、灿烂的文化、中华民族的伟大感到自豪，提升学生对少数民族文化的认同，增进民族团结思想，坚定民族文化自信，树立热爱自然、保护自然的生态文明理念。

研学课程活动设计表如表 4-1 所示。

表 4-1　研学课程活动设计表

单元课程	课程名称	主要内容
1	博茶思源	参观学习柳州茶文化馆——探究中国茶脉中的三江茶文化。 小组活动：根据研学任务单，以三江茶为主脉络，进行自主探究与学习，完成各项任务
2	一叶知茶	情景式体验学习，先入微型茶园，了解三江茶叶、茶树植物学、地理学特征，掌握三江茶叶的采摘，后扮演"茶叶大侦探"，区分侗茶茶叶与其他树叶，掌握三江茶叶植物学特征。 小组活动：在微型茶园了解三江茶叶茶树知识；在规定时间观察、掌握侗茶茶叶的外貌特征，并在树叶堆中迅速寻找出侗茶茶叶
3	"茶"颜观色	调动五感，鉴干茶、赏茶艺、观茶汤、辨茶色、嗅茶香。 小组活动：在茶艺室进行鉴干茶、赏茶艺、观茶汤、辨茶色、嗅茶香等活动

Note

续表

单元课程	课程名称	主要内容
4	"侗"之以礼	制作侗家之礼——探秘三江侗茶制作技艺。 小组活动:学习三江侗茶初加工的制作技艺,掌握三江侗茶成品茶的制作方法,并对侗茶外包装进行图案设计
5	"侗"之以情	沉浸式学习体验动静结合的三江侗族打油茶文化,探究三江独特的饮食文化与民风民俗。 小组活动:在"侗家厨娘"情境中体验、学习侗族打油茶文化,包括备具、赏茶(佐料)、煮茶、分茶(佐料)、奉茶(敬茶歌)等

(资料来源:柳州城市职业学院经济管理学院研学团队)

民俗文化,属于非物质文化遗产。联合国教科文组织《保护非物质文化遗产公约》定义"非物质文化遗产"为被各社区、群体,有时是个人,视为其文化遗产组成部分的各种社会实践、观念表述、表现形式、知识、技能及相关的工具、实物、手工艺品和文化场所。非物质文化遗产是文化多样性中最富活力的重要组成部分,是人类文明的结晶和宝贵的共同财富,承载着人类的智慧、人类历史的文明与辉煌。在中国,民俗文化是中华优秀文化的构成部分。中国幅员辽阔、历史悠久、民族众多,所拥有的非物质文化遗产绚丽多姿、异彩纷呈。中国的非物质文化遗产源于中华五千多年的文明,深深植根于民族、民间,是中华民族身份的象征,是培育中华民族认同感的宝贵资源,是促进民族团结、维护国家统一的坚实基础,是凝聚全国各族人民的重要力量。保护好、利用好中国的非物质文化遗产,对于民族精神的凝聚和延续,对于实现中华民族的伟大复兴,对于铸牢中华民族共同体意识,都具有不可估量的重大作用。民俗文化研学旅行,既是民族文化创造性转化与创新性发展的实践,又可以培养学生的文化自信与民族自豪感,以及良好的人文素养。

第一节　民俗文化研学旅行资源概述

一、民俗文化研学旅行概念

民俗文化研学旅行,是指以民俗文化为对象,融教育性、体验性、趣味性(休闲性、娱乐性)于一体的旅游活动。民俗文化旅游,又称为民俗旅游,或者民族(文化)旅游,在此是可以相通的。由于民俗旅游满足了游客的求新、求异、求乐、求知的需求,成为旅游行为和旅游开发的重要内容之一。当然,民俗文化旅游资源也是研学旅行开发的重要对象。因此,就旅游对象而言,民俗旅游景区也是研学旅行的天然基地,民俗文化研学旅行与民俗旅游在某种意义上可以重叠,只是旅游主体与旅游目标范围不同。因此,民俗文化研学旅行在一定程度上还可以称为文化遗产研学旅行。

二、民俗文化研学旅行资源类型

（一）按旅游资源国标分类

按照国家标准《旅游资源分类、调查与评价》（GB/T 18972—2017）对旅游资源的结构设置，主类 F 历史遗迹下属亚类非物质类文化遗存，包括民间文学艺术、地方习俗、传统服饰装饰、传统演艺、传统医药、传统体育赛事共六个基本类型；主类 G 旅游购品下属亚类手工工艺品，包括文房用品，织品、染织，家具，陶瓷，金石雕刻、雕塑制品，金石器，纸艺与灯艺、画作共八个基本类型；主类 H 人文活动下属亚类岁时节令，包括宗教活动与庙会、农时节日、现代节庆共三个基本类型。民俗文化，一定程度上又可称为非物质文化遗产，因此又有民俗文化旅游之说。

（二）按民俗旅游资源的价值分类

按民俗旅游资源的价值，又可分为物质享受型民俗旅游资源与精神享受型民俗旅游资源。

1. 物质享受型民俗旅游资源

它指具有旅游享受价值的物质形态的民俗事项，包括民俗食品、土特名产、民间工艺品、民俗旅游设施等。

2. 精神享受型民俗旅游资源

它是以精神享受和满足为主要价值特征的民俗旅游资源类型，可以概括为审美享受、心理享受等亚型。

三、民俗文化研学旅行资源价值

民俗文化亦可称为文化遗产，它的独特性决定了它具有一般物品价值无法包含的部分，其价值很难以定量的方法估计，这一部分可以称为存在价值，另一部分可以称为使用价值。使用价值是民俗文化在开发利用中产生的直接和间接的经济效益，相对于开发商、行政主管部门和区域人群而言，民俗文化的经济价值是可定量的。

（一）历史价值

历史价值是文化遗产基本的价值体现，是文化遗产作为"遗产"自身所具备的核心价值。文化遗产反映了其产生时期的社会、经济、政治、文化、艺术水平，它是经过了时间的积淀和历史的考验而保存下来的，因此其历史价值是独特的、不可再造的。

1. 反映历史

文化遗产作为真实的人类遗存，也是确凿的历史资料，能够真切地反映人类历史，具有重要的历史价值。无论是物质文化遗产还是非物质文化遗产都在历史研究中发挥着不可或缺的作用。

2. 补全历史

文化遗产不仅反映了历史,还能够补充历史记述的缺失,纠正人们对历史认识的错误。文化遗产以真实、具体的存在和客观、形象的记录,为我们提供了宝贵的历史信息。

3. 传承历史

文化遗产是人类历史的产物和历史的体现,它以其独特的方式传承着历史。物质形态的文化遗产是凝固的历史载体,而非物质形态的文化遗产则是鲜活的历史记忆,它们均在传承历史方面发挥着不可替代的作用。

(二)审美价值

文化遗产作为人类历史文化的遗留,具有独特的艺术性,符合人们对特定文化的审美需求。因此,文化遗产具有文化审美价值。这种价值受到艺术风格、文化认同度和稀缺性等因素的影响。独特的艺术风格、广泛的文化认同以及稀缺性都是提升文化遗产审美价值的重要因素。同时,文化遗产审美价值是与当前时代主流的文化审美情趣相联系的,并非一成不变的。

(三)科研教育价值

科学指人类正确认识自然、社会及人类自身各方面的知识体系,是人类认识的理论形态。文化遗产的科学价值,体现为文化遗产反映前人在社会实践中形成的科学知识。文化遗产的科研教育价值,由科研价值和教育价值共同决定。文化遗产作为历史遗留,在考古和文化研究领域,都具有潜在价值。

第二节　民俗文化研学旅行开发原则与方法

民俗文化研学旅行开发与民俗旅游开发的原则与方法类似,只是民俗文化研学的对象主要是中小学生,要求更为具体。

一、民俗文化研学旅行开发原则

针对我国的国情和民俗旅游资源的开发现状,在开发民俗文化研学旅行资源时,应当遵循以下七项原则。

(一)因地制宜原则

开发民俗文化研学旅行资源需因地制宜,根据当地的实际情况来开发,只有这样各地的民俗文化研学旅行才能具有特色。

1. 就地取材

民俗文化研学旅行开发应充分依靠当地的固有资源,从当地旅游资源特点出发,发挥当地特有优势。

2. 从当地客观实际出发

民俗文化研学旅行开发的实施属于区域发展规划范畴,离不开当地地理、经济、社会等因素的制约。因此,各区域在进行开发规划时要统筹规划,充分考虑当地的自然条件、交通运输条件、区位优势、经济基础等因素。

3. 重发掘,轻仿制

民俗文化研学旅行开发要强调、重视发掘,善于平中见奇,让中小学生感受到当地真实的生活。

(二) 特色原则

特色为一个地方或民族或国家历史、地理、政治、经济、文化、社会等方面的真实的综合反映,是一地或一族或一国古今人、事、物独特个性的集合体,或者说是集中表现,是地方性知识,可以培养中小学生的文化自觉、民族认同、国家认同。特色原则主张利用"人无我有,人有我优"的资源优势,开发具有独特性的民俗文化研学旅行产品。特色主要指民族特色、地方特色、历史特色等。这些特色源于民俗的差异性,而差异性正是旅游的魅力所在,能激发中小学生的兴趣。在进行旅游开发时,要把握旅游目的地的特色,关键在于对民俗文化资源进行全面了解和综合分析、比较。在开发过程中,要尽可能突出旅游目的地的民俗文化资源特色。

(三) 以中小学生需求为中心原则

民俗文化研学旅行的主体为中小学生,当以中小学生需求为中心原则。项目以满足中小学生的"教育+体验+旅行"为主。民俗文化研学旅行开发要在新、异方面多思考,开发出具有诱发中小学生猎奇心理的民俗景观。同时,必须遵守民族政策,杜绝伪民俗现象。此外,应尽量展现旅游目的地的历史特色,保持原貌,以古朴为审美导向。"体验"指的是,通过参与各种活动使中小学生获得内心的满足,例如探险、娱乐等活动。民俗文化旅游资源的一大特点是群体性和参与性,大部分民俗活动都欢迎中小学生参与,使中小学生亲身体验并感受中国民俗的文化内涵和独特韵味。因此,在开发民俗文化研学旅行资源时,应以中小学生体验需求为导向,注重景观(节目)的参与性,多开发一些让中小学生亲身体验、尝试、参与的民俗文化项目,让中小学生能够充分感受民俗文化氛围。

(四) 文化原则

对旅游,尤其是民俗文化研学旅行而言,文化是它的灵魂。

人类群体的生存环境由自然环境、社会环境和文化环境构成。其中,文化环境是各群体自己创造的。文化环境与自然环境、社会环境共同构成了文化习俗。同时,文化环境也赋予了研学旅行更深层次的意义,推动教育、文化、旅游在深度和广度上的进一步融合。民俗文化研学旅行本质上是一种文化旅游,其魅力在于民俗展现的深厚文化内涵。因此,开发民俗文化研学旅行资源时要遵循文化原则:开发者需要具备较强的文化意识,全面了解民俗文化,充分认识民俗文化在研学中的重要性;开发者应从多学科,如史学、民俗学、社会学、文学等角度研究某一地区或特定民俗事项,挖掘民俗内容,丰富民俗文化研学旅行项目的文化内涵;民俗文化研学旅行项目要营造一种文化氛围,使中小学生在与当地民居的接触，以及参加歌舞表演、工艺制作、游戏活动等时，都能感受民俗文化的魅力；项目开发不仅要具有民俗的"形"，更要体现出民俗的"神"，即"神""形"兼备，完整地展现民俗文化的精髓。

（五）多样性与专题性相结合原则

多样性和专题性是既对立又统一的两个方面，结合得好，多样性不仅不会冲淡专题性，而且还能起到衬托专题性的效果；反之，专题性也能丰富多样性，使多样性既有广度又有深度，它们的结合可以满足中小学生多样化的需求。在开发民俗文化研学旅行资源时，开发者要充分考虑中小学生需求的多样性，采取多元化开发策略，包括观光休闲型、参与型、娱乐型、考察型、物品型等。这里的多样性包括两个层面的内容：一是民俗景观丰富多样，类型各异；二是民俗景观与其他自然、历史文化景观的多元结合。

专题性是指，为满足某类游客的需求或游客的某一方面需求而进行的专项开发，在此主要指为满足中小学生需要而设计的专题研学旅行。专题研学旅行的优势在于主题鲜明、独特性突出且易引发游客共鸣。因此，专题性景观具有较高的旅游价值，能给游客留下深刻的印象，从而吸引更多回头客。

（六）开发与保护相结合原则

开发，本质上是民俗资源的产品化，其根本目的在于助力当地经济发展、提升居民生活水平，同时推动民俗文化的传承与发展。研学旅行的开发是以服务中小学生和社会教育为核心的。然而，在开发过程中，不乏对民俗文化资源缺乏珍惜、保护不力，甚至进行破坏性和掠夺性开发的现象。

保护，则是对民俗文化资源进行维护、修缮、抢救，防止其被同化或消亡。民俗文化研学旅行的开发保护原则包含两方面：一是对民俗文化资源的保护；二是对民俗文化生存空间的保护。全球许多国家都将旅游资源及其生存环境的保护视为旅游可持续发展的生命线。在开发民俗文化旅游资源时，要始终将保护工作置于首位，否则开发将有掠夺性和破坏性，难以持久。

实现开发与保护的有机结合要注意以下两方面内容：其一，要认识并解决问题，广泛宣传保护的必要性，纠正错误观念，使开发与保护并重成为开发者的自觉行为；其二，充分发挥规划的作用，尽可能降低开发带来的负面影响。

（七）经济效益、社会效益、文化效益相结合原则

研学旅行作为一种社会教育方式，具有一定的公益属性，同时也可以获得经济效益。在开发过程中，开发者必须审慎考虑效益问题，包括：是否值得开发；开发需要的投资额度是多少；投入与产出比例如何等。衡量开发经济效益的主要指标有：开发有效成果与消耗的对比；有效成果与劳动占有的对比；有效成果与开发周期的对比；有效成果与其他类型开发成果的对比等。

然而，开发者在追求经济效益的同时，不能忽视社会效益和文化效益。任何破坏民俗文化环境、损害社会和公共利益的开发行为，都应坚决予以禁止。因此，需要从可持续发展的角度审视开发问题，将经济效益、社会效益和文化效益有机统一起来。

二、民俗文化研学旅行项目开发程序

民俗文化研学旅行项目开发是项技术复杂的综合性工作,它涉及面广、工作量大、质量要求高,任务十分艰巨。以下主要介绍具有一般性的操作程序。

(一) 开发的可行性研究

可行性研究是民俗文化研学旅行开发的一项重要的前期工作。进行可行性研究的目的是,为开发规划提供可靠的客观依据,以免因论证不足造成投资决策失误。可行性研究是针对民俗文化研学旅行开发实施的,它主要包括以下内容。

1. 民俗文化研学旅行资源普查

要把民俗文化资源开发成民俗文化研学旅行产品要先对民俗文化资源情况进行普查。普查的内容涉及民俗文化的类型及其具体表现、民俗文化的区域分布、民俗文化的利用状况及其存在的问题等多个方面。凡是属于民俗文化范畴的各种事项都应在普查之列。

普查的方法多种多样,主要有两种:一是田野作业法,又称直接观察法、实地调查法,即调查者走出办公室,深入民间,对民俗文化事项做细致的调查,田野作业法收集的是现实社会中传承的民俗文化资料,是有关民俗文化的第一手资料;二是文献检索法,主要收集文献资料中有关当地民俗文化的资料。记载民俗文化现象的文献资料有很多,如正史、地方志、游记、笔记、诗文、小说、神话传说等。民俗文化资料的汇编,为我们进行民俗文化旅游资源普查带来了很大便利。

普查的方式也很多,常见的有如下三种。

(1) 观察调查。

调查者通过照相、摄像等方式,系统地、全面地记录民俗文化事项的全貌和民俗文化活动的全过程。

(2) 座谈访问。

在观察调查的基础上,调查者通过走访民众,或召开座谈会的方式,按事先列好的调查提纲,逐一进行调查,并详细记录。

(3) 发放调查表。

调查者拟好项目纲要以及内容明了的调查表,并将其分发给民众,让他们填写。

开展民俗文化资源普查对发掘和传承民俗文化具有重要意义,所以普查一定要严肃、认真,并注意综合调查与专题调查相结合、个别访问与座谈会相结合、文字记录与影像记录相结合。

2. 相关情况调查

民俗文化研学旅行开发是一个系统工程,除民俗文化资源本身,还涉及交通、研学旅行设施、环境等众多方面。

(1) 交通条件。

交通是民俗文化旅游资源地具有可进入性的首要条件。交通便捷,则可进入性强,便于中小学生出行。中小学生出行还要考虑安全问题,即使民俗文化资源丰富,如果交通不便,存在安全隐患,也不利于开展研学活动。

（2）旅游设施条件。

旅游设施主要指接待设施，能供中小学生食、宿的设施。

（3）经济状况。

资源地的经济状况，包括各行各业情况、居民生活水平、经济收入等。

3. 客源市场调查

中小学生作为民俗文化研学旅行的主要参与者，其人数及需求特点对民俗文化研学旅行的开发规模、类型和形式具有直接影响。客源市场在很大程度上决定了民俗文化研学旅行的开发方向。因此，在进行可行性研究时，调查者务必对客源市场的规模、结构等方面进行全面调查与分析。

（1）游客来源。

对游客及潜在游客的来源地进行调查研究，分析游客分布状况，衡量客源地与民俗文化旅游资源地的空间距离，以及资源地对客源地的影响力等。

（2）客源类型。

鉴于游客构成多元、需求各异，对民俗文化旅游景观的期望各有不同。明确游客需求类型，对于制定民俗文化旅游资源开发策略具有重要意义。例如，针对当地小学生、初中生、高中生、大学生（含学校团体）等不同群体，以及能吸引外地学生前来参观体验的游客特征，有针对性地开发民俗文化研学旅行项目。

（3）市场规模。

市场容量对民俗文化旅游景观的开发规模和开发顺序具有决定性作用。市场规模与资源地的地理位置、可达性、民俗文化资源的吸引力以及客源地的经济水平等因素紧密相连。在进行调查时，调查者应从多角度着手，而不能孤立地只看数据。

（4）游客消费水平。

针对客源地的整体经济状况，对中小学生在旅行过程中的消费状况进行调研，分析潜在游客的旅行消费意愿，以及游客的旅行消费高峰时段，包括周末以及寒暑假期间参与研学旅行的实际情况等。

4. 同类民俗文化研学旅行项目的情况调查

在同类民俗文化旅游地之间，既存在着相互借鉴的机遇，又不可避免地会出现竞争与客源分流等现象。因此，在推进民俗文化研学旅行开发的过程中，必须充分考量资源地周边一定范围内的同类旅游地情况。这涉及以下三方面内容：首先，是对同类旅游地进行全面、综合的调查与评估；其次，对两地间的民俗文化资源特色进行深入的比较和分析；最后，明确两地之间的关系是互补还是替代，从而制定更为精准和有效的开发策略。

5. 民俗文化研学旅行开发的可行性论证

在完成前述各项准备工作后，紧接着要对相关资料进行分析，并着手撰写可行性论证报告。该报告的撰写要求为立论客观、论证严谨、富有逻辑性、条理简明清晰，以及观点与材料相互统一。报告应含有以下内容。

一是民俗文化资源的类型、分布，民俗文化资源的价值分析及资源的开发潜力。

二是客源市场的现状，客源市场的需求态势分析、预测，以及市场开拓的方向。

三是民俗文化资源地的社会经济与环境承载力分析，应包括开发者的实力分析、交通条件评估、旅游设施评估、法规政策评估、民众参与性评估、民俗文化旅游中介评估等。

四是可行性分析。在对以上三方面进行分析的基础上，评估现有的民俗文化景观能否满足目前的市场需求，能否满足未来的市场需求，民俗文化旅游资源能否为日益扩大的市场提供新的供给，确认开发的经济效益可行性、环境效益可行性、社会效益可行性。

五是经分析论证具有开发潜力的民俗文化研学旅行项目，其论证报告中还应提出初步的开发方案，就开发量、投资与收益、资金的筹措等拟出开发计划，以供民俗文化研学旅行开发机构参考。

（二）制定民俗研学旅行开发规划

经过可行性论证，在具体项目开发之前，必须完成民俗文化研学旅行开发规划的制定。民俗文化研学旅行开发规划根据民俗文化资源地的总体经济、文化发展进行规划，顺应民俗文化研学旅行的发展趋势，立足本地民俗文化资源优势，全面考虑民俗文化研学旅行开发的外部条件，对资源地进行总体部署，明确开发范围、方向和规模。规划的主要内容包括指导思想与基本原则、民俗资源及相关因子的总体评价、规划范围及功能区的划分、分期建设的计划、环境容量分析与预测、近期开发项目及投资预算、实施方案、资金筹集与管理，以及环境保护措施等。

民俗文化研学旅行开发规划的制定必须贯彻"小规划服从大规划""以可行性论证为基础"的原则，既积极又稳妥，规划方案还应广泛征求意见，力求科学化并具有一定的前瞻性。

（三）分步骤组织实施

针对任务需求，分阶段并有序组织与实施开发计划，严格按照要求完成各项开发工作。开发完成后，对开发进行评估，并根据评估结果提出改进意见，以保证项目质量。

三、民俗文化研学旅行开发模式

民俗文化资源开发是民俗文化研学旅行开发的中心环节。将评估认定为具备旅游开发价值的民俗文化资源，转化为符合市场需求且具有吸引力的民俗文化研学旅行产品，是当下颇具研究价值的课题。

根据资源的开发方式，我国民俗文化研学旅行开发模式大致可分为以下五种。

（一）本原式：天然民俗村寨、原生民俗文化

旅游的根本目的在于满足人们求新、求异、求乐、求知的需求。研学旅行作为旅游的一种形式，同样借助旅游特性来实现教育孩子的目的，寓教于乐。在很大程度上，这种"新、异、乐、知"的需求可以借助民俗文化旅游得到满足。因此，开发原汁原味的民俗文化研学旅行项目，不仅能满足中小学生的需求，还能提高学生的受教育效果。

民俗文化研学旅行资源开发的本原式，是一种常见且能激发游客兴趣的模式。这种模式以原生态的民俗文化为基础，强调保持民俗文化的原始性和完整性，力求全面展示民俗风貌。根据民俗文化内容的不同，本原式可分为以下两种。

1. 天然民俗（民族）村寨

天然民俗（民族）村寨，起源于国外的露天博物馆。最早的露天博物馆始建于1891

年,位于瑞典斯德哥尔摩市的基尔哥登岛。中国天然民俗(民族)村寨的开发始于 20 世纪 80 年代。经过多年的发展,如今此类村寨已遍布众多地区,尤其以少数民族聚居区居多。

天然民俗(民族)村寨属于原地保护型的民俗文化旅游资源开发。对于我国这样一个民族众多、地域差异显著、民俗类型繁多,且快速发展、不断受到外来文化影响的国家而言,这种开发既至关重要,又要相当谨慎。天然民俗(民族)村寨的开发固然能为当地带来丰厚的经济收益,推动经济发展,但也可能因外来文化的冲击,淡化本地古朴的民俗文化氛围。因此,天然民俗(民族)村寨的开发应适度,布局需合理。

我国天然民俗(民族)村寨众多,遍布全国各地,然而并非所有村寨均适合开发。在开发天然民俗(民族)村寨时,应注意以下六个方面。

一是,村寨的民俗事项应具备典型性、集中性,并具有显著的外显特征,尤其在建筑和服饰方面。具有民族和区域特色的建筑、服饰能够给人带来耳目一新的感受,让游客一旦接触,便会被吸引,进而主动探寻村寨中的奥秘。

二是,村寨地理位置相对偏远,但又不宜过于偏远。距离交通线和县城、中心城镇应有一定的距离,保证游客在一天内可达。同时,应改善村寨的交通条件,保证游客往来的便捷与安全。

三是,村寨旅游内容应以村民的自然生产、生活和村落自然形态为基础。展现原生态的自然风光、传统民居、服饰、饮食、礼仪、节令、生产和游艺等,呈现民俗(民族)村寨人们真实的生产、生活。

四是,民俗的主要承载者是村民。为使游客感受到真实性,村寨应为游客提供较大的自由活动空间,让他们与村民接触、交流,甚至共同进食、居住、娱乐,以及参与劳作等,以此来增强游客的体验感。

五是,村寨的旅游内容应丰富多样,并具备一定规模。旅游点不应孤立存在,而应与其他景点共同构成旅游线路或旅游区。

六是,村寨管理既不能过于严格,也不能放任自流。现阶段可采取的方式是在旅游管理部门的指导下,成立村旅游管理小组,负责管理、协调,并处理利益分配等问题。

2. 原生民俗文化

此项目为满足研学活动需求而开发,旨在促使中小学生在"同"中求"异",在"异"中求"同"的过程中体验原生民俗文化。其开发模式独具特色,主要有以下三种。

其一,适应面广。在民俗文化原生地,该项目可作为民俗文化旅游专用,亦可作为自然风光、名胜古迹旅游的补充。在非民俗文化原生地,可通过邀请将原生地的民俗文化旅游项目"搬"过来短期展示。

其二,种类多样,方式灵活。原生民俗文化开发不像天然民俗(民族)村寨建立那样严格,必须以原村寨的民俗文化为开发基础,而是有较大的灵活度。民俗文化开发既可用本地民俗文化开发,也可以以其他地方的民俗文化为开发素材;既可开发婚俗、节庆项目,也可开发衣食住行项目……凡是具有研学价值的民俗文化均在开发之列。

其三,品位高。由于是原生民俗开发,其内容较自然、较朴实、较原始,也较容易令人感到新奇。这样的研学项目不仅能让中小学生一饱眼福,而且能让他们产生强烈的民族认同感、民族自豪感。

（二）主题公园式：民俗文化村

主题公园，又称微缩园或人造景观，是指充分利用现代科学技术将自然、人文遗产和文化及各种可能融入的景物融会在一起，以突出某一个或多个主题的人造景观，人造民俗文化村、民俗园（以下简称民俗文化村），属于主题公园范畴，是一种新兴的民俗文化旅游资源开发模式。主题公园指在旅游点兴建的，把某一时期或某一民族或某一区域的民俗文化，依照一定的方式和风格，加以集中反映的人造旅游景观。

民俗文化村在我国已有一定历史，可分为以下两种建设模式。

第一种为传承民俗文化浓缩型建设模式。即按照一定的比例尺度建设某一地域或某一民族的独特村寨和民居，把该地或该族的衣食住行、生产生活、风俗礼仪、音乐舞蹈等典型民俗汇入一村，向游客集中展示该地或该族的民俗文化，帮助游客在较短的时间里领略该地或该族的民俗精华。

第二种为民俗文化资源恢复型建设模式。即通过文献资料、考古报告和器物的搜集、整理，将已失传的古代民俗文化旅游资源挖掘出来，加以整理，使其再现，让游客了解已失传的历史民俗文化，满足游客求新、求异、求乐、求知的需求。

这两种模式各有侧重，各地在建设民俗文化村时应根据实际情况因地制宜。一个民俗文化村的开发要想取得成功，除资金和广告策划宣传，还取决于目标市场、选址、开发指导思想、建设艺术、总体定位等多方面因素。此外，民俗文化村在开发过程中还要充分注意与思考：对少数民族民俗文化的尊重程度；区域、民族或历史特色体现得如何；"村民"的相对稳定性；多学科的协作情况；民俗文化村的管理理念等。

（三）资源凝聚式：民俗博物馆

博物馆一般是为社会服务的非营利性常设机构，它的主要作用是研究、收藏、保护、阐释和展示物质与非物质遗产。博物馆收藏的文物是历史的见证，反映了一个国家或一个民族、一个地区的文化创造。博物馆以收藏、展示文物为己任，是中小学生传统的研学基地。

博物馆收藏的文献手稿、照片、工具、产品等各类物品反映了不同历史时期的自然、政治、经济、文化、人物、事件等。此外，一个地方或一个民族的诸如生活方式、工艺美术等民俗文物也在博物馆的收集之列。一种新型民俗文化旅游资源开发模式应运而生，即以民俗文物为主要收藏对象的民俗博物馆。得益于中国文物古迹游旅游年活动和中国民俗风情游旅游年活动的成功举办，这种发展模式得到了进一步发展。

民俗博物馆与民俗文化村在展示方式上存在差异：民俗博物馆采用凝聚方式，民俗文化村采取缩微方式；民俗博物馆主要呈现实物形态，民俗文化村注重活态呈现。民俗博物馆与民俗文化村相互补充、相辅相成，共同为民俗文化研学旅行提供服务。

从博物馆学的角度来看，民俗博物馆可被视为专业博物馆范畴。然而，从民俗学和旅游学角度来看，民俗博物馆的概念较宽泛。根据不同的分类准则，民俗博物馆可被进一步细分。例如，按照地域范围划分，有全国性和区域性之分；按照民族划分，可分为汉族、苗族、满族、壮族、蒙古族等不同民族的博物馆。在此，我们简要探讨基于展览内容划分的两种类型。

1. 综合性民俗博物馆

综合性民俗博物馆不受民俗单一种类所限,征集、展示一个地区、一个民族或多个民族甚至全国的各类民俗文物。综合性民俗博物馆所藏的民俗文物门类众多、涉及广泛,从遥远的古代到现代,从物质生产到精神生活,从实物到资料,都是收藏、陈列的对象。这样的博物馆数量众多。综合性民俗博物馆既然以民俗文物的广博性为特色,其陈列自然多从民俗学出发,按民俗内容进行分类,大类之下再分小类。例如,广西壮族自治区崇左市壮族博物馆,常设有左江花山岩画文化景观展、壮族历史文化展,还经常组织丰富多彩的民族文化教育活动。

2. 专题性民俗博物馆

专题性民俗博物馆,即以某一特定民俗内容为征集、收藏、展示对象的博物馆。专题性民俗博物馆藏品范围可覆盖全国或特定区域,甚至某一特定民族的文化。诸多民俗事项,如婚姻、民居、交通、戏剧、工艺美术及手工业等,均可作为专题性民俗博物馆的展示内容。

专题性民俗博物馆的文物陈列并无固定模式,而是依据各自的藏品特色与惯例进行展示的。例如,节日作为综合性民俗,包含丰富的文化内涵。贵州民族众多,节日活动丰富多彩,黄平飞云崖民族节日博物馆将展厅划分为五个部分,即节日盛况、节日娱乐用具、节日服饰、节日工艺品、饮食器皿,全方位地展示各民族的节日文化。

民俗博物馆的建设作为民俗资源开发的重要模式,选址至关重要。一般应选择民俗资源丰富、特色鲜明的地区,临近现有旅游线路或规划区域。博物馆建筑应融合地方与民族特色,与周边环境融于一体。选址地势宜高,避免地下阴湿,确保文物安全。博物馆面积既要能满足当前需求,又要为未来发展预留空间。博物馆的展厅、库房等设施要完备,并为游客提供休息区。

博物馆藏品陈列应以实物为主,辅以文字、照片、图画、模型、录音、录像及幻灯片等多种展示方式。博物馆展厅布局要具有连贯性,方便游客参观。博物馆陈列设计应遵循学术性与观赏性、知识性与趣味性、思想性与艺术性、共性与个性、复原与展览相结合的原则。同时,在以保持展示、演示为主导的前提下,博物馆可适度开展参与性活动,以提高游客的参观体验感。

(四)节会式:节庆开发、集会开发

节会是一个地区或民族民俗风情的精华,展现了该地区或民族独特的民俗文化。游客参与其中,不仅能便捷地了解他乡的民俗文化,还能在狂欢中受到感染和熏陶,获得情感上的共鸣,达到放松身心的目的。以此为基础,开发定时、定点的民俗文化旅游产品,应是民俗文化研学旅行开发的主要方向。

1. 节庆开发

节庆,即节日庆典,是某一区域或民族的人们为庆祝农业丰收、祭祀祖先或满足其他需求而举行的纪念性庆典活动。节庆场面壮观,节目精彩,娱乐性强。开发节庆旅游项目,应关注传统节日。我国传统节日源远流长,数量繁多,具有强烈的地方特色和民族特征。在开发传统节日时,开发者应重点关注东北、西北、西南等少数民族聚居区,因为这些地区的节日活动丰富多彩,具有较高的旅游开发价值。节庆期间,游客就会慕名

前来,因为有些游客喜欢这种热闹、喜庆的氛围。节庆活动的安排应以传统内容为主,但也要适当增加新的节目,注重提高节目的思想性、艺术性和娱乐性。节日气氛应由"温"到"热",逐步把游客体验感推向高潮。

2. 集会开发

集会包括庙会和市集两大类。庙会是定期的集会,而市集则是城乡人们进行物资交易的定期例会。庙会和市集都有明确的举办日期和地点,活动丰富多彩。庙会是集祭祀、游乐、贸易三位于一体的民俗活动,如安徽九华山庙会、北京白云观庙会等,都具有浓郁的地方特色和很强的感染力。庙会开发可增加民俗旅游项目,促进旅游娱乐和购物活动的发展。市集遍布城乡,具有不同的名称和形式,如场、圩、市等,人们在此进行交易,商品琳琅满目,热闹非凡。市集开发具有广阔的前景。集会具有较强的体验性和娱乐性,是研学旅行项目开发的重要形式,但须注意对课程、场地和安全管理等方面的策划与安排。

(五) 物品式:民俗商品

旅游的六大要素,即食、住、行、游、购、娱,亦是研学旅行开发需要考虑的。其中,购物作为研学内容的组成部分,能够增添研学旅行的氛围,强化学生的体验感,甚至成为教育的一种延伸。研学旅行商品应是实用性、纪念性、工艺性、教育性的有机融合。在此基础上,赋予民俗文化特色,则更具个性,会受到游客的喜爱。

民俗的形态多样,可以是有形的,也可以是无形的;既有物化的,又有观念上的;可以是固化的,又可以是活化的。那些有形的、物化的民俗事项,如工艺品、食品、生活用品等,皆可开发成研学旅行商品,满足游客的需求。我国有丰富的民俗文化资源,如景德镇的瓷器、贵州的蜡染制品、苏绣、湘绣、杨柳青年画以及安徽的徽墨等,均为备受喜爱的研学旅行商品。只要深入挖掘、开发民俗资源,研学旅行商品必将拥有广阔的市场,能够激发游客的购买欲望。

作为民俗文化资源开发的重要组成部分,针对中小学生特性,民俗文化研学旅行商品开发应遵循以下基本原则。

1. 开发形式丰富,能够吸引中小学生的关注

传统民俗商品多为手工制品,充分展现了我国各族人民精湛的手工技艺。为提高中小学生的兴趣,旅游区可设立作坊,让中小学生亲自动手制作民俗商品。

2. 强调纪念意义

中小学生参加研学旅行时,往往怀揣着美好的愿望,他们希望将具有纪念意义的商品带回家,作为美好回忆的见证。因此,纪念意义应贯穿商品开发的始终。

3. 以创新为主导

中小学生追求时尚,喜欢创新,开发者在开发民俗文化研学旅行商品时应具有创新意识,将商品创新作为常态。同时,创新需要遵循一定的规则,并符合市场的变化规律。民俗文化研学旅行商品应以民俗文化为素材,富有文化韵味。

4. 展现教育特质

开发者开发的民俗文化研学旅行商品应将民俗文化、价值观、工艺及思想内涵等元素融入其中,这样对中小学生的教育可起到潜移默化的作用。

本章小结

民俗文化研学旅行丰富多彩，极具魅力。民俗文化研学旅行资源具有历史价值、审美价值、科研教育价值。民俗文化研学旅行开发要遵循因地制宜原则、特色原则以及以中小学生需求为中心原则、文化原则、多样性与专题性相结合原则、开发与保护相结合原则，以及经济效益、社会效益、文化效益相结合原则等。进行民俗文化研学旅行项目开发的可行性研究时，首先要进行民俗文化研学旅行资源普查，即交通条件、旅游设施条件、经济状况等的社会条件普查；其次对游客来源、客源类型、市场规模、游客消费水平的客源市场进行调查；最后对同类民俗文化研学旅行项目的情况进行调查。开展民俗文化研学旅行开发的可行性论证是必不可少的，论证报告还应提出初步开发方案，就开发量、投资与收益、资金的筹措等拟出计划，以供民俗文化研学旅行开发机构参考。民俗文化研学旅行开发模式主要有：本原式的天然民俗村寨、原生民俗文化；主题公园式的民俗文化村；资源凝聚式的民俗博物馆；节会式的节庆开发、集会开发；物品式的民俗商品等。民俗文化研学旅行的目标是培育学生的文化自信与人文素养。

课后训练

一、填空题

（1）由于民俗旅游满足了游客的"求新、_____、求乐、求知"的需求，成为旅游行为和旅游开发的重要内容之一。

（2）按民俗旅游资源的价值，可将民俗旅游资源分为物质享受型与_____享受型。

（3）文化遗产的历史价值体现在反映历史、_____、传承历史等方面。

二、思考题

（1）请简述民俗文化研学旅行的概念。

（2）请简述民俗文化研学旅行项目开发原则。

（3）请简述民俗文化研学旅行开发程序。

（4）请简述民俗文化研学旅行开发模式。

在线答题

第五章
红色研学旅行项目开发

本章概要

　　本章主要介绍红色研学旅行概念、旅行资源及资源价值,红色研学旅行项目特色商品开发,包括开发原则、开发策略与办法,以及国内红色研学旅行融合发展模式。

学习目标

知识目标

(1)了解红色研学旅行资源分类及红色旅行资源价值。

(2)红色研学旅行特色商品与开发原则。

能力目标

(1)掌握红色旅游特色商品开发策略与办法。

(2)掌握国内红色研学旅行融合发展模式。

素质目标

(1)具备爱国主义情怀。

(2)具备创造精神、奋斗精神、团结精神、梦想精神。

(3)具备创新精神与社会责任感。

知识导图

```
                                          ┌─ 一、红色研学旅行概念
                  第一节 红色研学旅行资源概述 ─┤ 二、红色研学旅行资源分类
                                          └─ 三、红色旅游资源价值
第五章 红色研学旅行
   项目开发
                                              ┌─ 一、红色研学旅行特色商品与开发原则
                  第二节 红色研学旅行特色商品开发 ─┤ 二、红色研学旅行特色商品开发策略与办法
                                              └─ 三、国内红色研学旅行融合发展模式
```

（1）红色研学旅行资源分类。

（2）红色研学旅行特色商品与开发原则。

（3）红色研学旅行项目开发模式。

湘江战役红色主题研学活动

湘江战役是关系中央红军生死存亡的一战。1934年11月,从中央苏区向西进行战略转移的中央红军突破了国民党军的三道封锁线,继续西行,向湘桂边境前进。蒋介石则拼凑第四道封锁线,企图将中央红军消灭于湘江以东。湘江战役就是在这样的背景下爆发的。1934年11月27日至1934年12月1日,中央红军在湘江上游广西境内的兴安县、全州县、灌阳县,与国民党军苦战五个昼夜,最终从全州、兴安之间强渡湘江,突破了国民党军的第四道封锁线,粉碎了蒋介石围歼中央红军于湘江以东的企图。湘江战役标志着中国红军翻开崭新的一页。

2021年4月25日,正在广西壮族自治区考察调研的习近平总书记,来到红军长征湘江战役纪念园,向湘江战役红军烈士敬献花篮,并参观红军长征湘江战役纪念馆。总书记指出,湘江战役是红军长征的壮烈一战,是决定中国革命生死存亡的重要历史事件。

一、教学目标

长征精神,是中国共产党人和人民军队革命风范的生动反映,是中华民族自强不息的民族品格的集中展示,是以爱国主义为核心的民族精神的最高体现。长征精神为中国革命不断从胜利走向胜利提供了强大的精神动力。继承和发扬长征精神,对于建设中国特色社会主义,实现中华民族伟大复兴中国梦,具有重大意义。

通过红色研学活动,让学生在实践中学习长征精神,在回忆峥嵘岁月中感受革命先烈坚强不屈、无私奉献的革命精神,增强学生爱国主义情怀和民族自豪感。

进一步丰富广大学生的校园生活,增进师生之间的感情,构筑和谐的校园生活,促进师生间的友好与团结。

将"爱国主义教育"及"感恩教育"紧密结合,让同学们更深刻地体会到现在幸福生活的来之不易并懂得珍惜,同时培养并加强其社会主义荣辱观和责任感,引导青少年积极践行社会主义核心价值观。

二、主要活动

敬献一次花篮:走进湘江战役纪念园,向革命烈士敬献花篮,深情瞻仰烈士群雕,缅怀革命先烈的丰功伟绩,感受当前来之不易的幸福生活。

听一段红军故事:聆听长征中的红军故事,让学生产生心灵共鸣,对比过去与现在,感受那段激情燃烧的岁月。

翻越一次老山界：重走长征路，让学生用脚步去感受，用心去感悟。《老山界》是陆定一创作的文章，体会红军艰苦奋斗、勇往直前的坚强意志和大无畏的革命乐观主义精神。

学唱一首红歌：在研学过程中同唱红歌，开展红歌对唱活动，一起重温战争年代的革命激情，充实研学生活，用歌声歌颂美好生活、祝福伟大祖国。

做一次农活：做一次农活"以劳树德、以劳增智、以劳强体、以劳逸美、以劳创新"，通过参加集体劳动，培养学生的责任心、创新精神和实践能力，使其在劳动中探索发现，合作交流，增强自理和自立能力，学会吃苦耐劳及与他人合作并从中体验到劳动的快乐。

自制一顿红军餐："红米饭那个南瓜汤哟嘿啰嘿，挖野菜那个也当粮啰，嘿啰嘿。"行红军路，唱着红歌做红军餐。使用简单食材，解决温饱问题，感悟红军艰苦生活。红军革命意志坚定，颗颗红心向着党，体现出红军战士革命乐观主义精神与坚定不移的信念。

上一堂革命传统教育课：邀请红色专家或资深教授讲述老一辈革命家背后鲜为人知的故事，通过访谈、座谈等形式，把湘江战役同社会现实问题的思考紧密结合起来。使学生在故事中了解历史，在故事中感受精神。

举办一场红色晚会：晚会以篝火晚会与室内联欢的形式进行，让学生在研学过程中展现自我，释放激情，增强学生集体荣誉感，提高学生的活动积极性，增进相互间的沟通了解，促进学生之间的融洽相处。

（资料来源：桂北红色文化教育培训中心）

中国共产党成立一百多年来，实现了中国的沧桑巨变，建立了丰功伟绩，指明了实现中华民族伟大复兴的正确道路，从根本上改变了中国人民的命运，为解决全人类问题做出了贡献，形成了中华民族伟大复兴的坚强领导核心。通过红色研学旅行，学生可以了解革命历史，增长革命斗争知识，了解革命斗争精神、伟大创造精神、伟大奋斗精神、伟大团结精神、伟大梦想精神，培育新的时代精神，培育历史使命感，并使之成为一种文化，世代传承，为世界贡献中国式发展智慧。

第一节　红色研学旅行资源概述

一、红色研学旅行概念

红色研学旅行，从某种意义上说就是红色旅游。《2004—2010 年全国红色旅游发展规划纲要》指出："红色旅游，主要是指以中国共产党领导人民在革命和战争时期建树丰功伟绩所形成的纪念地、标志物为载体，以其所承载的革命历史、革命事迹和革命精神为内涵，组织接待旅游者开展缅怀学习、参观游览的主题性旅游活动。发展红色旅游,对于加强革命传统教育,增强全国人民特别是青少年的爱国情感,弘扬和培育民族精神,带动革命老区经济社会协调发展,具有重要的现实意义和深远的历史意义。"红色文化主要内容和范围包括八个方面:一是,反映新民主主义革命时期建党建军等重大事件,展现中国共产党和人民军队创建初期的奋斗历程;二是,反映中国共产党在土地革命战争时期建立革命根据地、创建红色政权的革命活动;三是,反映红军长征的艰难历程和不屈不挠、英勇顽强的大无畏革命精神;四是,反映中国共产党带领人民抗日救国、拯救民族危难的光辉历史;五是,反映解放战争时期的重大战役、重要事件和地下工作,彰显中国人民为争取自由解放、夺取全国胜利、建立中华人民共和国的奋斗历程;六是,反映全国各族人民在中国共产党的领导下,建立爱国统一战线,同心同德、同仇敌忾的团结奋斗精神;七是,反映老一辈无产阶级革命家的成长经历和丰功伟绩,以及他们的伟大人格、崇高精神和革命事迹;八是,反映各个历史时期在全国具有重大影响的革命烈士的主要事迹,彰显他们为争取民族独立、人民解放而不怕牺牲、英勇奋斗的崇高理想和坚定信念。《2011—2015年全国红色旅游发展规划纲要》颁布时,红色旅游的内容进一步拓宽为"自鸦片战争以来""中国共产党成立以来""革命战争时期""社会主义建设时期"和"改革开放时期"五个历史时期的革命斗争和社会主义建设的红色文化。就是说,"十二五"规划期间,中央决定将红色旅游内容进行拓展,将1840年以来170多年间的中国近现代历史时期,在中国大地上发生的中国人民反对外来侵略、奋勇抗争、自强不息、艰苦奋斗,充分显示伟大民族精神的重大事件、重大活动和重要人物事迹的历史文化遗存,有选择地纳入红色旅游范围之内。红色旅游的主要对象是中小学生,是一种爱国教育旅游,跟研学的性质相一致。下文,将根据情况或者用红色旅游,或者用红色研学旅行,两个概念具有同样的内涵。

二、红色研学旅行资源分类

(一)属性分类法

按照红色旅游资源是否具有实体性,可将红色旅游资源分为物质实体性红色旅游资源和非物质实体性红色旅游资源。

1. 物质实体性红色旅游资源

物质实体性红色旅游资源指的是那些具有物质实体的红色旅游资源,主要以革命遗址、遗迹、纪念物、纪念地、纪念建筑等形式存在,其吸引力主要来源于其历史、科学、教育和艺术价值。这些物化的红色旅游资源是开展红色研学旅行的重要物质基础,可进一步细分为遗址类和纪念场所类。具体来说,中国的红色旅游资源主要包括战争和重大事件的发生地、重要会议的会址、重要机构的旧址、名人故居或纪念堂、革命烈士陵园、相关纪念馆,以及社会主义与现代化建设的伟大工程和成就等。这些物化的红色旅游资源不仅是革命先烈和千百万革命群众英勇斗争、无私奉献的历史见证,也是研究中国革命与建设历史的重要实物史料,具有珍贵的历史和科学价值。同时,这些革命遗存与革命先辈的光辉业绩紧密相连,蕴含着感人至深的故事,是革命者高贵品质的物化体现,因此也是向人民群众,特别是青少年进行爱国主义与革命传统教育的重要场所。此外,许多革命历史文化遗址、遗迹还具有很高的审美价值。

2. 非物质实体性红色旅游资源

非物质实体性红色旅游资源是指那些不具有物质实体的红色旅游资源,主要包括革命精神、革命事迹(故事)、革命历史歌曲、红色记忆等。其中,革命精神是非常丰富和珍贵的,如井冈山精神、长征精神、延安精神、西柏坡精神、大庆精神、焦裕禄精神、雷锋精神、"两弹一星"精神、航天精神等。此外,还有丰富多彩的节庆纪念日资源。这些非物质实体性红色旅游资源是在我国长期的革命和建设实践中形成的,具有强大的凝聚力和激励、导向作用,对我国各族人民均具有深远意义。

(二)时间分类法

按照中国革命和建设发展的时间顺序,依据《2011—2015 年全国红色旅游发展规划纲要》,把红色旅游资源划分为五个时期(如前所述)。1921—1949 年可以细分为以下五个阶段:一是中国共产党的成立和大革命阶段(1921—1927 年);二是土地革命阶段(1927—1937 年);三是红军长征阶段(1934—1936 年);四是抗日战争阶段(1931—1945 年);五是解放战争阶段(1946—1950 年)。

(三)内容分类法

从内容上分类,依据共青团中央青少年教育基地类型分类法,主要有以下五种类型。

一是,在中国近现代历史上特别是在中国共产党领导下的中国革命史、新中国建设史上具有重要地位的纪念地、纪念场所和纪念设施等。

二是,体现以爱国主义为核心的民族精神,在中国近现代史上对民族进步具有重要影响及反映中华民族悠久灿烂的历史文化的纪念地、纪念场所。

三是,近现代外国列强入侵罪证及重大自然灾害、社会灾难等具有警示作用的场所。

四是,体现以改革创新为核心的时代精神,反映改革开放和社会主义现代化建设成就,在经济社会发展中具有重要作用的重点工程、项目等。

五是,具有鲜明时代特点、能够促进青少年全面发展的场馆、景区。

这种分类以青少年教育为目的,将中国历史文化和具有积极教育意义的场馆及大好河山作为内容之一,不是纯粹的红色旅游内容。

(四)目的分类法

根据旅游活动的目的与性质,红色旅游资源可被划分为教育型、科考型和感受型三类。

教育型红色旅游资源,旨在开展爱国主义与革命传统教育,包括各地的烈士陵园和纪念馆等。此类型可进一步细分为不同性质和主题,如民族革命、农民革命、资产阶级革命、无产阶级革命(含新民主主义革命和社会主义革命)、社会主义建设、改革开放等。主题方面,可包括爱国主义教育、国防教育、革命传统教育(包括理想信念教育、党风廉政教育和群众路线教育)以及两个以上主题的组合类型。

科考型红色旅游资源,主要具备历史、社会或军事研究价值,如重要革命战争遗迹等。

感受型红色旅游资源,是以特殊的经历和享受、体验革命时代的精神为主,如红军长征遗址等。

三、红色旅游资源价值

红色旅游资源的价值是针对红色旅游主体作用而言的。根据红色旅游主体对红色旅游资源的作用目的和形式的不同,红色旅游资源所呈现出的价值也各不相同。红色旅游目的的多样性揭示了红色旅游资源价值的多元性,包括历史文化价值、科学考察与教育价值、美学价值以及经济价值等多个方面。

(一)历史文化价值

所谓历史文化价值,就是在评价红色旅游资源时,要看它的类型、年代、规模和保存状况,尤其是在历史上的地位,这是评价其历史文化价值的主要依据。红色研学旅行作为一种文化旅游活动,其核心在于依托特定地区、特定历史时期的红色文化。在推进红色研学旅行开发时,首要任务是全面把握本地区的红色旅游文化内容,进而深入挖掘地区红色文化的深层内涵。在此基础上,确立本地区红色旅游的发展主题,精准吸引旅游爱好者,从而提升红色旅游目的地的吸引力和知名度。

(二)科学考察与教育价值

所谓科学考察与教育价值,就是指景观的某种研究功能与教育功能,在社会科学和教学上各有什么特点,为科教工作者和追求者提供现场研究和实践教学场所。红色旅游资源不只是近现代革命史研究者考察的对象,也不只是近现代历史教学参观考察的场所,还应深入挖掘红色文化内涵,特别是在爱国主义、革命传统、廉政建设和国防教育等方面的深远意义。此外,红色旅游资源在传播红色文化、构建社会主义核心价值观以及推动区域经济发展等方面也具有重要价值。通过科学考察与教育利用,可以使红色旅游资源发挥更大的社会效能。

(三)美学价值

所谓美学价值,不仅是指客体景象艺术特征、地位和意义,而且包括了红色旅游资源内涵的审美价值。在红色研学旅行活动中,内存于某一红色旅游资源的文化价值可以看作是该资源的审美来源。人类的文化活动,究其本质,都是对真理、善良与美好的探索与追求,其中审美因素在文化旅游活动中占据着举足轻重的地位。红色旅游资源所蕴含的红色文化元素,能够激发中小学生的审美情愫,引导他们去品味、去感悟。红色旅游的文化价值主要体现于物质、制度、精神三个维度,这些元素在自然景观、人文景观以及民俗景观中均有所体现。这些独特的旅游活动因子相互融合,为区域旅游的发展注入了新的活力,满足了青少年在不同层面上对多元审美的追求。

（四）经济价值

所谓经济价值,主要是人们出于学习、教育目的出行形成的人流、物流、信息流、资金流而带动的经济效益,以及在区域经济发展中的带动作用。然而,红色旅游的本质特征决定了经济价值应处于从属和服从的地位,而非出发点和关注焦点。否则,极易导致红色旅游偏离发展方向。

第二节　红色研学旅行特色商品开发

一、红色研学旅行特色商品与开发原则

（一）红色研学旅行特色商品概述

1. 红色研学旅行特色商品的含义

红色研学旅行特色商品,指在红色旅游目的地由游客购买,并在旅途中使用或携带回家以供使用、赠送、收藏的物质形态物品,这些物品应蕴含深厚的红色文化信息与纪念意义。红色研学旅行特色商品类别丰富多样,包括但不限于工艺美术品、文物及其仿制品、地方风味土特产、旅游纪念品、旅游日用品,以及具有地域特色的轻工业产品等。此外,食品茶叶、服装丝绸、陶器瓷器、字画等亦属于旅游商品的范畴。红色研学旅行商品应具备纪念性、艺术性、实用性和收藏性等基本特征。

2. 开发红色研学旅行特色商品的意义

红色研学旅行商品是旅游业的重要组成部分,其开发是与红色旅游业的发展相伴而生的。旅游商品与旅行社、交通、酒店共同构成红色旅游业的四大支柱。红色研学旅行商品不仅满足游客的购物需求,还承载着传播旅游地形象与文化的双重使命,成为红色旅游业与其他产业联合发展的对接点。开发红色研学旅行商品具有多重意义。

首先,它能提升旅游体验的质量。通过丰富红色旅游的文化内涵,满足游客在生活、纪念、馈赠、收藏等多方面的需求。

其次,它能推动旅游宣传促销工作。通过强化和宣传红色旅游形象,加深游客对革命精神的理解,从而传承红色文化。

再次,红色研学旅行商品的开发还能带来经济效益。通过延长游客的旅游行程,销售特色商品,增加旅游服务的附加值和综合收入,为旅游业的发展注入新的活力。

最后,它还能促进农村经济的发展。通过开发具有地方特色的手工艺和土特产品,推动传统手工作坊和乡镇企业的发展,进而优化乡村的产业结构,推动农村经济的持续发展。

一件精美的红色研学旅行商品不仅能唤起游客的美好回忆,展示生活经历,还能成为长期保存的纪念品或赠送亲友的礼物。游客乐于向周围社会介绍这些商品,这成为

传播红色研学旅行基地形象的重要渠道,有助于提高基地的知名度。

(二)红色研学旅行特色商品开发的原则

1.针对游客消费特点,开发特色商品

研究主要客源的消费特性,深入分析红色旅游者的多元化需求和心理导向,从而有针对性地开发红色旅游区域的特色商品。在我国,"红色旅游"的客源主要有三部分:一是以中青年干部为主体的集体考察,旨在接受思想教育;二是以青少年学生为主的学习团体,旨在传承革命精神,接受传统教育;三是离退休老干部,他们亲历了革命与建设年代。其中,前两部分的客源数量庞大、旅游参与热情高、购物潜力巨大。

2.结合景区不同特点,加强体验式开发

红色研学旅行商品的开发务必强调创新。为了防止在全国范围内陷入低层次、重复性的开发困境,应依据各红色旅游景区的独特性质,采用灵活多变的经营模式。将红色文化资源与各类资源如草、木、泥、竹、矿、石、布、水资源等相结合,精心打造一系列能够为游客提供独特体验的红色研学旅行特色产品。例如,设立射击靶场、制作弹壳玩具模型、编织手工艺品、研制特色风味食品等,这些活动能够有效激发游客的参与热情。

3.坚持红色文化本色,开发与景点匹配的商品

红色旅游之价值,在于其独特的教育功能与旅游体验相结合,不仅能够引导游客深入了解国家的历史,陶冶性情,并促进革命老区经济的发展。然而,在部分地区,一些开发者出于纯粹的商业利益考量,任意篡改甚至践踏革命精神。这些缺乏历史严肃性的"创意"或许能在短期内带来一定的经济效益,但由于严重损害红色文化的本质和内涵,对红色旅游的长远发展极为不利。因此,必须高度警惕这种现象,确保红色旅游保持其独特的教育价值。

二、红色研学旅行特色商品开发策略与办法

(一)红色旅游特色商品开发策略

1.重点推出弘扬主题的商品

红色研学旅行基地的特色商品应紧密契合"红色旅游主题"。我国红色旅游资源遍布各地,丰富多样,包含众多具有独特内涵的代表人物、文物和事件,从而塑造出各具特色的旅游主题。当前,我国已确立12个红色旅游重点区域的形象主题,各地区可根据自身实际情况,在这些主题基础上确立自身的小主题。设计特色商品时,应遵循这些主题,充分利用当地资源,通过商品的功能、色彩、形状和包装,展现不同主题的特色风格和品位。

2.积极开发不同用途的商品

当前,部分景区所售红色旅游特色商品主要集中在手工艺品与小纪念品领域,然而市场潜力远不止于此,它的类别可以进一步拓展至日用品、旅游用品以及文化艺术产品等多个方面,如红色系列食品、药品、酒饮、服装、鞋袜、箱包、玩具、装饰品,乃至书籍、书法、绘画等。当代人群中存在"不爱红装爱武装"的军人情结,市场上可开发并销售款式新颖、适应不同年龄段消费者需求的军绿色的迷彩衣物、鞋帽、伞具、帐篷、旅游背包、时

尚小提包、钱包、书包等商品,其中尤以中小学生为主要消费群体。

3. 开发和出售限购的商品

为了避免旅游景区商品的同质化现象,可以设立专属商店进行销售。对于最能体现红色旅游景区及景点特色的特色旅游商品,可以设定购买限制,例如规定游客须具备特定旅游经历后方可购买相应旅游纪念品。

4. 开发利于游客身心健康的商品

红色旅游的目的在于传承和弘扬革命精神,增强民族自豪感和自信心,同时锻炼青少年的体魄,磨砺他们的意志。因此,红色旅游区的特色商品开发应紧扣这一核心目标,例如围绕"重走长征路""战地重游"以及"伟人足迹游"等主题活动,设计出既能体现历史时代特色,又能满足现代人放松身心以及中小学生寓教于乐、贴近自然需求的产品。此外,还可以考虑推出诸如草鞋、布鞋、布衣以及由野菜、杂粮制作的绿色食品等商品。

5. 借助外力开发创新商品

我国众多红色旅游资源位于"老、少、边"地区,这些地区往往在特色商品研究和开发方面存在不足。因此,需要广泛借助外部力量以推动发展。例如,在资金筹备方面,应积极动员社会各方力量,实施各类优惠政策,以拓展融资渠道;在人力和科技方面,可以采取技术合作或委托生产的方式,寻求大型企业的支持;在样本设计方面,可通过各类奖励措施,面向全社会,尤其是大、中、小学生群体,征集设计稿件。人们对于自己参与设计的商品,往往会产生更强烈的购买欲望。

6. 培育红色研学旅行品牌商品

红色研学旅行商品的品牌建设至关重要。在过去,我国旅游商品品牌意识较为淡薄,许多小规模生产企业盲目模仿,导致市场上充斥着低成本、大批量但缺乏特色,甚至粗糙低质的工艺品和纪念品。为了改变这一现状,企业可以通过来料加工等途径,打造一批既精美独特、品质优良,又具备纪念性、感染力、亲和力和吸引力的红色旅游名牌精品。

(二) 红色研学旅行特色商品开发办法

要积极采取切实可行的开发手段,生产能够全方位地展示红色文化的特色研学旅行商品。具体做法如下。

1. "红五星工程"

"红色四宝"工程指的是以朱德的扁担、毛泽东的毛笔、刘伯承的拐杖、贺龙的菜刀等为代表的红色文物。"红色手工艺品"工程:是以民间手工艺为基础,融入红色文化元素,打造的一系列手工艺品,如雕刻工艺品、伟人塑像(铜像、瓷像)、刻画像(水晶、玻璃、瓷盘)、发音塑像等;红军形象(陶、瓷、木)雕塑、毛泽东石刻(人造水晶薄片、磨砂玻璃等);红军长征路线图木刻、竹刻;四渡赤水、遵义会议、黎平会议等历史事件文物按比例缩制的金属或陶木工艺品,以及红色文化军事装备等。"红色土特产品"工程:依托革命老区丰富的物产资源和土特产品,深入挖掘红色文化内涵,开发一系列具有红色特色的土特产品,如红军野菜(南瓜菜、木耳、香菇、芦笋等)系列。"红色旅游特色邮品"工程:结合重大节日和纪念日,制作精美的纪念币、纪念章、纪念邮票等邮品,作为红色旅游的特色纪念品。"红色旅游出版物"工程:发行毛泽东、周恩来、朱德、邓小平等伟人的诗词、音像制品、影片、传记、回忆录、文选、史料、画册等,以满足游客对红色文化的深入了解和收藏需求。同时,将伟人塑像、纪念章、纪念邮票等制成精美、纪念意义强的旅游商品,限量发行并编号售卖,以提高游客的珍藏欲望和购买意愿。

2. 挖掘和开发红色研学旅行特色餐饮

红色土特产品盛宴:借助革命老区丰富的土特产品资源和独特的地方餐饮特色,深入挖掘餐饮中的红色文化元素,并经过精心策划与设计,推出一系列别具一格的红色土特产品盛宴。以各大旅游区为基础,利用当地土特产品,结合民族风味小吃,创新推出红军主题餐饮。例如,"革命四宝"美食系列,包括辣椒、竹筒饭、鱼类和豆腐等特色菜品。红色歌舞盛宴:以当地的歌舞表演为亮点,歌颂共产党的丰功伟绩,赞美美好生活的歌声与舞蹈融入餐饮之中,打造出独具特色的歌舞盛宴。与此同时,还可研发一系列领袖菜谱,如毛泽东、周恩来、朱德、邓小平等人喜爱的经典菜肴。红色民族盛宴:将民族餐饮文化与红色旅游完美融合,推出具有红色主题的民族盛宴,例如"布依迎(送)军宴""苗家迎(送)军宴""彝家迎(送)军宴"等,让游客在品味美食的同时,也能感受到浓厚的红色文化氛围。

3. 红色旅游文化产业发展

实施"六个一"工程,旨在深化红色文化挖掘与传承,提升研学旅行的质量与内涵。具体包括:策划一台特色鲜明的文艺晚会,展现红色文化的独特魅力,使之成为研学旅行的必看项目;打造一批红色影视经典,拍摄与制作一系列高质量红色电影与电视剧,并构建重要的红色影视基地;与游戏企业合作,开发一套以革命历史为主题的红色旅游经典游戏,增加互动体验;推出红色旅游出版物,包括红色书籍、画册、诗集、名人字画拓片及青少年革命事迹读物等,丰富文化内涵;创作一系列群众参与性强的样板戏,以生动活泼的形式传递革命精神;以红色旅游景点与山水风光为背景,创作一组革命歌曲,增强研学旅行的情感共鸣。这些项目均注重参与性与体验性,适合开展中小学生沉浸式红色研学旅行活动,以促进他们对红色文化的深入了解。

三、国内红色研学旅行融合发展模式

红色研学旅行业态融合发展模式,是指在产业融合和业态经济理论的指导下,红色旅游业与单个或多个经济,乃至文化产业相互渗透、相互促进而形成的一种发展新形态。该模式不仅承袭了旅游业覆盖面广、关联度高、产业链长等特质,更在旅游业内与生态旅游、乡村旅游、节庆旅游等紧密相连,同时与思想教育、党的建设、宣传教育等部门深度合作,展现出比一般旅游类型更大的融合潜力。因此,依托系统论、产业融合、旅游新业态、"互联网+"等理论框架,构建大旅游、大文化产业的发展新路径,从而突破传统单一的观光、教育模式,汇入全新的旅游与文化产业体系中。在此过程中,需确保红色研学旅行的严肃性与教育性,充分挖掘文化内涵,并与当地资源进行有效对接、整合、融合、耦合、联动,打造红色研学旅行发展的新范式。红色研学旅行产品的开发并非简单的项目构建,而需在资源配置、市场定位、项目建设与管理、产品宣传等各个环节进行周密的策划与安排,不同景点的开发需因地制宜,采用不同的发展模式。通过深入分析近年来我国红色旅游开发的众多实例,我们可将红色研学旅行的发展模式概括为以下十一种类型。

（一）校企双向联动型模式

校企双向联动型模式是在教育推动型模式与旅游促动型模式整合的基础上形成的迎合红色研学旅行发展潮流的校企合作新模式。双向联动型模式符合红色旅游发展的精神，有利于真正实现合作共同利益的最大化，以及推动红色旅游整体功效的充分发挥。

为了提高旅游企业的"专业化"水平，必须明确市场定位、组建高素质团队、积累管理经验并稳固消费群体。高校能够为旅游企业输送专业人才，提供员工继续教育，为生产管理提供咨询指导，并为企业稳定客源。同时，高校亦可在企业建立实习与爱国主义教育基地，丰富思想政治教育的形式和内容。

加强旅游企业与高校在红色旅游领域的合作，不仅弘扬了民族精神，强化了思想政治教育，还促使高校通过科技推广、知识传播等方式助力革命老区的经济社会发展。这一合作模式，既满足了高校教育和旅游企业发展的需求，又体现了红色旅游的思想教育、文化传播和经济发展等多重功能。红色研学旅行的校企合作模式是新时期"红色旅游工程"政治效应、经济效应、文化效应的产物。

（二）"红""绿"结合模式

"红""绿"结合模式就是将红色旅游资源和绿色旅游资源结合开发的一种模式。通过利用红色旅游的辐射效应，推动沿线或相关景区的协同发展，特别是与生态环境优美的自然旅游景区的结合，不仅丰富了旅游产品，还成为吸引游客的创新点。在经营理念上，实现了从传统、单一的"完全红色"向"以红为主、红绿结合"的转变。实际上，许多红色景点本身就具备丰富的自然旅游资源，只是尚未进行系统的开发和产品化。红色旅游产品的开发应坚持"以红色为基调"，融入爱国主义情感，体现人文精神和时代背景，同时结合自然环境，形成"以绿色生态为补充"的结构，通过深度挖掘红色旅游沿线的自然旅游资源，构建上下一体的旅游链条，实现当地旅游资源的整体联动，推动当地旅游经济向更高层次、更高水平发展，促进当地经济快速健康发展。这种模式区别于一般的山水人文景区，更能吸引游客前来体验和游玩。全国241个革命老区县中，有89%位于山区和丘陵地带，其绿色自然旅游资源独特且丰富。一些革命纪念地本身就是国家级或省级风景名胜区，这些地区可采用"红色搭台、绿色唱戏"的"红""绿"结合模式进行联动开发。以高知名度的红色旅游资源为吸引力，以清新奇绝的绿色景观为基础，打造红色旅游和绿色旅游相结合的红绿旅游品牌。井冈山作为我国"红""绿"结合模式开发红色旅游的成功案例，享有"革命摇篮"和"绿色宝库"的美誉。

（三）"红""蓝"结合模式

"红""蓝"结合即把红色旅游资源和滨海风光旅游资源相结合而开发的一种模式。我国东部沿海地区拥有丰富的海滨风光旅游资源，这一区域亦是我国经济发展迅速、旅游经济繁荣之地。在规划旅游路线时，将红色旅游与海滨休闲度假旅游相结合，形成了一种兼具度假与研学功能的红色旅游开发新模式，既能传承和弘扬革命精神，又能实现旅游产业的多元化发展。此外，将红色旅游与科技手段相结合，亦为"红""蓝"结合的另一种表现形式,也是一种创新尝试。通过利用现代科技手段,如虚拟现实、增强现实等,可以让游客更加深入地了解革命历史,感受革命精神。这种科技与传统的结合,不仅可以提升游客的旅游体验,也可以让红色旅游更具时代感和科技感。

(四)"红""古"结合模式

"红""古"结合模式中的"古"即古风古俗。"红"与"古"的结合是将红色研学旅行与民俗文化旅游进行有机对接。革命老区的深厚民风民俗和民族风情,成为红色旅游开发的理想结合点。在文化兴旅的背景下,各地旅游业发展可以充分挖掘与红色旅游景区相伴生的地方民俗文化和民族文化。瑞金,作为中华苏维埃共和国的首都,被誉为"红色故都"。尽管瑞金在生态品质上无法与井冈山相提并论,但其深厚的客家文化氛围和丰富多彩的客家民俗文化,仍吸引了众多海内外游客。瑞金通过整合红色旅游资源和客家民俗文化旅游资源,有效地推动了旅游业的全面发展。

(五)红色演艺模式

红色旅游资源包括有形的实物景观,也包括无形的非物质文化景观,如红色歌谣、诗文、戏曲等。在中国共产党领导的革命和战争年代,涌现出大量感人至深的红色歌谣和其他艺术形式,如《慰劳红军歌》《革命歌》《当兵就要当红军》《长征组歌》《红色娘子军》《智取威虎山》《红灯记》等,这些作品生动展现了老区人民与革命军队之间的深厚情感。运用红色歌谣或其他艺术作品来丰富和提升红色旅游的内涵,有助于塑造独特的红色旅游品牌。我国革命时期流传下来的这些红色艺术作品,具备打造高质量主题歌舞晚会的全部要素。例如韶山的《日出东方》、延安的《延安保卫战》、重庆的情景剧《生命作证——风雨歌乐山》等,都是成功的范例。同样,瑞金的红色歌舞表演也是其红色旅游开发中不可或缺的重要组成部分。

(六)博物馆模式

博物馆模式主要针对一些具有革命历史意义及教育意义的纪念馆、展览馆、博物馆、故居等,这类红色景观在于集中展示中国共产党领导人民进行革命和战争过程中所留存的大量革命遗迹和历史文物,具有集中性、教育性的特点。传统的博物馆旅游方式在动态体验方面存在不足,而在静态展示上则显得过于单调。随着旅游者越来越注重旅游体验,红色博物馆需要不断提升展览的品质和规模,摒弃传统的图片和文物橱窗式陈列方式。通过采用现代化手段,结合创新的内容设计和艺术形式,红色博物馆可以再现革命先驱们的工作、战斗和生活场景,从而吸引中小学生积极参与和深入体验。在开发红色博物馆景观时,可以采取政府扶持、社会资助和个人捐赠等多种方式,以免费或低盈利的形式向公众开放,进一步拓展其政治教育功能。在条件允许的情况下,还可以利用其高附加值开展相关活动,有针对性地营造外部红色氛围和内部红色主题,有效整合旅游发展的外部环境和内部文脉,推动博物馆旅游的外向型发展。此外,还可以在博物馆附近建立与红色主题相契合的生活和服务设施,如红色旅馆和红色主题餐厅等,以主题特色促进发展。

（七）旅游节庆模式

红色旅游的节庆开发模式即以红色景观为内容，以红色旅游为主题，以红色文化为内涵，以红色精神为吸引点，以旅游节庆为媒介，用红色节庆做旅游文章，各革命纪念地可利用其独特的红色文化为主题，充分利用相关节庆日、纪念日、生辰纪念日等，举办红色旅游文化节。在红色旅游文化节的组织与筹备阶段，应该紧密结合当地的红色文化资源，挖掘和提炼红色精神的深层内涵，以吸引更多的游客参与。可以通过举办红色文化讲座、红色主题展览、红色影片放映、红色歌曲演唱等一系列丰富多彩的活动，让游客在欢乐的氛围中感受到红色文化的独特魅力。同时，为了更好地推广红色旅游，可以充分利用现代科技手段，如互联网，打造线上红色旅游平台，提供红色旅游线路推荐、红色景点介绍、红色文化解读等服务，让游客在出行前就能对红色旅游有全面的了解和认识。此外，还可以与当地的旅游企业合作，共同开发红色旅游产品，如红色主题酒店、红色旅游线路等，以满足不同游客的需求。同时，加强对红色旅游从业人员的培训和教育，提高他们的服务水平和专业素养，为游客提供更加优质、专业的服务。红色旅游的节庆开发模式是一种具有创新性和实效性的旅游开发方式，能够充分利用红色资源，传承和弘扬红色文化，促进旅游业的发展，同时也为当地经济和社会发展注入新的活力。近年来，江西、湖南、宁夏等地已成功举办了多样化的红色旅游文化节，不仅取得了显著的社会效益和经济效益，还对环境产生了积极的影响，实现了红色文化与旅游节庆的完美结合。

（八）红色主题公园模式

红色主题公园，作为我国旅游业发展的一大重要平台，与其他主题公园无异，更在于其独特的中国特色。在构建红色主题公园时，首要任务是凸显其红色主题，并着重强调其教育、政治和文化意义。红色主题公园的规划与建设，应与当地的红色主题和特色紧密结合，若脱离红色氛围和文化脉络，则违背了主题公园的开发初衷。诸如延安的"红军长征之路"主题公园、湖南永兴的三湾公园、瑞金的"摇篮微缩园"和"长征创意园"、金华的红军长征博览城以及南街村的红色主题微缩园等一大批红色主题公园的建立，不仅极大地丰富了红色旅游的内涵，也延长了游客的停留时间，为我国红色研学旅行的发展提供了宝贵的经验和借鉴。

（九）参与体验模式

旅游从本质上讲是一种异地体验和心情分享，旅游产品也最适于与"体验经济"的大潮相结合，形成体验旅游。红色旅游的参与体验模式开发既要求红色旅游产品从形式和内容上突出其参与性、体验性、挑战性、教育性、知识性和趣味性，并且使旅游活动主题人性化、目标情感化、服务个性化、产品差异化、过程互动化、结果持续化。从旅游者的体验出发，将当前急需增强的思想道德建设和爱国主义教育融入公众乐于参与、主动投入的活动之中。通过创新方法和手段，让红色旅游更加符合市场需求，并促使其可持续发展。红色旅游以其深刻的感染力和强大的生命力，成为一种影响广泛、效果显著的新式思想道德建设方式。

（十）影视文化开发模式

以红色经典影视艺术为手段推动红色旅游健康发展，以红色旅游地为依托繁荣红色经典影视艺术创作，二者互相促进，共同发展。以下措施可供参考。

1. 立体开发

借助红色经典影视作品打造文化品牌，对当地红色旅游资源进行物质实体性（如革命遗址、旧址、文物等）和精神性（如革命主题的文学、戏剧、影视艺术等）的立体式开发与利用，以塑造鲜明、饱满的红色旅游地形象。

2. 亮点开发

红色旅游地管理者根据当地红色历史资源拍摄红色影视作品，搭建影视城，留下特色景，充分发挥影视作品的功能性、神秘性及娱乐性效果。

3. 影像开发

运用声光电等高科技手段，如幻影成像技术，丰富红色旅游景点内容，改变简单的图片展示和橱窗式的文物陈列。

4. 延伸开发

借助影视艺术手段宣传推介红色旅游景点，改变被动的推介方式，采取"走出去、找上门、引进来"的策略，安排与景区有关的历史影视、歌舞专场，寓教于游，吸引中小学生参与和体验，通过刺激视觉、听觉等艺术形式，达到立体宣传的效果。

5. 互动开发

以红色旅游地为依托，繁荣红色经典影视艺术创作，同时通过红色经典影视作品宣传红色旅游景点。保护好、开发好红色旅游景点，吸引影视艺术家前来拍摄影视作品，让红色旅游胜地的魅力借助影视这种超越空间的艺术传播给更远更多的人。

在红色旅游的开发与红色经典影视作品的创作（改编）过程中，应遵循两个原则：尊重历史和不忘创新。作为文化产品，应考虑经济效益，同时在政治性与市场性之间寻求可行的生产策略，在市场规律与艺术创作规律之间找到契合点。在尊重历史的前提下，创新出既符合历史又符合现代人审美情趣的艺术作品。

（十一）社区参与模式

社区参与是推动红色旅游业可持续发展的重要方式和手段。在红色旅游资源丰富的地区进行开发时，应全面引入社区参与旅游发展的理念，并运用系统思维的方法进行规划和开发，构建以红色旅游为主导的社区参与旅游发展框架。这一框架的核心在于以红色研学旅行为主导产品，并辅以其他相关旅游产品的开发；同时，改善旅游基础设施，加强红色研学旅行产品的形象推广，提升社区居民的素质和参与能力，并坚持政府主导战略。

为了改善社区参与旅游发展的途径，应大力发展农家乐旅游项目，积极开发旅游商品，使社区居民能够分享红色旅游的收益。在实施过程中，需要完善旅游管理体制，提高管理人员的素质，通过教育培训提升社区居民的旅游意识，并建立利益机制，激发社区居民参与旅游发展的积极性。

　　红色景区应营造出浓厚的红色氛围,构建革命时代的红色文化环境,使游客能够深刻感受到革命战争时代的魅力,认识到红色旅游的独特性。在提供旅游服务时,应注重在食、住、行、游、购、娱等方面融入红色元素。这些都需要当地社区居民的广泛与深度参与,他们是增添红色元素、营造红色文化整体氛围的关键因素。

　　应认识到社区居民是红色景区形象的重要组成部分,将他们视为重要的旅游资源和发展推动力量。同时,红色研学旅行的各种开发模式并不是互相排斥的,而是在条件许可的情况下进行互补开发。在开发过程中,内容和形式都至关重要,它们是塑造红色研学旅行产品的两大支柱。开发模式来源于对内容的提炼和把握,内容是充实模式的基础,高品质、高富集度的红色旅游资源是红色研学旅行开发的前提。合适的开发模式可以快速、有效地推动红色研学旅行的发展,二者相辅相成、相互支持。只有实现内容和形式的和谐发展,才能更好地将红色研学旅行这一"政治品牌"转化为"经济品牌",实现社会效益、经济效益、环境效益的最大化,尤其在培育学生的爱国情怀方面发挥独特作用。

本章小结

　　　红色研学旅行的本质是一种爱国主义教育、历史教育,培育具有强烈社会责任感、历史使命感的社会主义建设者与接班人。红色研学旅行资源分为教育型、科考型和感受型。它们具有历史文化价值、科学考察与教育价值、美学价值、经济价值。红色研学旅行特色商品开发要针对游客消费特点,开发特色商品;结合景区不同特点,加强体验式开发;坚持红色文化本色,开发与景点匹配的商品。红色旅游特色商品开发策略是重点推出弘扬主题的商品;积极开发不同用途的商品;开发和出售限购的商品;开发利于游客身心健康的商品;借助外力开发创新商品;培育红色研学旅行品牌商品。红色研学旅行特色商品开发办法包括"红五星工程"、挖掘和开发红色研学旅行特色餐饮、红色旅游文化产业发展等。国内红色研学旅行融合发展主要有校企双向联动型模式、"红""绿"结合模式、"红""蓝"结合模式、"红""古"结合模式、红色演艺模式、博物馆模式、旅游节庆模式、红色主题公园模式、参与体验模式、影视文化开发模式、社区参与模式共十一种模式。红色研学旅行在于展示中国式发展道路,包括独立创新意识,鼓励青少年为建设中国式现代化而努力拼搏。

课后训练

一、填空题

　　(1)《2004—2010年全国红色旅游发展规划纲要》指出:红色旅游,主要是指以中国共产党领导人民在革命和战争时期建树丰功伟绩所形成的_____、标志物为载体,以其所承载的革命历史、革命事迹和革命精神为内涵,组织接待旅游者开展缅怀学习、参观游览的主题性旅游活动。

（2）"十二五"规划期间,将 1840 年以来 180 多年间的中国近现代历史时期,在中国大地上发生的中国人民反对_____、奋勇抗争、自强不息、艰苦奋斗,充分显示伟大民族精神的重大事件、重大活动和重要人物事迹的历史文化遗存,有选择地纳入红色旅游范围之内。

二、思考题

（1）请简述红色研学旅行概念。

（2）请简述红色研学旅行特色商品与开发原则。

（3）请简述红色研学旅行商品开发办法。

（4）请简述红色研学旅行项目开发策略。

在线答题

第六章
文学艺术研学旅行项目开发

本章概要

　　本章主要介绍文学艺术研学旅行资源类型、资源特征、资源开发价值；文学艺术研学旅行项目开发，包括开发原则、开发理念、开发策略、开发形式等。

学习目标

知识目标

（1）了解文学研学艺术旅行资源类型、资源特征及资源开发价值。

（2）文学艺术研学旅行项目开发理念、开发原则。

能力目标

（1）掌握文学艺术研学旅行开发策略。

（2）掌握文学艺术研学项目开发形式。

素质目标

（1）具备人文情怀。

（2）具备文化自信。

（3）具备创新精神。

知识导图

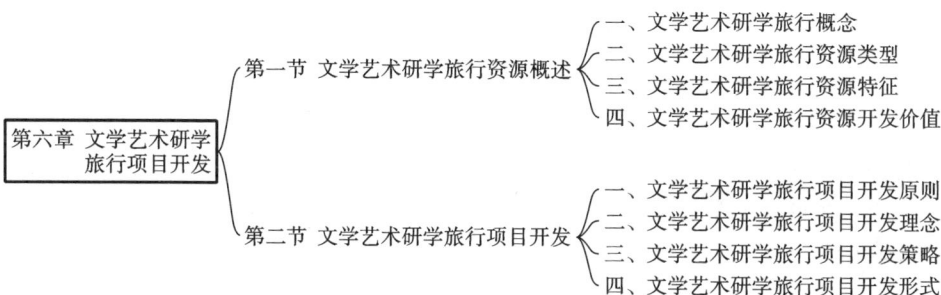

第六章 文学艺术研学旅行项目开发

第一节 文学艺术研学旅行资源概述
- 一、文学艺术研学旅行概念
- 二、文学艺术研学旅行资源类型
- 三、文学艺术研学旅行资源特征
- 四、文学艺术研学旅行资源开发价值

第二节 文学艺术研学旅行项目开发
- 一、文学艺术研学旅行项目开发原则
- 二、文学艺术研学旅行项目开发理念
- 三、文学艺术研学旅行项目开发策略
- 四、文学艺术研学旅行项目开发形式

章节要点

（1）文学艺术研学旅行资源类型。

（2）文学艺术研学项目开发策略。

（3）文学艺术研学项目开发形式。

学习导入

小小书法家研学之旅

中国翰园碑林是融古今书法碑刻艺术于一体的大型文化宝库。走进碑廊，如同进入了书法艺术的海洋，上起甲骨文，下至当今各种书体、各种流派、各种风格，真草隶篆，令人目不暇接、回味无穷。本次旅行以同学们穿越到宋朝，通过艰辛努力最终成为大宋翰林学士为主题，在研学过程中，同学们能够逐步了解笔、墨、纸、砚等制作及书写用具的常识，对书法产生兴趣并掌握书法发展史。

内容安排如下所述。

赶考开营。同学们要领取宋代"时空装备"，学习穿越规则及制度，同时更要检查装备，在核对时间后开启研学之旅。

工具 DIY——毛笔制作。老师用图文并茂的展板为同学们讲解蒙恬造笔的故事、毛笔发展的历史、毛笔的用途与分类及传统毛笔的生产制作工序与方法，让同学们了解中国文化"活化石"毛笔的发展历史、制作毛笔的基本工序，知晓毛笔的选用标准，并亲身体验毛笔制作的梳理、清杂、捆笔、择笔等工艺。

工具 DIY——研墨体验。老师在对课程教具砚滴、砚台等讲解的基础上，重点阐述墨的历史、分类、特点及砚的种类等基本常识，并对研磨方式方法、注意事项、基本要求进行讲解示范。

工具 DIY——古法造纸。了解古法造纸技艺，普及我国现存的非物质文化遗产，弘扬中国传统文化，树立和增强同学们的民族自豪感与爱国情怀。

了解砚语历史。老师带领同学们参观矗立在景区北大门的端砚"砚语翰园"。

书法大讲堂。专业的书法老师为大家讲述篆、隶、楷、行、草五种字体的演变，使同学们了解中国字体演变的先后顺序，认识篆、隶、楷、行、草五种字体的字形特点和区别。

碑廊探墨宝。老师带领同学们参观中国翰园碑林主题碑廊的历代书法名迹碑刻和当代书法家的佳作。

拓片体验。老师通过讲授拓片的操作步骤和学生亲自实践、体验拓片技艺，使同学们基本掌握拓片程序与流程。

曲水流觞。大家坐在河渠两旁，在上游放置酒杯，酒杯顺流而下，停在谁的面前，谁就取杯"饮酒"。在这里同学们能够体验这一文人墨客齐聚的欢乐景象。

知书达理。同学们在老师的指导下，用自己制作的毛笔、墨汁，在亲手晾晒好的纸张上写下"人"字。通过写"人"字,使同学们懂得在人生的启蒙阶段学会做人是最为重要的,一撇一捺写"人"字,一生一世学做人,工工整整写"人"字,堂堂正正中国人。

(资料来源:百家号,https://baijiahao.baidu.com/s? id=1639677644104736549)

美是人类探求的永恒主题。艺术以探求美、创造美为主要使命。艺术泛指一切借助语言、表演、造型等手段形象地反映客观世界和表达主观情感的文化,因此文学与艺术经常放在一起讨论,即广义上的艺术包含文学。艺术起源于社会劳动实践,劳动创造了美,也可以说是劳动创造了艺术。中国历史文明源远流长,无数的文学艺术瑰宝,璀璨夺目,如珍珠般滚落玉盘之中,动人心弦,夺人心魄。它们见证了中国古代的辉煌,反映了中国文化的繁荣,是人类宝贵的文化遗产。文学艺术类研学旅行,引导鼓励旅游者创造性地感知、想象、体验、理解、评价文化,获得特殊的精神享受,它是培养青少年人文素养、文化自信、创新思想的实践教育。

第一节　文学艺术研学旅行资源概述

一、文学艺术研学旅行概念

文学艺术研学旅行是一种以文学艺术为对象,融教育性、体验性、趣味性(娱乐性、休闲性)于一体的旅游活动。2022 年发布的《义务教育艺术课程标准(2022 年版)》中阐明,艺术是人类精神文明的重要组成部分,是运用特定的媒介、语言、形式和技艺等塑造艺术形象,反映自然、社会及人的创造性活动。艺术教育以形象的力量与美的境界提升人的审美和人文素养。艺术教育是美育的重要组成部分,其核心在于弘扬真善美,塑造美好心灵。

二、文学艺术研学旅行资源类型

文学艺术旅游资源就是指那些能够吸引旅游者前往观光游览,进而产生经济、社会与环境效益的文艺作品。文学艺术研学旅行资源包括文学资源和艺术资源两大类,其中将文学名著、游记、风景诗词、楹联、题刻划分为文学资源;将影视、戏曲、书法、绘画划分为艺术资源。它们都具有很高的观赏与研究价值、学习价值,加强对文学艺术研学旅行资源的研究与开发有着非常重要的意义。

(一) 文学作品

1. 文学名著

文学名著旅游资源是以文学名著书写内容为核心,包括与文学名著及其作者直接相关的各种文学遗产(如民间故事和传说)、文学地理资源和人文资源(如相关遗迹、遗址、遗存、胜景、名著故事背景地及其自然风光和文化风俗、作家故里、故居、纪念馆、墓地、宗祠和求学地、碑刻塑像)等,具有旅游吸引力和旅游开发价值的文化资源体系。

2. 游记

游记是对旅游经历、旅游感受、旅游审美的记录,游记作品于东晋南朝正式产生,历经唐、宋、元、明、清乃至近代,出现许多游记散文大家,其创作手法日臻纯熟。《论语·先进篇》记载:"莫春者,春服既成,冠者五、六人,童子六、七人,浴乎沂,风乎舞雩,咏而归。"这是最早记载我国游记散文的文字记录,它如实地描绘了一次春游活动。

3. 风景诗词

风景诗词是指那些反映旅游生活的诗词。风景诗词以空灵的想象、优美的辞藻、朗朗上口的节奏、平仄有序的韵律,引人进入一种超凡的意境。在风景诗词中最有代表性的便是山水诗。

4. 楹联、题刻

在中国的古建筑中或在一些风景名胜区,常可见到楹联或题刻,而且往往置于显眼之处。这些楹联或题刻不仅本身是一种具有很高观赏价值的艺术品,而且内容精辟深邃,富于哲理,有箴世规人的作用;或语言凝练,画龙点睛,起到点题传神的作用,帮助游人理解景物。

(二) 书法艺术

中国的书法具有悠久的历史。书法是汉字的书写艺术,它不仅是中华民族的文化瑰宝,而且在世界文化艺术宝库中独放异彩。

1. 汉字的起源

关于汉字的起源,中国古代文献上有种种说法。历史上,有三种比较重要的说法:八卦造字、结绳造字和仓颉造字。

汉字的源头是图画,图画是简单、直接而形象的,最早的汉字大抵如此。古人造字的基本思路是"近取诸身,远取诸物",即以自己熟悉的周围环境、人与事作为造字的素材,仿造实物造字。因此,取象是汉字造字的基本思路。

2. 汉字字体的演变过程

中国文字的演变,大体经历了甲骨文、大篆、小篆、隶书、草书、楷书、行书等阶段,它是朝着由繁而简(个别例外)、由异而同、由乱而整的方向前进的。它的笔势也因书写工具的变化而变化,越变越适用。

3. 书法鉴赏方法

书法鉴赏之四要素,分别为"识形""知意""赏质"与"寄情"。首步"识形",关注作品之格式、书体、色彩及构成。经典格式如扇面、对联、尺牍、手卷、页册等;常见书体包括篆书、隶书、楷书、行书、草书;书法色彩以白纸、墨字、红印组合为佳;完整书法作品由正文、题款、印章构成。第二步"知意",书法作品内容多以文字为主,需理解其记录、表达或传递的确切信息,及所蕴含的文化内涵。第三步"赏质",字法为书法之本,点画间应保持平衡对称、对比和谐、主次分明、长短适度、疏密均衡、多样统一。笔法需因体而变、稳重丰富;中侧互换,法出有源;笔力遒劲、流畅顺势、力透纸背。墨有六彩,即"浓、淡、枯、湿、燥、润"。章法布局与谋篇,如款式、笔法运用、字群排列等,皆需周全。纸张四周留恰当空白,以增韵味。第四步"寄情",着重于作者精神、胸襟、气质、修养之体现,使欣赏者能感受书法作品之力感、节奏感、立体感,乃至艺术震撼。

(三)绘画艺术

绘画以其精妙的构图和斑斓的色彩,为人们带来直观的美感,其展现的格调、意境和思想深度,能深深触动观赏者的心灵。因此,绘画已然成为旅游领域的重要资源,是文学艺术旅游资源的重要组成部分。绘画的表现形式以传统作品为主,也包括扇子、屏风或建筑上的画作,以及自然载体上的绘画,如壁画。

欣赏美术作品的方法在于理解其独特的美术语言。美术语言涵盖:点、线、面、空间、光、色、材质、肌理等元素。其一,可以进行"纵向"比较,将古今不同时期相同主题的美术作品进行对比,或将同一艺术家不同时期的作品一同欣赏,以观察其艺术风格的变化。其二,可以进行"横向"比较,对来自不同国家、地区、民族、流派,甚至不同类型的美术作品进行欣赏。横向比较能使作品的艺术风格更加鲜明。当然,也可以将纵向和横向的比较相结合,进行错落有致的欣赏。

最后,情感鉴赏是首选的鉴赏方法。优秀的作品能引发观赏者与作者之间的情感共鸣,这需要一定的知识储备,同时要求鉴赏者具备丰富的想象力和领悟力。

(四)舞蹈艺术

中国古代舞蹈承载着深厚的历史与文化底蕴,源远流长,被誉为中国艺术的璀璨瑰宝。其种类繁多,包括表演性乐舞、礼仪性乐舞和自娱性乐舞等,每一种舞蹈都蕴含着丰富的文化内涵。舞蹈表达形式多种多样,既有对帝王的赞颂,对祖先的敬仰,又有对美好生活的向往,对纯真情感的讴歌。这些舞蹈作品不仅展现了中国古代人民的精神风貌,也承继了中华民族优秀的艺术传统。

1. 原始社会、夏代、商代、周代

这几个时期大多将无法解释的自然现象,如刮风下雨、电闪雷鸣等认为是一种神秘的力量在操控,于是企图通过舞蹈的方式与其进行沟通,希望带来好运。由此,出现了战争舞蹈、繁衍舞蹈、劳动舞蹈等舞蹈形式。

2. 汉代

角抵在秦代就已经产生了,是展示"角"技艺的一种欢乐比赛,是受到牛羊角相抵的形象而启发的,故名"角抵"。角抵百戏增加了很多舞蹈、幻术、杂技等,成为汉代较辉煌的乐舞艺术之一,反映了当时社会各种表演艺术争奇斗艳的气象。汉代还有徒手舞、长袖舞和道具舞。"相和大曲"是一种边歌边舞的表演形式,也是较具有代表性的汉代民间歌舞曲。

3. 魏晋南北朝

宫廷乐舞大体继承了前代乐舞的遗制,"清商乐舞"是魏晋南北朝时期俗乐舞的总称,它承袭了两汉乐舞及相和诸曲的特点。

4. 唐代

唐代出现了自娱性乐舞,民众喜欢以歌舞的形式庆祝或将歌舞作为娱乐项目,每逢佳节或举行盛大的庆典活动,歌舞都是重头戏。其中,踏歌为较重要的歌舞形式之一。踏歌是一种人们挽着手臂、踏足为节、载歌载舞的歌舞形式,而表演性乐舞主要供他人观赏娱乐之用。表演性乐舞形式多样,可分为纯舞、插舞、歌舞戏三种类型。

5. 宋代

宋代由于经济、文化的繁荣发展,出现了迎合市民阶层的审美娱乐场所,民间歌舞、杂戏也得到了发展,宫廷舞大曲更加注重曲词的格式,并且舞与戏相互融合吸收,这为戏曲舞蹈的进一步发展奠定了坚实的基础。其中,较具代表性的剧目有《剑舞》《绿腰》等。勾栏、瓦舍等娱乐场所应运而生,市井民俗文化在茶坊酒肆、勾栏瓦舍中成长起来。

6. 元代

元代接受汉文化,允许道教、佛教并行发展,并且尤其重视佛教,如礼仪乐舞《十六天魔舞》又称为《天魔舞》便带有典型的佛教色彩。民间歌舞《查玛舞》是一种寺院舞蹈,表演人数众多,均由受过训练的舞者们佩戴各种面具进行表演。元杂剧通常由曲、白、科三部分构成:"曲"即曲词;"白"即宾白,在元杂剧中是语言的表现部分;"科"即科介,是舞蹈化了的动作。

7. 明代

在宫廷舞蹈日益衰落的同时,民间舞蹈日益兴起,纯舞蹈艺术不断走下坡路,而少数民族舞蹈却得到发展。民间舞蹈多表现为民间自发与自娱的形式。自娱性的民间舞蹈多与当地的民俗节庆活动有关,比如与传统的春节、元宵节等节日有关,产生了秧歌、高跷、旱船、狮舞、竹马、灯舞等类型,傩舞就是其中较具特色的一种。戏曲舞蹈是明代戏曲的重要组成部分,是将插入性舞段或舞蹈化的舞台动作运用于戏曲之中。

8. 清代

祭孔乐舞是清代重要的祭祀乐舞。清代推行理学和封建礼教,除了祭神的佾舞,因清代每年祭孔数次,所以前代的祭孔乐舞也得以传袭。清代的宫廷舞蹈充满浓郁的满族色彩;民间舞蹈内容丰富,形式多样;戏曲舞蹈逐渐走向成熟,地位更加突出。清代发展起来的京剧剧目中,有些剧目完全是从民间歌舞中"移植"过来的,如《小放牛》《打花鼓》等。

(五) 音乐艺术

人是高级情感动物,日常生活中的喜怒哀乐,被人们以艺术的形式表现出来,人们将这份情感诉诸回旋起伏的声音变化和婀娜多姿的形体动作。《毛诗序》之论尤为生动:"情动于中而形于言,言之不足,故嗟叹之,嗟叹之不足,故永歌之,永歌之不足,不知手之舞之,足之蹈之也。"这说明,歌和舞都是表达人情感的艺术。

1. 音乐初诞生时期

该时期是中国音乐史启蒙阶段的"巫乐期"。中国音乐的起源要归功于三皇五帝等先贤们。此时的音乐具有巫性和神性。根据目前的考古研究,这一时期出土的乐器可按照制作材料分为以下三类,分别是天然材料制成的乐器、陶制乐器与铜制乐器。骨笛的发现对中国音乐史的研究意义非凡。艺术来源于生活,上古时期亦有许多与日常生活有关的歌谣,千年前的生活方式与如今有很大不同,从这些古老的歌谣中我们能看到许多有别于后世的生活图景。

2. 春秋战国时期

春秋战国时期的音乐艺术十分繁盛,并产生了中国音乐特有的"乐器分类法"。民间涌现了一大批技艺高超的演奏家、歌唱家,也因此有了中国音乐史上第一个系统的乐器分类法——"八音"分类法。宫、商、角、徵、羽为古代五声阶相当于简谱中的"12345","金、石、土、革、丝、木、匏、竹"是对乐器的分类,分别对应金属乐器、石类乐器(石磬等)、陶埙、鼓、弦乐器、柷、葫芦、笛类等。

3. 汉魏时期

汉魏时期是宫廷音乐迅速发展的重要时期。由于对儒学的推崇,统治者极其重视宫廷雅乐、郊庙祭祀乐的创作与教习。就礼乐的继承与发展而言,汉承秦制设立官方音乐机构"太乐"和"乐府"二署,还存在具有强烈的北方游牧民族性格特征的鼓吹乐。

4. 隋唐时期

隋唐时期统治者们对宫廷宴乐十分重视,依照音乐的来源以不同地区、不同国别分别设立。胡乐、汉乐、雅乐、俗乐,一同构成了隋代宴乐多元的表演风格。教坊是唐代新设的宫廷音乐机构,专门负责雅乐以外的俗乐、散乐等的教习与演出。唐玄宗时期又出现了一个新兴的音乐机构,称作梨园。唐代的民间音乐种类丰富,山歌、曲子、鼓吹乐和歌舞乐皆是当时民间音乐的主要表演乐种,较受百姓欢迎的莫过于歌舞、杂戏。

5. 宋代

宋代,随着宫廷音乐规模的缩减以及市民经济的蓬勃发展,音乐艺术的表演中心由宫廷转向民间,人们开始追求小巧典雅的意趣旨归,宋代宫廷音乐中俗乐与杂戏比例的大幅度增加,歌舞百戏与民间杂耍也融入宫廷乐舞的表演,杂戏为宫廷表演、市民音乐都注入了新的活力。宋代出现可供市民进行文艺观赏、艺术活动的独特场所"勾栏瓦舍"。宋代发展较为成熟、对后世影响较大的音乐体裁有曲子、唱赚、散曲等。

6. 明清时期

明清时期民间音乐又迎来了一次发展高峰。在民间歌曲方面,以冯梦龙为代表的一批文人雅士开始参与民歌的收集、刊行工作,他们整理编订了大量的民歌小调;在曲艺说唱方面,民间乐人既继承宋元说唱艺术的良好传统,又在原始曲种的基础上根据不同地域的方言特征与审美做了新的改编,衍生出众多新兴的曲种;在戏曲艺术方面,明清时期出现了余姚腔、海盐腔、弋阳腔和昆山腔四大声腔。该时期,音乐作品的主角更加多元化,如劳动人民的形象经常出现在各类音乐作品中。总的来看,明清时期的音乐作品不仅聚焦于"高端视角"神仙精怪、史诗英雄等,而且开始讲唱属于市民阶层的喜怒悲欢。

(六) 戏曲艺术

中国戏曲——综合舞台艺术样式,是指一种将众多艺术形式,以一种标准聚合在一起,能在共同性质中体现各自个性的艺术。这些形式主要包括诗、乐、舞。在戏曲中,各要素的作用即演故事,这也必须遵循一个原则,即美。中国戏曲有三个特点:一是戏曲歌舞相和,以乐化的对话和舞化的动作来表现现实生活(即歌舞的手段);二是"离形而取意，得意而忘形"，用两个字概括，即为"简约"，也可以称为"写意"；三是中国戏曲表现形式的程式化，即给艺术形式设立一定的标准，使之规范化。

（七）影视艺术

影视旅游始于 1963 年，其标志是环球影城系列的第一个主题公园——好莱坞环球影城的建成。好莱坞环球影城最初是拍摄地，后逐渐演变为参观游览地。电影《阿诗玛》让云南石林享誉天下，《芙蓉镇》使湘西的芙蓉镇成为旅游热点，《少林寺》也推动了河南旅游业的飞速发展。

三、文学艺术研学旅行资源特征

（一）存在形态上的无形性

文学艺术旅游资源范围广泛，既包括具有实体形态的楹联、匾额等资源，也包括民间故事、杂技等非实体资源。这类资源主要通过文学、绘画、声音、录像等载体进行呈现。实体形态的艺术资源是传统文化的直接体现，能够让游客深入了解历史、文化和民俗风情。非实体资源的文学艺术作品，则通过文字、表演等形式，向游客展示一个个生动的故事和场景。这些作品不仅具有艺术价值，它们更是民族文化和历史记忆的重要载体。文学艺术旅游资源通过不同的形式和载体，向游客展示了中国传统文化的独特魅力和精神内涵。

（二）表现形式上的渗透性

相较于其他旅游资源，文学艺术旅游资源通过渗透其他资源，赋予其他资料更为丰富的文化内涵，使它们更具人文特色，并能震撼人心，留下深刻的印象。"文以景生，景以文名"这八个字，精练地概括了文学艺术与其他旅游资源的关系。文学艺术旅游资源与其他类型旅游资源相互交融，形成共生关系，主要表现为两方面：一是感性，藏身于在其他旅游资源中的文学艺术具有潜移默化的影响力，能深深触动人心；二是可视性，以具体形式体现在其他旅游资源中，如书画、题刻等对我国建筑的装饰，既直观展现了建筑特色，又借物抒怀，寄托了伟大的理想。

（三）内在价值上的精神性

文学艺术旅游资源具有文化性、艺术性、思想性等特质，使其有着强烈的感召力，极大地丰富了人们的精神生活。它能够深入人心的重要因素，在于它能引发精神层面的共鸣，这为文学艺术的传播奠定了坚实的群众基础。诸如范仲淹的《岳阳楼记》中所倡导的"先忧后乐"的思想，激起无数人的报国热忱；我国第一部诗歌总集《诗经》，则是通过广泛收集民歌而得以汇总，社会基础深厚。各类文学艺术资源，满足了不同游客群体的审美情趣和精神需求，可以在潜移默化中培养中小学生的人文素养。

（四）时间维度上的动态性

通常情况下，我们所提及的旅游资源多受时间与空间的限制。在漫长的历史长河中,文学艺术伴随着政治、经济、文化及社会经济的发展而不断演变。在各个时期,都有充满时代特色的文艺作品诞生,彰显了文学艺术旅游资源的动态性。随着科技的飞速发展,文学艺术的展现形式也发生了翻天覆地的变化。例如,古代戏曲的传播仅能依靠口口相传,而在当下可以借助手机、电脑等设备记录和传承。此外,在内容方面,如东北民间艺术"二人转"在向旅游演艺节目转型的过程中,创新和提升成为重要任务。因此,应致力于形式和内容的持续创新,这是开发文学艺术旅游资源所需考虑的首要问题。

四、文学艺术研学旅行资源开发价值

随着社会的持续发展,人们的精神需求层次也越来越高。对于旅游,人们已不再满足于简单的观赏风景,而是更倾向于深度探索景区背后的文化内涵,期望在自然景观中寻得与自身文学艺术素养的共鸣。人们渴望通过自然、人文景观,与中华文明建立更紧密的联系,从而获得审美愉悦与感悟生活真谛。特别是对于学生而言,文学艺术研学旅行不仅有助于他们开阔视野和优化知识结构,还能陶冶情操、美化心灵。开发文学艺术旅游资源,将有助于引导中小学生深入理解中华文明的深厚底蕴与辉煌历史,领悟中华文化的核心特质与精髓,进而增强他们的爱国情感,提升民族自豪感和自信心。

(一)文学艺术所反映的内容带有旅游资源属性

文学艺术蕴含着旅游资源的特性,它是一种生动且具有感召力的旅游资源。旅游资源可分为自然景观与人文景观两大类,各自包含诸多亚资源类别。这些资源以景物特色为客观存在,吸引着游客。游客通过观赏景观、阅读旅游指南以及聆听导游解说,了解景观的艺术、特色、历史文化和科学研究价值。旅游活动被视为高品质生活的重要内容和衡量标准。为将物质文明与精神文明相结合,并使之具有更深的层次和内涵,需借助文学的力量和艺术的感染力,将资源的"景"与旅游者的"情",以及客观现实与丰富想象相结合,实现旅游与文学的统一,从而开发出一种经过人类"加工"的文学旅游资源,增强其对游客的吸引力。旅游文学中的抒情与议论,为山水花木等旅游资源赋予更深层次的含义。因此,旅游文学作品本身就是具有吸引力的独特旅游资源。

(二)文学艺术具有吸引旅游者前来探索文学审美性的作用

文学艺术研学旅行活动是捕捉美感的高级精神活动,而"美"是一种气象万千的诗意、画意和理想交融的境界。在这种境界中,寻求的不只是表面的美,而是那深藏在文字、色彩、音符背后的精神内涵。这样的研学旅行活动,是一种寓教于乐的教学方式,它鼓励学生走出课堂,通过亲身体验去感受和理解艺术,从而深化对美的理解和追求。通过参观博物馆、艺术展览,学生们可以近距离地接触到那些经典的艺术作品,感受到它们所散发出的独特魅力。这些作品不仅仅是视觉的享受,更是一种心灵的触动,它们能够引发学生的思考和感悟,激发他们的创新精神和想象力。文学艺术研学旅行活动是一种富有诗意和理想交融的教育方式,它不仅能够让学生感受到美的力量,还能够培养他们的综合素质。

Note

（三）文学艺术有助于陶冶情操，提高素养，激发爱国热情

文学艺术在人类社会中扮演着举足轻重的角色，它不仅是人类智慧的结晶，更是情感与思想的传递者。通过文学艺术，中小学生可以深入了解历史、文化和人性，从而更好地认识自己和世界。优秀的文学作品能够触动人们的心灵，激发情感共鸣，使人们在欣赏的过程中感到愉悦和满足。通过阅读、欣赏和参与艺术创作，人们可以陶冶情操，培养审美情趣，提升个人的艺术修养，从而丰富自己的精神世界。文学艺术要求具备敏锐的洞察力、深刻的理解力和丰富的想象力，以更好地领悟作品所传达的意境和情感。欣赏和分析文学作品时，人们不仅能够提升自己的思辨能力，还能开阔视野，提高素养。而且，优秀的文学作品往往蕴含着强烈的民族精神和爱国情怀，能激发人们的爱国情感，增强民族凝聚力。在研学旅行过程中，通过欣赏知名作家的作品或其描绘的景物，中小学生得以领略祖国山河的壮美、历史的厚重，进而激发出对祖国的热爱和对家乡的眷恋之情。这种体验对于陶冶性情、塑造高尚品德具有深远的影响。

（四）开发文学艺术资源是传播文化知识的重要途径

文学艺术作为一种精神产品，承载着人类文明的知识与智慧，可通过艺术的形式将其传播给更多的人。通过开发具有深度和广度的文学艺术研学旅行产品，可以将文化知识广泛传播，让青少年在行走中感受文化的魅力。因此，研学旅行产品应该注重挖掘我国丰富的文学艺术资源。同时，研学旅行产品应注重实践体验，参与者不仅要以听、看、读的方式获取文化知识，还要通过动手操作、亲身体验的方式，走进文化、理解文化。通过丰富多样的文学艺术文化体验活动，中小学生能够深入了解、体验、传承和发扬文学艺术文化，有助于提升他们的文化素养。

第二节　文学艺术研学旅行项目开发

文学艺术研学项目应以立德树人为根本任务，不断加强中华优秀传统文化的教育；坚持以美育人、以美化人、以美润心、以美培元，引领学生在研学活动之中体验与理解艺术在实践活动中逐步提高感受美、欣赏美、表现美、创造美的能力。

一、文学艺术研学旅行项目开发原则

文学艺术对研学旅行发展具有显著的促进作用。合理挖掘文学艺术资源，充分运用文学艺术所提供的有利条件，是推动研学旅行项目开发，实现社会和经济双重效益的重要途径。考虑到文学艺术资源相较于其他旅游资源的独特性，在开发过程中，应当遵循以下两个原则。

（一）文学艺术作品应具备相当的文学艺术价值

文学艺术作品所展现的乃是一种人文精神，其自身首先应具备一定的审美价值，

随后方能将之转化为旅游审美价值。换言之,仅当一部文学艺术作品为大众所认同、欣赏并感动时,它的艺术美方具备普遍性,得以跻身旅游活动之中,并为其他旅游资源增值。

(二) 文学艺术作品应具备一定的历史文化价值

文学艺术作品本质上归属于人类文化领域,研学旅行则是一种文化交流与传播活动,二者在文化精神层面具有契合点。文学艺术作品具有深厚的历史文化底蕴时,它的旅游价值随之体现,并自然赋予相关旅游资源以历史文化内涵,从而提升相关旅游资源的价值。

二、文学艺术研学旅行项目开发理念

(一) 关注文学艺术作品的认知度

文学艺术作品作为旅游景观的特色项目,须具备较高的国民认知度,否则市场拓展将面临重重困境。在选择文学艺术作品时,应关注其具备的文学艺术价值,选择广为人知、深受认同的作品;或选择本身具有较高文学艺术价值、历史文化价值,或作者为名人名家,作品内容已广泛传播的作品。事实上,文学作品认知度的高低不仅取决于作品本身,还与景区的宣传力度和方式密切相关。因此,在选择过程中,除关注作品本身的价值外,还需重视后期的宣传与管理,以避免优秀的文学艺术作品被大众所忽视。

(二) 重视文学艺术旅游资源的挖掘

对于文学艺术旅游资源,不仅需要识别那些知名度较高的作品,更要独具慧眼,挖掘那些被忽视的优质资源,将蒙尘的佳作呈现于公众视野。同时,要寻找到恰当的途径,从这些作品中挖掘出可供旅游开发的价值线索。

(三) 做到文艺虚景和文艺实景相结合

文学艺术资源的开发关键点便是与现实场景紧密结合,实体景物可作为依托或佐证,因为许多文学艺术资源中的"风景"实乃虚拟。为吸引游客并使其流连忘返,旅游实体景观至关重要,不能仅仅让游客想象,只建立精神链接。因此,应实现文学艺术资源与现实景观的有机结合,使之成为"高吸引力资源"。

三、文学艺术研学旅行项目开发策略

(一) 深层次营造艺术氛围

文学旅游资源的艺术风格千姿百态,极富意境美感,开发者对那些经典文学作品的价值、艺术风格以及美的意境挖掘得越深入,这些文学资源的内容就会越丰富,那么它对旅游者的吸引力就会越大。著名诗人李白的《望庐山瀑布》,诗情豪迈,用紫烟袅袅的香炉来比喻阳光下白云缭绕的香炉峰,又用夸张的手法,把飞流直下的瀑布比喻成从九天之上落下来的银河,把庐山瀑布之美描绘得淋漓尽致,形象、生动且具有非凡的气势。所以要注重庐山瀑布的无形文化价值的开发,并且在重视对其艺术解读的同时不能忽视了对庐山生态的保护。

(二)注重体验式开发策略

从旅游体验的角度审视,类型繁多,文学旅游成为其中不可或缺的组成部分。我国拥有丰富的文学旅游资源,可根据各地区实际情况,开发多样化的旅游产品,提升游客体验感,同时为文学艺术资源拓展新的发展空间,创造全新的价值。其一,根据不同地区的文学旅游资源特点,开发出具有地方特色的旅游产品。在拥有丰富历史文化的地区,设计以文学作品为主题的研学旅行路线,让旅游者深入了解当地的历史文化和文学艺术;在具有浓厚民族特色的地区,推出以民族文学为主题的旅游产品,让旅游者深入了解当地的民族文化,感受民族文学的独特魅力。其二,可以借助现代科技手段,为旅游者提供更加丰富多彩的文学旅游体验。例如利用虚拟现实技术,将文学作品中的场景和人物以三维立体的形式呈现给旅游者,让他们仿佛置身于作品的世界之中;还可以利用增强现实技术,将文学作品中的元素与现实世界相结合,为旅游者创造更加沉浸式的文学旅游体验。

(三)利用现代媒介的开发策略

文学具有较强的抽象性,为使文学旅游资源最大限度地吸引消费者,必须进行适度的包装,遵循现代旅游产品开发规律,使之真正满足旅游市场需求,并通过恰当的方式展现。因此,在开发旅游资源时,应注重科学与创新的结合,在尊重原作品的基础上,充分利用现代先进技术进行包装和宣传,凸显文化内涵,做到高雅与大众化相结合。此类成功案例众多,如20世纪80年代热播电视剧《红楼梦》使河北正定的"荣国府",以及北京、上海的"大观园"声名鹊起;《西游记》的热播亦推动了各地"西游记宫"的兴建。现代媒介形式多样,应尽可能充分利用多种方式开发文学旅游资源。

(四)打造文学艺术研学品牌策略

文学旅游作为一种文化产品,唯有打造品牌方能提升竞争力,这也是旅游业成熟的重要标志。打造文学艺术研学品牌,需要关注几个关键点。第一,明确品牌定位和目标受众。品牌主要面向学生、教师、文艺爱好者,这将帮助确定内容、形式和推广策略。第二,关注品牌的核心价值和特点。品牌的核心是提供高质量的文学艺术教育和实践体验。可以通过邀请知名作家、艺术家、学者来分享他们的经验和见解,举办讲座、工作坊、展览等活动,让参与者能够亲身感受文学艺术的魅力。第三,注重品牌的推广和宣传。利用社交媒体、网络平台、线下活动等渠道,积极宣传品牌,吸引更多人关注和参与。还可与其他相关机构、学校、社区等合作,共同推广文学艺术研学品牌,扩大影响力。第四,不断完善和优化品牌服务。通过收集参与者的反馈和建议,不断改进活动内容、形式和服务质量,以满足不同受众的需求和期望。同时,要关注文学艺术领域最新动态和趋势,及时调整品牌策略,保持与时俱进。

四、文学艺术研学旅行项目开发形式

（一）作为新的旅游资源产生的母体加以开发

在开发过程中，可以借鉴某部文学艺术作品进行创新，精心策划打造高品质、全新的旅游景观。如北京的"大观园"，取得了社会效益和经济效益双赢。然而，此类开发模式投资规模巨大，需经过充分论证，确保产品质量，并采取适当的管理模式进行运营。同时，还可以顺势而为，将名著名篇所描述的地点直接开发为新旅游资源。此类方法简便易行，投入较少，收益颇丰。《水浒传》催生了梁山旅游热，《枫桥夜泊》使寒山寺名扬海外等均属此类。还有，将著名作家的出生地、生活场所列为旅游景点，或借助文学艺术形式举办吸引游客的节庆活动，亦为可行之策。

（二）作为其他旅游资源的附属或宣传导游的依据来开发

文学艺术往往渗透于各类旅游资源之中，其独特的灵活表现形式及强烈的艺术感染力，既可提升游客的文学修养，又能增加其他旅游资源的价值。因此，可将文学艺术视为其他旅游资源的补充进行开发，如名胜风景区内的匾额、楹联，以及山岳间的摩崖石刻，都对自然景观起到画龙点睛的作用。导游可巧妙运用相关名人名言、名篇名句，尽情渲染，激发中小学生对自然景观的兴趣。在开发过程中，文学艺术要准确定位，保持从属地位；在实际应用时，力求潜移默化影响游客。

本章小结

　　文学艺术是"审美艺术"。文学艺术研学旅行资源主要有文学作品、书法艺术、绘画艺术、舞蹈艺术、音乐艺术、戏曲艺术、影视艺术等。文学艺术研学旅行资源具有存在形态上的无形性、表现形式上的渗透性、内在价值上的精神性、时间维度上的动态性等特征。文学艺术研学旅行资源带有旅游资源属性；具有吸引旅游者前来探索文学审美的作用；有助于陶冶情操，提高素养，激发爱国热情，传播精神文明；传播文化知识等功能。文学艺术作品应具备相当的文学艺术价值，以及具备一定的历史文化价值。文学艺术研学旅行项目开发，要关注文学艺术作品的认知度；重视文学艺术旅游资源的挖掘；做到文艺虚景和文艺实景相结合。文学艺术研学项目开发策略主要有四点：深层次营造艺术氛围、注重体验式开发策略、利用现代媒介的开发策略、打造文化品牌策略等。文学艺术研学旅行项目开发形式，一是将文学艺术旅游资源作为新的旅游资源产生的母体加以开发；二是将文学艺术旅游资源作为其他旅游资源的附属或宣传导游的依据来开发。文学艺术研学旅行可以培养学生的文化自信与人文素质，使其成为一个高素质的有用人才。

Note

课后训练

一、填空题

（1）2022 年发布的《义务教育艺术课程标准（2022 年版）》中阐明，艺术是人类精神文明的重要组成部分，是运用特定的媒介、语言、形式和技艺等塑造艺术形象，反映_____、社会及人的创造性活动。

（2）文学艺术研学旅行资源包括文学资源和_____资源两大类。

（3）文学资源包括名著、_____、风景诗词、楹联、题刻等。

二、思考题

（1）请简述文学艺术研学旅行资源分类。

（2）请简述文学艺术研学旅行资源开发原则与开发理念。

（3）请简述文学艺术研学旅行项目开发策略。

在线答题

Note

第七章
体育健康研学旅行项目开发

本章概要　本章主要介绍体育健康研学旅行概念、资源分类、资源特点及研学旅行的价值;体育健康研学旅行项目开发,包括项目设计原则、项目设计内容、项目设计程序。

学习目标

知识目标

(1)了解体育健康研学旅行资源分类、资源特点等。

(2)体育健康研学旅行项目设计原则。

能力目标

(1)掌握体育健康研学旅行资源分类。

(2)掌握体育健康研学旅行项目设计内容。

(3)掌握体育健康研学旅行项目设计程序。

素质目标

(1)具备强身健体的意识。

(2)具备坚忍的毅力与顽强的意志。

知识导图

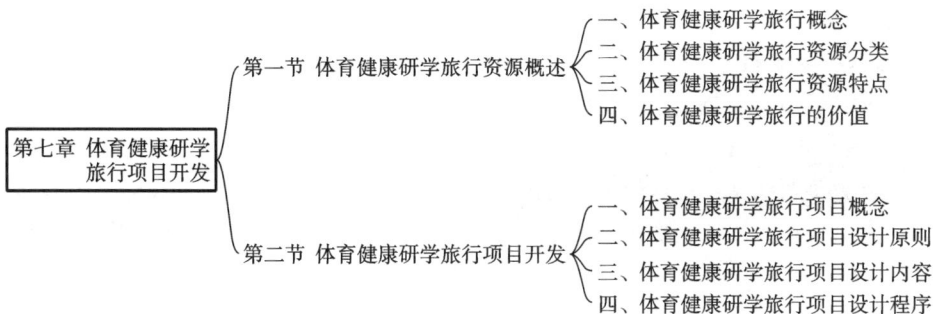

第七章 体育健康研学旅行项目开发

第一节 体育健康研学旅行资源概述
- 一、体育健康研学旅行概念
- 二、体育健康研学旅行资源分类
- 三、体育健康研学旅行资源特点
- 四、体育健康研学旅行的价值

第二节 体育健康研学旅行项目开发
- 一、体育健康研学旅行项目概念
- 二、体育健康研学旅行项目设计原则
- 三、体育健康研学旅行项目设计内容
- 四、体育健康研学旅行项目设计程序

章节
要点

（1）体育健康研学旅行资源特点与价值。
（2）体育健康研学旅行项目设计内容。
（3）体育健康研学旅行项目设计程序。

学习
导入

天骄草原国际滑草场研学基地

天骄草原国际滑草场位于南宁市江南区苏圩镇，占地约548亩（36.53公顷）。旨在打造以体验滑草系列拓展运动为主题，融合户外运动、文化体育、野趣体验、亲子游玩、休闲娱乐、体育研学、劳动研学、科普国防教育研学，旅游度假等于一体的全方位基地。天骄草原国际滑草场服务设施表如表7-1所示。

表7-1　天骄草原国际滑草场服务设施表

名称	容纳量	名称	容纳量或面积、个数
会议室	300人	爱国主义教育馆	500 m²
草原餐厅	1000人	国防科技教育馆	500 m²
住宿营房	1300人	大型舞台	1个
柴火土灶区	2000人	11人制标准足球场	3个
研学教育	2500人	5人制人造草足球场	4个
24个游玩体验	5000人	停车位	1000辆

天骄草原国际滑草场的体育研学项目体验性较强，很受消费者欢迎。

（一）足球运动

天骄足球场为奥运城青少年足球训练基地，集参观游览、休闲娱乐、足球文化等于一体，浓缩了中国的蹴鞠文化史、体育文化史和世界足球史，展示了多年以来足球的起源、发展和传播过程。

（二）400米军事障碍

由跨桩、壕沟、矮墙、高板跳台、云梯、独木桥、高墙、低桩网共八组障碍物组成的跑道。

（三）水上运动中心

多种水上竞速项目，是体育运动的新玩法。

（四）草地碰碰球

草地碰碰球是一种非常流行的游乐项目，相对的玩法也很多，适合各年龄段学生。学生可以多人组队或单挑体验碰碰球对抗赛。它还是一个非常适合团建的活动项目。

（五）滑草系统

七彩滑道滑草、四轮滑板滑草、轨道滑草、履带车滑草、履带鞋滑草。

（六）其他体验系统

轨道滚筒、固定式滚筒、六人旋转单车、六人秋千、人体弹弓、高空滑索、网红秋千树、多人秋千、网红摩天轮、网红摇摆桥等。

另外,爱国主义教育研学基地设有射击休闲系列,包括 CS 激光枪野战场、CS 水弹枪、射箭、激光打靶等。

（资料来源:天骄草原国际滑草场）

健康是人类永恒的主题,体育运动是健康的基本保障。人民健康是民族昌盛和国家强盛的重要标志。运动在增强体质、促进健康、预防肥胖与近视、锤炼意志、健全人格等方面都有着重要作用,学生需要提高体育与健康素养,增强体质健康管理的意识和能力。习近平总书记指出,青年兴则国家兴,青年强则国家强。体育是提高人民健康水平的重要手段,也是实现中国梦的重要内容,能为中华民族伟大复兴提供凝心聚气的强大精神力量。2023 年,中国共产主义青年团第十八届中央委员会提出,要着力服务青少年身心健康,倡导开展形式多样的群众性文体活动,动员专业力量帮助青少年缓解工作、学习、生活中面临的心理压力,涵养自信达观、积极向上的心理素质。体育健康研学旅行,有利于培养学生健康的人格与强健的体魄,锻炼学生坚忍的毅力与顽强的意志。

第一节　体育健康研学旅行资源概述

一、体育健康研学旅行概念

《国家旅游局 国家体育总局关于大力发展体育旅游的指导意见》指出,体育是发展旅游产业的重要资源,旅游是推进体育产业的重要动力。大力发展体育旅游是丰富旅游产品体系、拓展旅游消费空间、促进旅游业转型升级的必然要求,是盘活体育资源、实现全民健身和全民健康深度融合、推动体育产业提质增效的必然选择,对于培育经济发展新动能、拓展经济发展新空间具有十分重要的意义。《义务教育体育与健康课程标准（2022 年版）》也强调,体育与健康教育是实现儿童青少年全面发展的重要途径,对于促进学生积极参与体育运动、养成健康生活方式、健全人格品质,提升国民综合素质,推动社会文明进步,建设健康中国和体育强国,实现中华民族伟大复兴具有重要的现实和长远意义。

体育旅游具备三个特点:与体育活动有关、前往异地参与及非商业性动机。从广义上来看,体育旅游涵盖了所有与体育活动相关的旅游活动,如旅游者在旅游活动中从事的身体娱乐、身体锻炼、体育竞赛、体育康复、体育文化交流,以及体育设施场馆参观等各项活动,都可以算作体育旅游的范畴。从狭义上来看,体育旅游则是指以参加体育活动或观看体育赛事为主要目的而前往异地旅游的行为。因此,可以这样定义:体育旅游是非定居者出于非营利目的而进行的以体育为主要内容的旅行和逗留，以及由此引起的各种现象和关系的总和。

体育健康研学旅行，是以体育健康相关内容为对象，以体育健康为目的的一种旅游活动。近年来，"体育"与"健康"日益成为火热的话题。《"健康中国2030"规划纲要》等多项政策文件中有专门关于青少年体育发展的论述，国家对青少年体育发展重视程度不断加深。研学旅行是贯彻落实素质教育的有效途径，也是提高青少年身体素质的有效途径。因此，探索"体育＋研学旅行"新型项目形式，能不断激发学生对体育运动的兴趣，帮助学生提高身体素质。简而言之，体育健康研学旅行是一种以体育行为为对象，以强身健体为目的，融教育性、体验性、趣味性（休闲性、娱乐性）于一体的旅游活动。

二、体育健康研学旅行资源分类

概括来说，体育旅游资源是能够激励人们产生体育旅游动机，吸引人们产生体育旅游行为的诸事物的总称。体育旅游资源包括在自然界或人类社会中能对体育旅游者产生吸引力，并能进行体育旅游活动，能被旅游业利用且能产生经济、社会和生态效益的客体。具体来看，体育健康研学旅行资源包括体育旅游所需要的自然风景、气候、地理环境，也包括体育赛事、民俗体育、体育休闲养生等相关活动，以及与体育旅游相关的体育设施、体育文化公园、酒店等资源和能为大众提供赛事观看、度假休闲、体育训练的各种体育旅游活动。

体育旅游至少包含两个层面的信息：一是体育旅游资源包含与体育旅游活动相关的一切有形的或无形的旅游资源和体育资源，至少包括旅游地的资源、客源、文化、服务、体育事务和人物、体育现象等；二是旅游资源必须能和体育资源有机结合，或具备潜在结合能力，并具有旅游吸引潜力。

此外，还可以将我国的体育健康研学旅行资源划分为自然体育旅游资源和人文体育旅游资源两大类。其中，自然体育旅游资源又分为高山、峡谷、河流等共七大亚类；人文体育旅游资源又分为参与型和观赏型两大亚类。

（一）自然体育旅游资源

1. 高山体育旅游资源

高山体育旅游资源是山岳型旅游的一种。高山体育一般在体量巨大或绝对高度和相对高度较高，具有一定切割深度的高山上进行。如，云南的玉龙雪山、白沙古镇等依托地理优势开设徒步探险路线、高尔夫球场、滑雪场、漂流线路及各类体育赛事（越野跑）等。山峰是登山爱好者的绝佳去处，近年来登山运动快速发展。高山体育资源包括高山草原。例如，万时山是唯一处于华南五省中三省交界处的山，万时山有高山草原，在气温宜人的春天，草原茂盛，能开展滑草运动，集休闲和旅游于一体。

2. 峡谷体育旅游资源

峡谷，即指狭而深的河流谷地，其主要特征为剖面，常呈"V"字形，谷坡陡峭、切割深。峡谷属河流地貌，也是风景地貌，它作为地貌的同时，也是一种独具魅力的旅游资源，是开展峡谷探险体育旅游的绝佳资源，只是对于中小学生有所限制。

3. 河流体育旅游资源

水利风景资源为水域（水体）及相关联的岸地、岛屿、林草、建筑以及观光、休闲、娱乐设施等对人产生吸引力的自然景观和人文景观。依托这些水域体育旅游资源，可开展的水域体育旅游活动有漂流、游泳、垂钓、划船等。

4. 湖泊体育旅游资源

从供给者角度看，湖泊旅游是利用湖泊的水文形态、自然景观、生态环境、人文积淀和游乐设施，向旅游者提供全方位的服务与产品；从需求者角度看，湖泊旅游是体验湖泊的特殊景观环境，进行以湖泊为依托的各种活动为目的的旅游经历，可设计与打造诸多的"亲水运动"专题旅游产品。

5. 现代冰川体育旅游资源

冰川即指现代冰川。白雪皑皑、水晶宫殿般的现代冰川，是雅俗共赏、引人入胜的旅游佳地。冰川地区有着独特的风景、丰富多样的地形，其赋予游客的不仅仅是精神的享受、意志的磨炼、胆量的考验，还可以提高游客的体能。相比于传统旅游项目，现代冰川体育旅游项目极具挑战性。山区地势平缓，滑雪难度较小的景区，是良好的普及型雪场，适合年纪较小的学生。

6. 温泉体育旅游资源

温泉是泉水的一种，是一种由地下自然涌出的泉水，其水温高于环境年平均温度 5 ℃左右或 10 ℉以上。温泉中的矿物质会透过人的皮肤促进人身体的血液循环，加速新陈代谢。温泉不仅可以开发养生旅游，还可以利用独有资源打造温泉游乐、温泉研学和温泉营地等新业态旅游产品。

7. 生物体育旅游资源

生物体育旅游资源是指具有观赏、科研功能，并能为旅游业所利用的生物。它们是自然旅游资源中较富有活力和生机的组成要素。利用生物旅游资源不仅能开发观赏性旅游，更能开发体育类旅游。如，西沙群岛各岛屿有着极为丰富的珊瑚、热带鱼，并且有着水质清澈的海域，非常适合海底观光游览，在深水区可采用海底观光船进行观赏，在浅水区可以以潜水的方式观赏。也可开展近岸垂钓、坐船到海中垂钓、近海捕捞等渔业休闲活动。森林植被组成以常绿阔叶类植物为主，混生一些落叶类植物，可以进行科普活动教育、森林徒步、攀爬、野外 CS 等项目。

（二）人文体育旅游资源

人文体育旅游资源可分参与型体育旅游资源与观赏型体育旅游资源。参与型体育旅游资源又可分为休闲度假型、强身健体型和激情冒险型；观赏型体育旅游资源又分为民族民俗节庆、传统民俗体育、体育赛事、体育场馆、体育博物馆等。

1. 参与型体育旅游资源

（1）休闲度假型。

此类活动包括公园休闲体育、射箭骑马等。适合在草原开展的体育旅游项目有很多，骑马是草原的传统旅游项目，也较具代表性。射箭是历史悠久又流传至今的项目，它在现代体育运动中占据较大比例，得到许多民众的青睐。赣江沿线开发了漂流、打水仗、划船、游泳等项目。南昌魅力赣江水上乐园是游泳、冲浪、休闲、水上乐园中心,同时还开发了快艇、沙滩摩托、沙滩排球、热气球、帐篷露营等项目。

（2）强身健体型。

登山、素质拓展、营地活动、户外徒步等活动是能提高人身体素质、强身健体的项目,开发者可利用自然环境开展徒步、登山、越野跑、定向越野等户外运动项目。此外,还可以举办登山比赛。

（3）激情冒险型。

此类活动包括漂流、潜水、冲浪、攀岩、跳伞、蹦极等。参加此类极限运动能满足学生追求刺激的心理需求,达到挑战自我、突破极限、超越自我的目的。如,冰雪体育旅游是满足人们对冰雪体育活动的参与、体验、观赏的需求。另外,体验冰雪特色项目还能达到锻炼身体的目的。

2. 观赏型体育旅游资源

（1）民族民俗节庆。

这些项目种类繁多,同时也具有高度的娱乐、表演、竞争和传承等特征,支撑着整个地区体育旅游的发展。这些具有代表性的表演和娱乐项目,对于吸引旅游者发挥着重大的作用。如,广西地区武鸣"三月三"歌圩节,举办千人竹竿舞、千人广场舞、板鞋比赛、武术擂台赛、抢花炮、抛绣球、马术表演、滚铁环、打陀螺、街舞大赛、顶竹杠、斗鸡、斗鸟等活动。

（2）传统民俗体育。

民俗体育是指那些与民间风俗习惯关系密切,且主要存在于民间节庆活动、祭祀活动中的体育项目。世代传承和延续的体育文化形态,具有集体性、传承性和模式性的特点,主要代表有舞龙、划龙舟、放风筝、叠罗汉等。

（3）体育场馆、体育博物馆。

国家体育场（鸟巢）、国家游泳中心（水立方）和奥林匹克体育中心等,这些现有体育场馆是开发体育竞技类、旅游演艺类产品的良好资源。金山岭国际射击场,设有射击馆、射击场、运动员公寓、飞行体验馆以及配套设施,在满足射击训练需求的基础上,预留有射箭馆、真人CS厅、CS彩弹厅、接待中心（餐饮中心）等设施。

体育博物馆作为陈列、保存体育文化实物的公共文化教育场所,是展现体育文化发展水平以及开展群众性体育文化宣传的重要窗口与载体。体育博物馆的建设不仅对体育事业发展有重要的文化服务作用,而且为保存和研究体育文化遗产提供了必要的物质支撑和保障。通过馆藏体育文物陈列、大型赛事赛后体育文化遗产展览等方式,学生可以了解体育文化,热爱体育文化并投身体育文化宣传。

三、体育健康研学旅行资源特点

（一）自然存在性

体育旅游资源包括自然和人文资源,形成的基本条件是地理环境的差异性。在自然景观方面,山地、湖泊、海滩等地理环境都为体育旅游提供了得天独厚的条件。在壮丽的山地地区,游客可以进行徒步、攀岩、滑雪等户外运动,感受大自然的魅力;在宁静的湖泊边,游客可以享受划船、戏水等水上运动的乐趣。海洋更是冲浪、潜水等水上运动的理想场所。人文景观也是体育旅游资源的重要组成部分。各地的历史文化、民俗风情都为体育旅游增添了独特的魅力。在古城古镇,游客可以体验传统的民间体育活动,如舞龙舞狮、赛龙舟等;在少数民族地区,游客可以欣赏丰富多彩的民族体育活动,如蒙古族的摔跤、苗族的跳花等。

(二)吸引性

体育旅游资源必须具有吸引体育旅游者的能力,才能进一步开展体育旅游活动。首先,资源需具备美学价值,满足旅游者的审美需求。其次,应能激发旅游者释放情感。再次,通过参与体育旅游活动,旅游者能充实自我。最后,应能挑战旅游者的自我极限。

(三)地域性

地域性是指体育旅游资源分布具有一定的地域范围,存在地域差异,带有地方色彩。其一,由于地域分异因素(纬度、地貌、海陆位置等)的影响,自然环境因素如气候、地貌、水文、动植物出现地域分异,从而导致自然旅游资源出现地域性的差异。如,赤道雨林景观、温带大陆内部的荒漠景观、南极的冰川景观等分别出现于不同的地表区域,各地域可供开发的体育旅游项目就存在较大差异。其二,人文景观与自然环境相互依赖,自然景观的地域性也影响了人文景观的地域性,分布在不同地区的不同民族拥有不同的体育文化,各种民族传统体育活动和节庆也备受旅游者喜爱。

(四)季节性

由于地理纬度、地势、气候等差异,体育旅游资源同样具有季节性的特点。受季节性影响,体育旅游资源对旅游者的吸引力有所不同。此种季节性特点主要体现在两方面:其一,自然旅游资源自身的季节变化制约着体育旅游活动的形式,或者说,季节因素对体育项目的实施产生影响。以我国为例,冬季时大部分景区无法开展游泳、漂流、潜水等水上项目,而夏季则不适合开展滑雪、滑冰等运动;其二,游客来源地及旅游资源所处的环境亦具有季节性,这对旅游者的生理和心理产生不同程度的影响,从而导致旅游者对体育旅游的需求有所差异,比如人们选择在适宜的季节开展体育旅游活动。

(五)多样性

体育旅游资源是旅游资源与体育运动的结合,体育运动充实了旅游资源的内容。根据《中华民族传统体育志》记载,我国有民族体育项目977项,这些项目源于自然并在自然环境中发展,与自然景观相融合,在特定的地域中形成了各具特色、种类繁多、形式多样的体育旅游资源。此外,体育旅游资源的多样性还表现在旅游者需求的复杂多样性方面。

(六)客源的重复性

体育旅游的独特之处在于,人们在亲身体验后往往会逐渐喜爱上某一类项目,并很享受它带来的美好感觉。因此,游客会产生再次体验的愿望,从而使体育旅游资源得到

Note

多次利用。相较于自然和人文旅游资源,体育旅游资源的重复游览率较高。特别是高难度、富有刺激性的项目,更是体育旅游参与者经常重新体验的高频项目。这种旅游形式挑战和突破旅行者内心的障碍,使他们在不断超越中具有满足感和成就感。

四、体育健康研学旅行的价值

(一)提供针对性训练,增强体能素质

在体育类活动中增强孩子的身体素质、提高体能是大多数家长的直接需求。在营地,学员可以深入学习体育相关知识,营地能突破传统的体育教学模式,全方位地向学员展示体育运动的独特魅力。这种教学模式不仅有助于学员在体育活动中学习和掌握相关知识和技能,还能逐步提升他们的体能水平,使他们更加勇于接受体育挑战。例如,在体育研学旅行课程中,学生需要徒步完成各课程地点之间的移动,通过精心设计的体验课程和竞技课程,结合运动训练,营地可以合理调控课程的时间和学生的运动量,从而有效提高学生的运动能力。

(二)宣传健康知识,养成健康习惯

体育健康研学旅行课程根据学生身体情况、年龄等条件科学制订行程计划,让学生在老师的鼓励下、同伴的督促下,在整个研学过程中做到"饮食有节,起居有常",有利于学生形成健康的生活节奏。在整个行程中,研学导师根据不同环节,有针对性地传授中小学生所需的健康知识,规范学生的健康行为。同时,助理老师还会密切关注学生的不健康行为,并及时予以纠正,以强化学生的健康意识。体育健康研学旅行课程注重体育运动氛围的营造,通过杰出榜样、真实案例等显性教育和隐性教育的融合,唤起学生的运动意识,有助于培养学生健康的生活观念。例如,"小小急救员,'救'在身边"项目,采用双向互动的体验式教学方式,教授学生在紧急情况下如何正确拨打120,以及在日常运动中发生意外伤害时的自救互救方法。同时,学生还能将学到的简单实用的急救知识带回家,惠及身边有需要的人。

(三)弘扬体育精神,培养体育品德

在体育核心素养中,体育品德是非常重要的组成部分,研学主题也需要将这个维度考虑在内,包括体育精神、体育道德。在体育类研学旅行课程中,学生通过完成手册任务、亲身体验、导师指导等多种方式,以及小组合作、个人分工、比赛竞技等形式,深入学习和掌握相关体育运动知识和技能,并完成相关实践活动。这一过程中,学生可以逐渐提高体育精神。以"重走长征路"为例,学生在教官的带领下,整齐排列,模拟红军队伍,沿着红色基地的长征路线展开徒步旅行活动。学生通过跋山涉水,互帮互助,品尝干粮,可以亲身体验长征的艰辛,从而深刻铭记长征精神。这样的研学旅行不仅是让学生出点力、流点汗,更是在考验他们的意志。再如,"旱地冰球"活动不仅是一场智慧与速度的比拼,更需要通过团队协作,集体力和智力于一体,是一项需要个人智慧与团队智慧相配合的运动项目。

第二节　体育健康研学旅行项目开发

体育健康研学旅行可以增强学生的体质、培养学生的生存能力、磨炼学生的意志。体育健康研学主题设计应围绕增强学生的体能素质、养成的健康行为习惯、培养良好的体育品德三方面进行编排设计,也应在主题开发中注意这些关键点。

一、体育健康研学旅行项目概念

体育健康研学旅行项目是借助体育旅游资源开发的、以体育旅游者和当地居民为对象,为其提供健身娱乐和休闲消遣服务,具有持续吸引力,并以实现经济、社会、生态环境效益为目标的旅游项目。结合体育旅游产品的分类,我们从开发的视角,将体育研学旅行项目分为两大类:观赏型体育健康研学旅行项目和体验型体育健康研学旅行项目。

观赏型体育健康研学旅行项目就是让中小学生主要通过视听感官对体育活动、体育赛事、体育建筑场馆场地、体育艺术景点以及各具特色的体育文化进行欣赏体验的,旨在从中获得愉悦感受的旅游项目。观赏型体育健康研学旅行项目包括体育观战项目和体育观光项目。体验型体育健康研学旅行项目是指旅游者直接参与的,以康体、健身、娱乐或者追求惊险刺激为目的的体育旅游项目。

二、体育健康研学旅行项目设计原则

（一）市场导向原则

体育健康研学旅行项目的开发需以市场需求为导向,深入研究市场需求及变化趋势。通过市场调研,了解游客的需求,以游客为中心,针对不同地区、不同层次及不同消费市场的需求,充分利用丰富的资源优势,进行策划、设计、组合和包装,打造出多样化、多功能化的体育健康研学旅行产品。以此不断扩大消费群体、消费规模及提高消费品质,提升旅游地的经济效益。

（二）因地制宜原则

体育健康研学旅行项目策划需紧密结合当地资源条件。地理、社会、经济、文化等因素造成资源区域性差异,市场需求和偏好也因地而异。因此,保持区域体育旅游吸引力需发挥资源特色。开发体育旅游资源时,应避免模仿和重复,精准把握市场需求和发展趋势,发挥比较优势,开发具有地域特色的研学旅行项目,塑造品牌核心竞争优势,形成特色形象,营造良好的氛围和意境。

（三）创新性原则

在现有体育旅游资源的基础上,推动体育健康研学旅行项目的创新升级,以使其符

合市场需求。创新原则可概括为"人无我有,人有我新,人新我奇"。现代旅游更注重动态体验,体育健康研学旅行因创新性和参与性受到欢迎。项目策划应注重创新,一方面要突出项目的个性,结合民族文化打造特色主题;另一方面要重视创新性组合,优化资源配置,打造更具潜力和市场需求的旅游项目。

(四)差异化原则

为满足旅游者的多样化需求,体育健康研学旅行产品的开发须呈现出多层次、全方位的特点。依据旅游者的不同喜好,开发出不同价位和不同档次的差异化产品。各单项体育健康研学旅行产品之间的构成比例应保持协调、合理且具有互补性,以便充分利用当地旅游资源,避免恶性竞争,从而推动整个行业的健康发展。

(五)可持续发展原则

体育健康研学旅行产业对环境依赖性强,开发过程中需注重可持续发展,确保与生态环境的良性互动。在保护生态环境和人文资源的基础上,实现合理开发与科学管理,优化资源配置,使体育旅游经济效益与生态效益相互协调,避免出现"先污染后治理"的困境。体育健康研学旅行项目的开发需实现社会、经济和环境的可持续发展,形成区域体育健康研学旅行的良性循环。产品本身也应具备可持续性,避免跳跃式开发。生态化场馆建设、绿色营销理念等体育旅游发展新模式正在改变着传统的发展模式。

三、体育健康研学旅行项目设计内容

(一)体育健康研学旅行项目的名称

项目名称的设计在项目初始阶段对旅游者的兴趣具有至关重要的作用。一个优秀的研学旅行项目名称不仅能为项目增色,同时,它也是帮助中小学生牢记研学旅行项目的重要手段。因此,在命名研学旅行项目时,应在深入理解和把握中小学生心理的基础上,力求通过富有形象联想和创新精神的名称来吸引旅游者。

(二)体育健康研学旅行项目的风格

体育健康研学旅行项目设计的核心要素之一是明确项目的特色与风格,并对项目的外观设计导向进行限定,以便旅游者能够更好地领略和理解其中蕴含的内容。具体来说,研学旅行项目的风格设计包括以下几个方面:①项目中主要建筑物的规模、形状、外观、色彩以及材质;②建筑物内部装饰的风格,如内部空间的分隔、装饰以及所用材料;③项目相关的旅游辅助设施和旅游服务的外观、形状和风格,如旅游项目的路标、垃圾箱、停车场、购物商店、洗手间以及旅游餐厅提供服务的标准和方式等。

(三)体育健康研学旅行项目所处位置及占地面积

在规划设计中,需明确旅游项目的地理位置、占地面积及研学旅行项目能够涵盖的地理范围。同时,需详细规划建筑整体布局,包括各建筑的位置和间距,确保空间布局合理且功能性强。此外,需充分考虑旅游项目的开放空间大小和布局,以满足游客活动需求,提升游客游览体验感。应以严谨、稳重的态度考虑这些规划要素,确保项目顺利建设和运营。

(四)体育健康研学旅行项目的产品体系

体育健康研学旅行项目设计要明确项目的主导产品以及支撑产品等,以便形成完整的旅游产品体系。

(五)体育健康研学旅行项目的实施与管理

体育健康研学旅行项目设计并非仅局限于文本与图纸层面,还需关注项目日后的运营与管理。因此,研学旅行项目设计需对工程建设管理、日常运营管理、服务质量管理以及经营成本控制等方面进行合理规划。

四、体育健康研学旅行项目设计程序

(一)体育健康研学旅行项目环境分析

在策划体育健康研学旅行项目时,首先需关注竞争对手的动态以及影响景区开发与运营的各项环境因素。对景区内部环境进行评估,主要包括自然资源、人力资源及财力资源的分析;外部环境分析则着重于旅游市场需求状况、竞争格局及需求趋势的研究。对景区内外环境的分析有助于项目设计者找到项目的创新点或本景区与其他景区项目之间的差异点。

(二)体育健康研学旅行资源特色分析

体育健康研学旅行项目的内涵与形式应立足于地域特色资源,因此在项目设计过程中,策划者需对开发地的旅游资源、周边环境及关联资源进行深入调研,全面剖析,以确定各功能区域的资源特色。同时,对比全国及周边地区的相似资源,总结差异,撰写资源评估报告,为项目设计奠定基础。

(三)体育健康研学旅行项目策划的市场调查

在旅游市场调查中,应先进行游客调查。认真研究游客的行为,认清游客行为的时空特征,游客在目的地的空间流动线路对商业业态空间布局具有决定性影响。然后,对竞争对手进行调查,了解竞争对手与自己的共同点与差异点,分析双方的优势与劣势。依据调查结果,分析市场需求,提出项目精确的市场定位与市场目标。

(四)体育健康研学旅行项目的初步构想

通过前期的环境分析、资源调查和市场调查,规划者可对项目区域的发展方向进行定位,包括初步的主题定位、发展目标定位、功能定位、运营战略定位等,提出项目的初步构想。

（五）体育健康研学旅行项目构思的评价

研学旅行项目构思完成之际，规划者应从市场需求规模、项目建设、运营成本以及项目生命力等多方面对项目构思进行全面评估。通过这种评估，规划者可淘汰成功概率较小的项目构思，保留那些成功概率较大的构思。

（六）体育健康研学旅行项目的详细设计

研学旅行项目的详细设计是对认定为可行的项目策划构思进行深化和具体化的过程，既要对项目创意进行持续优化，也要关注细节，将较为抽象的研学旅行项目转变为具有地方特色且受游客喜爱的实际产品。设计内容包括功能布局、游憩方式规划、景观概念策划、商业模式设计以及运营管理等。

在体育健康研学旅行项目的详细设计中，游客体验始终是贯穿始终的主线。开发设计体育资源时，应以游客需求为核心，同时强调游客的主动参与和个性化体验。

1. 提炼合适的主题

吸引人的体验始于一个独特且引人注目的主题。为了创造这样的体验，需从感官、娱乐、情感、文化和服务等方面深入分析游客需求，挖掘产品的核心，进而设计出精练且独特的主题。一个吸引人的主题对于游客的体验至关重要，它能给游客留下深刻印象，这通常也是游客满意的关键。

2. 体验场景设计

体育健康研学旅行产品体验场景的打造，需根据主题及活动项目精心布置活动装饰、布景和道具，以增强环境的体验感。此举旨在聚焦游客注意力，激发游客兴趣，帮助他们达到最优体验效果。

3. 活动项目的体验化设计

体验旅游的核心是体验活动项目的设计，这对旅游地的吸引力至关重要。如今，学生更重视旅游体验，期待在旅行中感受文化魅力和享受冒险运动。因此，设计体验活动时，应首先强调活动为游客带来的多样化文化体验。开发者需利用现有资源，将体育项目打造成多幕舞台剧，让学生既是观众也是演员，收获多元体育文化。同时，开发者应强化活动的参与性和创新性，使学生沉浸在仿真氛围中，获得刺激和新奇感。策划和设计体验活动项目时，需注意以下几点：首先，强调体验项目的故事性，创作有吸引力的故事情节，如神话、科幻、冒险等，并将它们融入活动设计中；其次，控制体验项目的节奏，确保每项活动都有精彩环节；最后，考虑项目的可评价性，选取定量评价指标体系作为检验标准，不断完善项目。

4. 营造完整的体验氛围

仅依赖主题和体验活动项目，不一定能使游客产生深刻印象。为给游客留下深刻印象，设计者必须创设逼真的氛围和特色"剧本"，使游客全然沉浸于情境之中。在体育健康研学旅行产品景观开发过程中，设计者需善用音乐、光线、色彩、气味、语言等元素，营造主题体验氛围，以增强产品的感染力和吸引力，激发游客兴趣。

5. 体验活动项目及形象整合设计

在体验经济背景下，在景观体育产品的设计中，主题的地位至关重要。在根据主题策划活动项目和塑造形象时,必须深入挖掘主题的内涵,而不能仅停留在主题名称或其他表象层面。体验型研学旅行产品的主题能否被学生理解,以及学生接受的程度如何,主要取决于活动项目和形象对主题的诠释是否生动。在一定程度上,活动项目和形象较易被学生感知,相较于高度提炼的主题,学生更易于投入到活动项目和形象中。尽管体验型景观体育产品的活动项目丰富多样,但学生往往仅能参与其中的一部分。当学生未能在活动中获得完整的体验时,便会借助形象对活动项目进行补充,以拓展体验空间。具体的方法包括通过加强景观体育形象的推广,以及设计富有生动性的旅游纪念品等,向学生传递相关信息,从而不断完善学生的旅游体验。

本章小结

　　体育健康研学旅行是一种以体育行为为对象的旅游活动。自然体育旅游资源有高山体育旅游资源、峡谷体育旅游资源、河流体育旅游资源、湖泊体育旅游资源、现代冰川体育旅游资源、温泉体育旅游资源、生物体育旅游资源;人文体育旅游资源有:参与型体育旅游资源(休闲度假型、强身健体型、激情冒险型)、观赏型体育旅游资源(民族民俗节庆、传统民俗体育、体育场馆和体育博物馆)。体育健康研学旅行资源表现为自然存在性、吸引性、地域性、季节性、多样性、客源的重复性等。体育健康研学旅行的价值有:提供针对性训练,增强体能素质;宣传健康知识,养成健康习惯;弘扬体育精神,培养体育品德。体育健康研学旅行项目设计应遵循市场导向、因地制宜、创新性、差异化、可持续发展原则。体育健康研学旅行项目设计的内容包括名称、风格、所处位置及占地面积、产品体系和研学旅行项目的实施与管理等。体育健康研学旅行项目设计的程序,包括体育健康研学旅行项目环境分析、体育健康研学旅行资源特色分析、体育健康研学旅行项目策划的市场调查、体育健康研学旅行项目的初步构想、体育健康研学旅行项目构思的评价、体育健康研学旅行项目的详细设计共六个步骤。其中,项目的详细设计又包括提炼合适的主题、体验场景设计、活动项目的体验化设计、营造完整的体验氛围、体验活动项目及形象整合设计等。以此打造满足中小学生甚至社会大众需求的项目,为"健康中国"做出切实有效的行动。

课后训练

一、填空题

　　(1)从狭义上来看,体育旅游是指以_____或观看体育赛事为主要目的而前往异地旅游的行为。

　　(2)体育健康研学旅行是一种以_____为对象,以强身健体为目的,融教育性、体验性、趣味性(休闲性、娱乐性)于一体的旅游活动。

　　(3)体育旅游资源是能够激励人们产生体育_____,吸引人们产生体育旅游行为的诸事物的总称。

在线答题

Note

二、思考题

（1）请简述体育健康研学旅行资源特点。

（2）请简述体育健康研学旅行资源价值。

（3）请简述体育健康研学旅行项目开发设计原则。

（4）请简述体育健康研学旅行项目开发设计内容。

（5）请简述体育健康研学旅行项目开发设计程序。

第八章
劳动教育研学旅行项目开发

本章概要

　　本章主要介绍劳动教育的内容、意义;劳动教育研学旅行项目主题定位、劳动教育实施框架;劳动教育研学旅行基地规划,包括基地的传统类型、基地的规划原则、基地的规划方法、基地的规划、基地的发展趋势、基地实践项目等。

学习目标

知识目标

(1) 了解劳动教育的内容、意义。

(2) 了解劳动教育研学实践基地的传统类型、基地的规划原则、规划方法等。

能力目标

(1) 掌握劳动教育研学旅行项目主题定位。

(2) 掌握劳动教育研学旅行实施框架。

(3) 掌握劳动教育研学旅行基地规划方法、规划原则等。

(4) 掌握劳动教育研学旅行实践项目。

素质目标

(1) 具备热爱劳动、热爱生活的素养。

(2) 具备创新精神与社会责任感。

知识导图

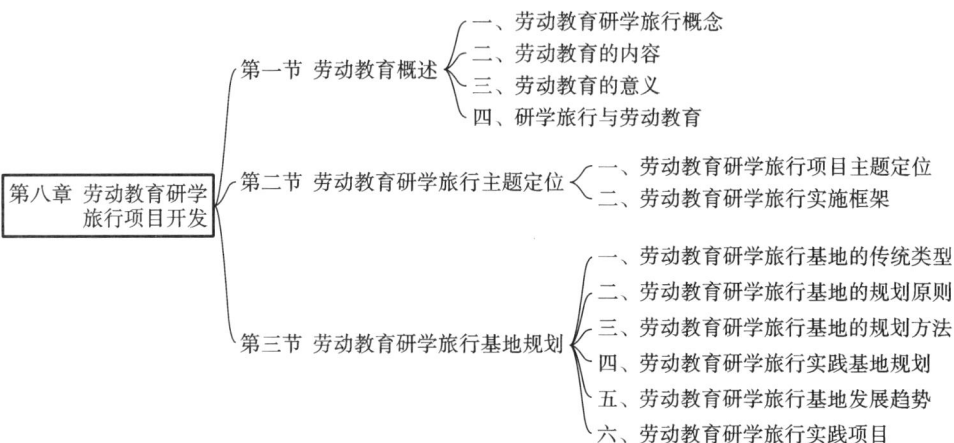

第八章 劳动教育研学旅行项目开发

第一节 劳动教育概述
一、劳动教育研学旅行概念
二、劳动教育的内容
三、劳动教育的意义
四、研学旅行与劳动教育

第二节 劳动教育研学旅行主题定位
一、劳动教育研学旅行项目主题定位
二、劳动教育研学旅行实施框架

第三节 劳动教育研学旅行基地规划
一、劳动教育研学旅行基地的传统类型
二、劳动教育研学旅行基地的规划原则
三、劳动教育研学旅行基地的规划方法
四、劳动教育研学旅行实践基地规划
五、劳动教育研学旅行基地发展趋势
六、劳动教育研学旅行实践项目

章节要点

（1）劳动教育研学旅行项目主题定位、劳动教育研学旅行实施框架。

（2）劳动教育研学旅行基地的传统类型、基地规划原则、基地规划方法、基地规划等。

学习导入

"崇左雨花石"特色农业示范区
中小学劳动实践课程

雨花石生态旅游区位于广西崇左市江州区太平街道公益村冲登屯，地处左江河畔，石岩色彩和形状独具特色，多彩的雨花石颗粒堆积成圆鼓肥厚的五彩石岩。该景区已经建成中小学生研学实践基地。通过基地的劳动教育课程，学生可以进行观察、记录、采访、调查、实践等活动，提高学生综合运用知识和研究、解决问题的能力。

基地的劳动课程围绕着劳动教育基本理念和总体目标，充分利用基地已有的课程资源，针对不同学段学生的特点，设计了以日常生活劳动、生产劳动为主要内容的劳动实践课程。利用主题活动、实地体验、项目学习、合作探究等不同的学习方式，激发学生的劳动兴趣和创造力，从而实现树德、增智、强体、育美的综合育人效果。示范区课程内容规划表如表 8-1 所示。

表 8-1　示范区课程内容规划表

序号	劳动主题	课程主题	设计依据
1	传统工艺制作	创意雨花石	园区为雨花石地貌特色国家 4A 级旅游景区，拥有特色石样资源，可进行手工洗选和创意设计
2	农业生产劳动	生态小菜园	园区已获得"广西现代特色农业核心示范区"（三星级）称号，并有效利用雨花石地貌开垦特色菜园，以及对菜园中应季种植的蔬菜展开设计
3	农业生产劳动	蔬菜园里学种植	
4	现代服务业劳动	我是景区讲解员	利用"崇左雨花石"国家 4A 级景区资源，以职业体验教育，进行现代服务业劳动设计
5	传统工艺制作	中草药香囊制作	园区已获得广西林下经济精品示范基地（中草药类），以及园区优质资源是拥有原生态山体地貌和多种一、二级野生保护植物等，可以进行对比设计
6	烹饪与营养	木棉花茶艺	园区拥有木棉树生态景观，可进行对比设计
7	农业生产劳动	柑橘采摘我来做	园区已获得"广西现代农业示范区"（三星级）称号，对配套的农业资源进行设计
8	传统工艺制作	我学非遗技艺	园区特色竹林景观

（资料来源：左江花山投资股份有限公司）

人类历史的产生与劳动的产生是同一个过程，人类的发展史就是一部劳动史。劳动把人与动物区分开来。恩格斯指出，劳动创造了人本身。高尔基曾说，劳动是世界上一切欢乐和一切美好事情的源泉。只有通过劳动，才能体现出个人价值，而这些价值才是我们生存在这个世界上的意义。中共中央、国务院于 2020 年 3 月印发的《关于全面加强新时代大中小学劳动教育的意见》指出，劳动教育是中国特色社会主义教育制度的重要内容，直接决定了社会主义建设者和接班人的劳动精神面貌、劳动价值取向和劳动技能水平；把劳动教育纳入人才培养全过程，贯通大中小学各学段，贯穿家庭、学校、社会各方面，与德育、智育、体育、美育相融合。劳动教育是个人成长所必须的，可以促使学生热爱劳动、热爱生活，它的实践过程有着创新精神，劳动可以培养学生的社会担当及责任感，有利于促进中小学生形成正确的世界观、人生观、价值观。

第一节　劳动教育概述

一、劳动教育研学旅行概念

劳动教育研学旅行是一种以劳动内容为对象,融教育性、体验性、趣味性(娱乐性、休闲性)为一体的旅游活动。

《现代汉语词典》(第7版)对"劳动"一词有三种解释:一是人类创造物质或精神财富的活动;二是专指体力劳动;三是进行体力劳动。由此可见"劳动"二字本身就内涵丰富。当劳动和教育结合为劳动教育时,劳动的价值与意义就更加明显了。

2015年,教育部联合共青团中央、全国少工委印发了《关于加强中小学劳动教育的意见》指出,要将校外劳动纳入学校的教育工作计划……结合研学旅行、团日队日活动和社会实践活动,加强城乡学生交流,组织学生学工学农。2020年,中共中央、国务院印发的《关于全面加强新时代大中小学劳动教育的意见》要求,将劳动素养纳入学生综合素质评价体系,制定评价标准,建立激励机制,组织开展劳动技能和劳动成果展示、劳动竞赛等活动,全面客观记录课内外劳动过程和结果,加强实际劳动技能和价值体认情况的考核。因此,以研学旅行作为校外劳动教育的载体,是学校劳动教育创新的重要形式。通过有目的、有计划地组织学生参加研学劳动,"让学生动手实践、出力流汗,接受锻炼、磨炼意志,培养学生正确劳动价值观和良好劳动品质",学生能够提升劳动素养。

二、劳动教育的内容

(一)自我服务劳动

自我服务劳动即个人生活自理、家务劳动和环境整洁、美化等日常性劳动。从小学一年级开始就应该要求学生整理房间,打扫庭院,清洗自己的衣服等,随着年龄的增长还应逐步要求他们学习收拾衣物、做饭菜。到中学,学生要逐渐学会主要的家务劳动。自我服务劳动,既能培养学生独立生活能力,也增强了他们关心别人、承担义务的责任感,这种美德和习惯有自发的扩散力,将使学生终身受益。自我服务劳动可以帮助学生协调家庭生活及建设和谐文明社会,看似小事却蕴含着重要的教育意义。

(二)手工劳动

手工劳动是一种通过人的双手和简单工具进行的劳动,依靠个体的技能、创造力和劳动力完成特定任务或创造具有实用或艺术价值的产品。不论机器设备和工艺过程多么复杂和现代化,手工劳动在任何时候都是不可能被完全取代的。技术工艺越复杂,在掌握工艺技术之前,人们需要具备的手工劳动的基本技能和技巧就越多。即使在自动化的条件下,为进行控制、修理、安装、技术检查、设备更新所必需的手工技能、技巧,也是不可缺少的。因此,需要从小有计划地参加手工劳动,培养学生动手能力和操作技巧。小学的手工劳动课能促进学生的智力发展。在小学阶段,训练学生手脑并用,培养他们对科技制作、艺术创造的能力和兴趣,适合小学生活泼好动、爱摆弄各种东西的特点,有利于小学生身心健康发展。

(三)社会公益劳动

社会公益劳动是指为社会和他人无偿提供服务或参与义务劳动的行为。这种劳动形式强调个人的奉献精神、社会责任感和对他人福祉的关注。这是一种义务劳动直接服务于社会。社会公益劳动是服务性劳动,各校广泛开展的"学雷锋、做好事"活动,就是这种公益劳动的形式之一。另外,公益性的生产劳动,如参加全民植树活动,协助工程建设做一些力所能及的工作,都是很有意义的。

(四)生产劳动

生产劳动是指为了创造产品或提供服务而进行的劳动活动。它是经济系统的核心,通过组织和运用资源、劳动力和技术,将原材料转化为有用的商品或服务,以满足人们的需求和欲望。中学把劳动技术课列入教学计划,并将其作为学校教育评价的重要内容。劳动技术课主要内容有:关于经济发展和生产管理原理的基本知识;关于作物栽培和管理的基本知识和技能;关于饲养家禽、家畜的常识和技能;主要农业机械的工作原理和操作的基本知识和技能;金工、木工、电工、化工、泥瓦工等的有关知识和技能;各种服务性行业,即第三产业各种专业的基本知识和工作技能。

三、劳动教育的意义

(一)劳动教育有利于增强学生的身体素质

随着经济社会的高速发展,大中小学生的生活方式、学习方式都发生了极大变化。手机、电脑等电子设备已逐渐成为大中小学生学习、生活及娱乐的必备工具,体力活动相对较少。因此,具有磨炼意志品质和强身健体作用的劳动教育逐渐受到了重视,成为备受关注的教育方式和生活体验。

(二)劳动教育有利于促进学生智力发展

当前针对学生的劳动教育,主要是引导学生参与多样化的劳动实践,如手工、综合实践和技术实践等。在这些实践活动中,学生不仅亲自动手,还动脑思考,解决问题,完成劳动任务。当学生将理论知识与实际操作相结合,通过独立思考解决实际问题时,手的劳动与脑的思维相互结合,有助于培养学生的创新思维和提升学生的创造力。

(三)劳动教育有利于促进学生全面发展

教育是"教学"和"育人"两个词的结合。"教学"侧重于学校与课堂中的知识传授,

Note

"育人"则强调在实践中健全学生的人格。劳动教育,是推动学生全面发展的不可或缺之力。通过劳动教育,学生将日常所学运用于实践。在这个过程中,培育学生优秀的思想道德,磨炼他们的意志,让他们养成勤俭节约、勤奋踏实、团结协作的良好品质,从而帮助他们塑造积极、健康的世界观、价值观和人生观,强化他们的社会责任感,激发他们的创新精神。

四、研学旅行与劳动教育

研学旅行是教育教学的重要内容,是综合实践育人的有效途径,有利于推动全面实施素质教育,培养学生成为德智体美劳全面发展的社会主义建设者和接班人。研学旅行与劳动教育均以立德树人为目标,重视教育实效,助力学生树立正确的世界观、人生观、价值观。从整体角度看,研学旅行与劳动教育在基本原则、实践举措等方面均存在密切关联。具体表现如下。

首先,开放性。研学旅行和劳动教育均将学生从课内教育引向课外环境,让学生在生活、生产和服务中观察、认识并体验真实的世界。它们作为学校教育和校外教育的衔接与补充,有助于实现书本知识与生活经验的深度融合,提升学生的综合素质。

其次,综合性。研学旅行与劳动教育均注重实际问题的解决,要求学生在解决问题过程中综合运用多学科知识与方法,打破学科间的壁垒,实现学科教学的有机结合,全面提升学生核心素养,形成协同育人格局。

最后,实践性。研学旅行引导学生走出校园,在不同的环境中拓宽视野、丰富知识、参与体验。在此过程中,劳动成为研学的重要实践方式,学生通过亲历劳动,进行考察、探究、设计、实践,实现动手与动脑的结合,达到学以致用的学习目的。

综上所述,在研学旅行与劳动教育的共性基础上,结合研学旅行开展劳动教育,有助于学生在研学中领悟劳动的价值,为培养学生适应终身发展和社会发展的必备品格和关键能力提供了优质平台。

第二节　劳动教育研学旅行主题定位

一、劳动教育研学旅行项目主题定位

(一) 研中思:树立积极劳动观念

基于研学旅行的劳动教育,主题设计是关键。从知识性、科学性和趣味性等多角度出发策划主题,并通过各个阶段的准备工作,促使学生在个体和小组之间展开深入讨论、交流和分享,从而在参与研学劳动的过程中,帮助他们树立正确的劳动观念。

（二）研中学:培养多维劳动素养

依托研学旅行的劳动教育,应深入劳动教育实践基地、综合实践基地及其他社会资源开展劳动实践。在方案的指导下,学生积极参与劳动,学会团队协作,习得劳动观察、数据搜集、设计及操作等技能。通过亲身体验劳动过程,学生可以提升劳动素养。

（三）研中创:体认创造劳动价值

《教育部等 11 部门关于推进中小学生研学旅行的意见》指出,开展研学旅行有利于推动全面实施素质教育,创新人才培养模式,引导学生主动适应社会,促进书本知识和生活经验的深度融合。学生可以运用劳动知识、技能来解决研学中遇到的问题,并在科学探究、创新创造过程中体认劳动价值,培养创新思维。

综合而言,学生通过研中思、研中学、研中创三个主题,在实践中树立积极的劳动观念。劳动研学项目旨在为学生提供丰富多样的学习体验和成长机会,帮助他们全面发展,以适应新时代对劳动者的需求和挑战。同时,导师的引导和指导将起到关键作用,如帮助学生深入思考、反思和实践,帮助学生将所学劳动教育理念融入实际生活和职业发展中。

二、劳动教育研学旅行实施框架

（一）聚焦劳动任务:劳动教育研学旅行方案设计

劳动教育研学旅行的方案设计,应以学生年龄特征及研学基地的自然、文化特色等为基础确立劳动任务,以学生当下和未来发展所需的劳动知识、劳动技能为设计要点,学生通过实践,掌握自己生活、生存所需的知识与技能。

1. 依托研学主题,明晰劳动任务

在研学前,教师要根据研学主题进行精心辅导,学生以团队形式沟通、协调,在一次次的研磨、讨论中明晰研学劳动任务。以"茶文化"研学旅行活动为例,教师采用集体授课和提问互动的方式,向学生传授中国茶文化的相关背景知识,同时明确研学的目标、要求以及小组组建等内容。学生可自主选择主题,并展开组内与组间的交流。在听取教师和同学的意见或建议后,最终确定小组的研学主题,进而梳理劳动任务,分头查找资料,开展预备知识学习,为劳动体验做好知识储备。

2. 立足劳动任务,设计研学方案

研学方案是研学旅行劳动教育的关键部分,也是较具挑战性的环节。学生在把握劳动任务的基础上,通过方案设计,将自己的经验、能力和他人的经验、能力有机结合,使研学旅行转化为积极的劳动探究和积累的过程。在"茶文化"研学旅行方案设计中,教师应引导学生开展小组讨论,针对劳动任务,从"茶文化"研学成果的有效性和劳动体验的可行性两方面进行思考和设计,制定相应的劳动任务清单并进行分工。

（二）强调知行合一:劳动教育研学旅行的实践

劳动教育研学旅行强调"做中学",将"研"和"劳"结合,在劳动任务的驱动下探索、体验、创新,使知识与劳动相互印证,实现知行合一。

1. 从学到做：以"实操"获得真实劳动体验

劳动教育研学旅行旨在激发学生积极参与劳动的热情，并让他们亲身体验各类劳动方式。劳动教育能够让学生投入到真实世界的劳动实践中，体验劳动的艰辛与快乐，培养他们的劳动观念和劳动习惯。教师需在劳动任务中加强指导，促使学生在课内所学基础上开展实际操作，获得真实的劳动体验。

2. 从研到创：以"问题"促成积极劳动创造

立足于研学旅行的劳动教育，在探索研学地域的习俗与文化的过程中，学生可在习得劳动知识与技能的同时，发现并解决问题，借助各学科知识创新性地解决实际问题，从而"产出具有创新性的劳动成果"，并"深刻体会劳动的价值与意义，学会珍视劳动成果"。这正是劳动教育进一步深化的价值所在。

（三）关注过程与结果：劳动教育研学旅行的评价

劳动教育研学旅行评价，应围绕劳动知识、技能、态度及观念等核心要素展开。为全面评估学生在研学过程中的劳动表现与成果，可创新评价方式，让评价更具针对性、实效性和激励性。研学劳动手册评价可以让学生记录自己在研学旅行中的劳动过程、体验和收获。劳动星级评价可以根据学生在研学旅行中的劳动技能、劳动态度、劳动成果等进行评定。劳动奖章评价可以根据学生在研学旅行中的突出表现，如创新劳动、优秀劳动成果等为学生颁发奖章。通过诸如此类的评价方式，学生可以更好地实现劳动教育的核心目标，同时学生也可以激发劳动热情和竞争意识，在劳动中成长和进步。

劳动教育在中国特色社会主义教育体系中占据重要地位，关系到社会主义建设者和接班人的劳动素养、价值观及技能水平。研学旅行不仅丰富了劳动教育的形式，还深化了学生对劳动知识和技能的掌握。这一举措对于培养学生积极的劳动态度、创新精神和良好劳动习惯都具有重要意义。

第三节　劳动教育研学旅行基地规划

一、劳动教育研学旅行基地的传统类型

劳动教育研学旅行基地是"研学＋产业"模式运行的载体。劳动教育研学旅行基地包含的研学基地类型有农林研学基地、营地研学基地、文化研学基地、科技研学基地四种。

（一）农林研学基地

农林研学基地是研学旅行与农林业组合而成的基地，分为研究型农林研学基地和体验型农林研学基地两种。研究型农林研学基地以参观游览、知识讲解为核心活动。学生通过对现代农业生产生活的直观观察，获取农业知识。此类基地多为农业

生产型基地,在保障生产种植的同时,开展研学旅游活动。此类基地开发主要依托农业科研院所,多数由政府主导推动。体验型农林研学基地则强调生态农业与休闲观光相结合,鼓励学生亲自参与农业生产活动,在实践中学习,在体验中游玩,于轻松愉快的氛围中完成农业知识学习。田园体验型农林研学基地多以旅游活动为主,农业种植为辅,除农业种植板块,还配有农产品加工与交易、购物、游玩、手工、居住、餐饮、教育等功能。

(二)营地研学基地

营地研学基地是户外素质拓展结合研学旅行的产物。青少年拓展教育是一种体验式的户外学习,通过户外拓展训练等系列活动,实现磨砺意志、增强自信、健全人格以及提升团队协作能力等教育目标。青少年拓展基地主要以专业化的户外拓展营地为主,这些营地多设立在远离市区的自然环境中。营地内除了餐厅、宿舍等基本生活设施外,还配备了拓展场、竞技场等训练设施,以及医务室等辅助保障设施。

(三)文化研学基地

文化研学基地是由研学旅行与文化体验组合而成的。文化体验主要包括传统文化和红色文化两大类。传统文化类研学旅游基地的重点在于深入挖掘并展示本地区独特且有价值的传统生产劳动项目和民间技艺项目。这些活动不仅具有显著的地域特色,更能让参与者从中领略到人民群众的生存智慧以及人与自然和谐共生的深刻理念。红色文化类型的研学活动,主要聚焦在革命老区,通过组织各类劳动项目,如农耕、编织、制作红军生活用品及餐食等,使参与者能够亲身体验并传承革命先辈的艰苦奋斗和不怕困难的精神。

(四)科技研学基地

研学旅行与科技产业结合形成科技研学基地。科技研学基地主要通过虚拟现实(VR)、增强现实(AR)、静动态多维等新型科技手段来进行科技体验或者技术展示,以达到科学教育的目的。它主要可分为三类:展馆类、科研类及科技园区类。劳动教育科技研学基地是一个集教育、实践和科技创新于一体的综合性平台。它的建立旨在培养学生的劳动意识、实践能力和创新精神。在这个基地中,学生可以接触各种各样的劳动实践项目,包括手工制作、农业种植、机械制造等。劳动教育科技研学基地还注重培养学生的科技创新能力。基地配备了先进的科技设施和实验室,为学生提供了良好的创新环境,学生可以接触最新的科技知识,并参与各种科技项目的研究和开发。通过劳动实践和科技创新的结合,学生不仅能够拓宽视野,还能够激发创新思维和创造力。

二、劳动教育研学旅行基地的规划原则

(一)安全易用性原则

劳动教学场所的安全对于劳动教育的顺利进行具有至关重要的作用,只有确保各

项教学内容在安全环境下进行,才能实现劳动教育的目标。然而,劳动教育的内容丰富多样,为实现教学目标,需使用各种教具。这些辅助教学工具在保证学生安全的基础上,还应具备便捷使用的特性,保障教学目标的顺利实现。

(二)趣味益智性原则

劳动教育研学旅行基地的建设与常规校园有所不同,它需兼具趣味性和益智性。劳动教育的目标在于全面提升学生的综合素质,使其在德智体美劳各方面全面发展。劳动教育并非单纯的游戏,而是学习与乐趣相结合的实践。因此,在基地项目的规划设计中,应注重趣味性,激发学生的学习热情,强化益智性,并引导学生发挥创新精神。

(三)关联互动性原则

劳动教育研学旅行基地的项目规划需具有整体性,各个项目之间应存在内在的关联与组合。鉴于劳动教育的实践性,在设计项目时应注重与学生的互动,避免陷入单一的灌输式或讲解式教学中。

三、劳动教育研学旅行基地的规划方法

(一)整合林地资源

林地资源是指城市周边乡村的小丛林、自有林地以及耕地等资源的整合。林地资源被视为开展劳动教育的理想场所,这是土地资源再利用的一种重要方式。这些原生态的林地和农业用地天然地成了劳动教育的课堂,然而要将其转变为教学场所,还需进行统一的规划和策划。劳动教育研学旅行基地作为实现劳动教育目标的载体,有效地承担了教育与资源整合的双重任务,同时亦催生了新的产业。

(二)建设劳动教育基地

建设者应依据研学基地、劳动教育、林业等相关标准和政策法规,建构综合性劳动教育基地。首先,基地建设需满足基本功能需求,为劳动教育提供安全可靠、专业多样的硬件条件。其次,基地规划建设应注重审美需求,环境塑造具备设计感,满足人们对环境的需求。最后,务必关注生态环境保护,避免基地建设对自然生态造成破坏。

(三)谋划产业发展

劳动教育研学旅行基地的规划不能仅局限于具体的布局和设计,更应结合实际情况对劳动教育的发展进行深入规划。这种产业规划是根据基地自身条件进行的,务必因地制宜,脱离现实条件的战略规划只能是空中楼阁。劳动教育的产业发展应基于教育内容和区域资源,提出具有指向性和探索性的战略构想。

(四)丰富劳动教育内容

通过精心打造包括创意手工、农耕体验、森林探索等丰富的劳动教育项目,可以满

足学生多样化的劳动教育需求。把劳动教育的特点和优势通过丰富多彩的实践项目展示出来，以促进劳动教育的发展。

四、劳动教育研学旅行实践基地规划

随着新时代的到来，劳动教育在人才培养中的地位日益提升，其实践基地的建设与完善显得至关重要。为满足不同学段学生的劳动实践需求，预计未来几年劳动教育实践基地的数量将持续增加。现有的劳动教育研学旅行实践基地建设标准，为其他基地及新建基地的建设提供了重要参考。在未来的基地建设中，需着重强化以下几个方面的内容，以确保劳动教育研学旅行实践基地能够发挥最大的效用。

第一，选址科学，具备资质。周边公共设施完备，且离医院距离适中。交通便利、安全性高、通信设施齐备且畅达。基地周边环境安全稳定，无危险建筑和地质灾害风险，远离对学生身心健康不利的娱乐场所。基地内部环境整洁，布局合理，功能分区明确，无污水、污物和异味。提供交通、餐饮、住宿服务的基地需符合相关标准。同时，基地应具备法人资质，已成立并正常运营一段时间。

第二，设备齐全，设施完整。基础设施应全面完善，布局需科学合理。教学仪器及劳动工具应配备齐全，且设备性能保持良好。针对中小学生劳动实践，项目内容应丰富多样，种类应齐全。实践活动场所的设备设施需符合国家或行业相关标准规范进行安装和布置，确保设备器材的安全、科学、规范和合理。同时，配备医务室、专业医护人员及基本医疗用品，具备处理一般伤病的能力。

第三，课程丰富，活动多样。基地需规划主题课程，确保课程方案完整，课程需具备系统性、科学性、知识性与趣味性，涵盖课程目标、内容概述、实施流程、问题探讨、分享展示及总结评价等课程要素。针对不同学段（如小学、初中、高中），课程应对劳动教育实践进行层次区分，合理设计学生实践的学习路径、时间安排及项目编排。此外，适当举办生活技能竞赛及劳动技能展示活动。

第四，健全师资，定期培训。实践基地应配备专业辅导人员和讲解人员，他们需具备专业知识，能够根据劳动实践教育的需求进行讲解、示范和辅导教学，同时提供具有针对性、互动性和引导性的指导服务。可以考虑吸收在校大学生、能工巧匠、非遗传承人和劳动模范等加入，建立一支专兼职相结合的劳动教育师资队伍。此外，还需设立劳动教育指导教师培训和培养制度，定期对教职人员进行培训，以确保他们不断提升业务素养和能力。

第五，保证安全，保障充分。在学生劳动实践、生活住宿、休闲活动等方面，建立责任明确、分工细致的安全管理教育制度。基地应在设施选用、材料使用、工具设备及防护用品操作、活动流程设计等方面，制定安全且科学的操作规范。劳动教育活动中的各个环节均应有安全处置预案，并报上级主管部门备案。配备专职安保人员，定期开展安全教育和应对突发事件的安全演练。紧急救援和消防设施设备应完备，并且性能需良好。安全警告和危险标志需醒目易懂，消防验收手续等证件齐全。物防、技防设施配备完善，安全说明或须知应明确具体。同时，基地还应制定安全预案，建立紧急救援体系，内部救援电话公开并保持畅通有效，设立畅通的紧急运送途径。

五、劳动教育研学旅行基地发展趋势

(一)跨界融合成为主打方向

劳动教育理念的提出推动了研学教育市场规模的扩大,各类机构如学校、教育培训机构、研学基地、研学营地、旅行社以及研学旅行服务机构等将逐步实现跨界整合。这一融合趋势由市场规律决定,经过对非专业模式和机构的淘汰后,研学教育市场的分散程度将有所降低,行业集中度将得到不断提升。

(二)劳动教育课程设计更加科学

在前期研学实践的基础上,劳动课程设计已积累了丰富的经验。在今后的发展方向上,劳动教育课程将借鉴过往经验,依据劳动教育融合理念,实现学科交叉与互动。通过实践教学方式将课本中难以阐述的内容,利用劳动教育的优势,在实践中得以生动表达。正如"纸上得来终觉浅,绝知此事要躬行",劳动教育实践教学与课本知识的紧密结合,将使学生对知识的理解更加深入。

(三)研学导师成新兴职业

经过丰富的资源整合,所有教学项目均需由专业的劳动教育研学导师负责开展。现阶段的研学导师职务多由导游兼任。然而,实际上,研学旅行作为一种学习方式,亟须具备教育专业知识的研学导师。劳动教育研学旅行基地可聘请教育、旅游、管理等领域的专家学者为研学导师提供业务培训,因此劳动教育研学旅行基地也成为这些研学导师培训、实习的场所。

六、劳动教育研学旅行实践项目

不同劳动教育研学旅行实践基地的实践项目之间存在着差异,并根据当地需求不断丰富,主要实践项目有以下四类。

(一)工农业实践类

新时代,劳动教育针对不同学段学生,提供差异化的实践项目。中小学实践基地主要利用传统工具和工艺,让学生体验工农业生产创造物质财富的过程,从简单到复杂,逐渐掌握劳动技能,理解劳动价值。小学生初步体验种植、养殖和手工制作等简单劳动,学会合作,珍惜劳动成果。初中生体验更多元化的劳动,如金工、木工等,并尝试简单修理和种植养殖等活动,获得初步职业体验。高中生则可选择更专业的生产劳动项目,提高创意物化能力,养成吃苦耐劳、精益求精的品质,增强职业生涯规划的意识和能力。

（二）职业体验类

职业院校实践基地需结合产业新业态，强调职业体验感。这些院校整合本校或本地实习实训基地，根据专业特点设计劳动教育实践课程，提供职业体验和创新创业项目，让中小学生参与真实生产劳动和服务性劳动，并接受职业素养和创新创业教育。

（三）科技创新类

劳动教育是面向未来的教育，各学段都要开展，旨在培养学生的创新素养和创新思维。一些基地提供"科学＋"实践项目，结合劳动新形态，突出科技前沿和创新创业趋势。另一些基地结合社会实践和学科专业，设计实践课程，强化创新创业教育，培养学生的创造性劳动能力。

（四）公益服务类

各类机构如志愿服务联合会、慈善组织、福利院、敬老院、基金会和社区等，作为劳动教育实践基地，应积极参与困难救助、关爱老人和孩子、拥军优属以及爱心捐赠等公益事业。这些项目突出公益性、无偿性和实效性，旨在通过实际行动帮助陷入困境中的人们解决实际问题。参与该公益服务类项目活动，学生可以提升思想境界，增强社会责任感，并培养劳动精神和奉献精神。

本章小结

　　劳动教育是构建德智体美劳全面发展的教育体系的基本内容。劳动教育的内容有自我服务劳动、手工劳动、社会公益劳动、生产劳动四种类型。劳动教育有利于增强学生的身体素质、促进学生智力发展、促进学生全面发展。劳动教育研学旅行项目主题定位有树立积极劳动观念、培养多维劳动素养、体认创造劳动价值等三种方式。劳动教育的实施，要明晰劳动任务，设计研学方案；以"实操"获得真实劳动体验，以"问题"促成积极劳动创造；通过研学劳动手册评价、劳动星级评价、劳动奖章评价等进行教育研学旅行的评价。劳动教育研学旅行基地的传统类型主要有农林研学基地、营地研学基地、文化研学基地、科技研学基地。劳动教育研学旅行基地的规划原则包括安全易用性原则、趣味益智性原则、关联互动性原则。劳动教育研学旅行基地的规划方法：整合林地资源、建设劳动教育基地、谋划产业发展、丰富劳动教育内容。在进行劳动教育研学旅行实践基地规划中，要求：选址科学，具备资质；设备齐全，设施完整；课程丰富，活动多样；健全师资，定期培训；保证安全，保障充分。今后，劳动教育研学旅行基地发展趋势主要有：跨界融合成为主打方向、劳动教育课程设计更加科学、研学导师成新兴职业等。劳动教育研学旅行实践项目主要分为工农业实践类、职业体验类、科技创新类、公益服务类。劳动教育研学旅行将通过实践在国民教育中发挥基础作用。

课后训练

一、填空题

（1）《现代汉语词典》（第 7 版）认为劳动是人类创造物质财富或_____的活动。

（2）2015 年，教育部联合共青团中央、全国少工委印发的《关于加强中小学劳动教育的意见》中指出，要将_____纳入学校的教育工作计划……结合研学旅行、团日队日活动和社会实践活动，加强城乡学生交流，组织学生学工学农。

（3）2020 年，中共中央、国务院印发的《关于全面加强新时代大中小学劳动教育的意见》要求，将_____纳入学生综合素质评价体系。

（4）中共中央、国务院 2020 年 3 月印发的《关于全面加强新时代大中小学劳动教育的意见》指出，劳动教育直接决定社会主义建设者和接班人的劳动精神面貌、劳动价值取向和劳动技能水平；把劳动教育纳入人才培养全过程，贯通大中小学各学段，贯穿家庭、学校、_____各方面。

在线答题

二、思考题

（1）请简述劳动教育研学旅行基地的传统类型。

（2）请简述劳动教育研学旅行基地的规划原则。

（3）请简述劳动教育研学旅行基地的规划方法。

（4）请简述劳动教育研学旅行基地规划。

（5）请简述劳动教育研学旅行实践项目。

Note

第九章
生命教育研学旅行项目开发

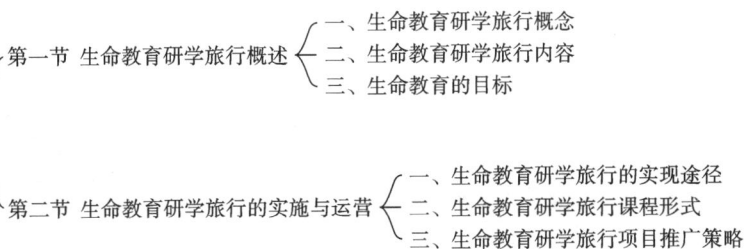

本章概要

　　本章主要介绍了生命教育研学旅行的概念及内容;生命教育研学旅行的实施与运营,包括生命教育研学旅行活动的实现途径、课程形式及项目推广策略。

学习目标

知识目标

(1) 了解生命教育研学旅行的内容。

(2) 掌握生命教育研学旅行的实施与运营。

能力目标

(1) 掌握生命教育研学旅行课程形式。

(2) 掌握生命教育研学旅行项目推广策略。

素质目标

(1) 具备尊重生命的情怀。

(2) 具备创新精神。

知识导图

```
                          ┌─ 一、生命教育研学旅行概念
            第一节 生命教育研学旅行概述 ┤ 二、生命教育研学旅行内容
                          └─ 三、生命教育的目标
第九章 生命教育研学
      旅行项目开发
                          ┌─ 一、生命教育研学旅行的实现途径
            第二节 生命教育研学旅行的实施与运营 ┤ 二、生命教育研学旅行课程形式
                          └─ 三、生命教育研学旅行项目推广策略
```

章节要点

（1）生命教育研学旅行内容。

（2）生命教育研学旅行的实施与运营。

学习导入

体验式生命教育课堂

为了进一步加强学生生命安全教育，让学生掌握紧急状态下自救自护的基本方法、逃生技巧和事故发生后请求救助的基本途径，有必要将生命安全教育知识以生动有趣的方式，传授给参与活动的学生们。具体项目如表9-1所示。

表9-1　生命教育项目表

序号	名称	内容
1	标志大闯关	生活中随处可见的消防应急标志背后隐藏的秘密，通过竞猜的形式了解、掌握紧急情况发生时标志的警示作用
2	地铁达人	在高度还原的地铁车厢，模拟地铁火灾事故现场，学生们可以学习在地铁上如何冷静听从指挥，运用紧急装置安全逃生
3	高楼缓降＋结绳训练	在高楼林立的城市，当楼内着火时，学习如何使用科学装备下降很有必要。学习高楼缓降技能能够保证自己的安全
4	电梯探索"惊魂"记	导致电梯"失灵"的因素有很多，电梯的每一位使用者都应该提升自我素养，同时掌握相应自救技能技巧，让自己多一份安心。此区域运用观光电梯的视觉偏差效果，让学生身临其境地体验36层高楼电梯突然下坠的恐慌感
5	触电感应	从家庭用电到户外高压线坠落时的应对，让学生了解电的危险性
6	万众一心应地震	地震的可怕，不是在于它的破坏力强大，而是它难以预测，面对灾难，就算不能预测，我们真的就只能坐以待毙？地震模拟屋采用掉落的相框、吊灯、书本、滑动的桌子，让人实实在在地感受地震
7	应急装备认知	了解国内外先进的应急救援装备，增强在面对灾难时的自信心
8	十级台风模拟	让学生在高达十级的台风中体会大自然的威力，并学会如何自救和互救，掌握台风来临时的自互救技能
9	车辆溺水自救和互救	让学生学会在车辆溺水时使用自救和互救的工具、方式、程序，掌握自救、互救技能

Note

续表

序号	名称	内容
10	火灾逃生通道	为真实还原火灾逃生通道,项目特别设置了特定高度红外线,保证大家逃生姿势的准确性
11	居家安全隐患应对	让学生了解居家日常隐患,掌握相关处理技巧与技能,具备日常自救知识
12	废墟求生	地震、泥石流等灾害发生时,如被困废墟下,应如何正确发出求救信号。让学生了解专业的搜救装备,如生命探测仪使用原理等,学会自救、互救
13	心肺复苏	当有人因心脏骤停而晕倒时,学生应认识到并学会在黄金救援四分钟内将应急救护做到位,将患者从死神身边拉回

生命教育,是直面生命和人的生死问题的教育,其目标在于使人们学会尊重生命、理解生命的意义,以及生命与天、人、物、我之间的关系,学会积极地生存、健康地生活与独立地发展,并通过彼此间对生命的呵护、记录、感恩和分享,获得身心和谐、事业成功、生活幸福,从而实现自我生命的最大价值。

(资料来源:知乎,https://zhuanlan.zhihu.com/p/84568148)

生命是宝贵的,生命教育源于对生命的热爱。人的生命由物质因素、精神因素和社会因素构成,具有自然和社会的双重属性。生命的自然活动主要包括新陈代谢、生长、发育、遗传、变异、感应、运动等。生命的社会活动主要包括感知社会、角色扮演、人际交往、求学择业、社会竞争等。社会属性是人最主要、最根本的属性,它是决定人之所以是"人"的根本。生命是有限和无限的统一,生命是物质和精神的统一,生命是理性和非理性的统一。生命具有时间性、独特性、变化性、复杂性,而且人生命是不可逆的。生命教育研学旅行,是直面人生命的教育,其目标在于让人们认识生命、了解生命,懂得敬畏生命、珍惜生命,学会积极生存、健康生活、独立发展,实现自我生命的最大价值。

第一节　生命教育研学旅行概述

一、生命教育研学旅行概念

生命教育研学旅行是一种以生命教育内容为对象,是融教育性、体验性、趣味性(娱乐性、休闲性)于一体的旅游活动。

2010年,教育部公布实施《国家中长期教育改革和发展规划纲要(2010—2020年)》,提出要"重视安全教育、生命教育、国防教育、可持续发展教育",从国家层面明确了生命教育的地位。2016 年,《中国学生发展核心素养》研究成果把"珍爱生命"列为六大核心素养之一,将"健康生活"列为重要内容。

经过多年的传播、普及和发展,生命教育在全世界得到广泛关注。从家庭到学校,从各级政府部门到各级教育机构再到各种大众媒体,形成了关怀生命教育的完整体系和社会氛围。

冯建军教授将生命教育的内涵分为狭义、中义、广义三类:狭义的生命教育指向预防和解决生命问题,诸如自杀干预、生命安全教育等;中义的生命教育指向生命整体的发展性,是致力于生命和谐发展的全人类的教育;广义的生命教育是以生命为原点,对教育进行生命化解读。三种对生命教育的理解体现出一定的层次性:狭义的生命教育具有针对性,但治标不治本;中义的生命教育通过多维度设计教育内容,让学生认识生命、珍爱生命,掌握安全知识和生存技能,理解生命的意义和创造生命的价值,实现自身的全面、和谐发展;广义的生命教育立足生命关照的教育理念、教育哲学,对教育进行思想引领和价值引导,但由于将生命教育泛化,在实际中难以把握。目前的生命教育更倾向于中义的内涵,既没有窄化,也没有泛化,而是从生命发展的需要出发,适应当前教育的发展。

中小学生命教育的开展旨在让学生认识生命、保护生命、珍爱生命、欣赏生命及在探索生命意义的同时实现生命价值。中小学生命教育可通过设置专门课程,不同学科之间的学科渗透、进行专题教育和通过实践活动等形式开展。

生命教育以生命为基点,遵循生命规律,借助生命资源,唤醒、培养人们的生命意识、生命道德与生命智慧,引导人们追求生命价值,体验生命意义。自 20 世纪 90 年代以来,生命教育始终以生命为本,聚焦现实生命问题,是人本教育的体现与深化。生命教育以促进个体生命健康成长为宗旨,不断探索回归本真教育的路径,体现了新时代素质教育的深入发展。

二、生命教育研学旅行内容

2021 年,教育部发布《生命安全与健康教育进中小学课程教材指南》,指出:良好的学校生命安全与健康教育有助于学生树立正确生命观、健康观、安全观,养成健康文明行为习惯和生活方式,自觉采纳和保持健康行为,为终身健康奠定坚实基础。在青少年的生命安全与健康教育落实中,通过开展生命安全与生命关怀主题下的研学活动,重塑对生命的感知,关注学生的健康行为和习惯养成,以及对他人健康行为的影响等。从生命教育的实施形式和载体考虑,研学旅行关爱学生生命,是推进青少年生命安全与健康的教育。研学旅行是促进学生个体生命自由发展的有效途径,有助于拓宽学生生命的广度。

在研学旅行中加强生命教育,是丰富研学旅行内容、提升研学品质的切入点和有力抓手。生命关怀教育,以生命为出发点和归宿,教育学生要珍惜自己的生命、关怀别人的生命,最终能够关注到所有生命的存在,教给他们自救的方法与技能。同时,教育他们要拥有美好的心灵,树立积极向上的生命价值观。

尊重生命是生命教育的核心内容。尊重生命就是珍惜生命的存在、维护生命的权利、尊重生命的个性。生命是唯一性的、不可替代的。

人的生命是复杂的,人类可以掌握自然规律,但任何规律都不以人的意志为转移。

人不能因自身的优越性而忽视或践踏其他生命,应以敬畏的心态看待一切生命。

维护生命的生存是尊重生命的前提,是生命的底线。除了国家司法机关有权依据严格的法律程序剥夺罪犯的生命,任何人、社会组织和团体都无权剥夺他人的生命。生命具有至高无上的价值,人人都有维护生命的神圣义务。个体生命权利平等是人类社会尊严的基点,人人享有同样的生命权,社会成员的个体生命都只有一次,人的生存、生命存在的基础是享有同样的权利和待遇。

但是,因个体智能与体能的不同,个体生命对自身、他人和社会具有不同的价值。所以,要区分对待个体生命,关注生命的发展,促进生命质量的提升和人格的完善,也就是说既要注重生命的长度也要注重生命的深度及生命的质量。

三、生命教育的目标

生命教育是以生命为核心,以教育为手段,倡导认识生命、珍惜生命、尊重生命、爱护生命、享受生命,提升生命质量、获得生命价值的教育活动。生命教育的目标有以下三个方面的内容。

(一) 欣赏生命,生死均尊严

生命教育不仅要教会社会个体珍爱生命,更要启发个体全面理解生命的意义,积极创造生命的价值。生命教育不只是告诉青少年关注自身生命,而是告诉他们既要珍惜自己的生命,又要关心、尊重、热爱他人的生命,帮助个体认识到生命的有限性、唯一性,进而认识生命的本质、理解生命的意义、创造生命的价值,这是人类生命形态和特征的本质所在。

(二) 爱惜生命,让人生具有意义

通过生命教育体会生命的无常认识到生命的完整性。生物的躯体和自然的生命仅仅是人生命存在的前提和物质载体,真正让人和动物区别开的是人类丰富的精神世界。因此,生命教育不仅要教育社会个体珍爱生命,还要帮助他们深入理解人生,树立起积极、健康、正确的生命观。

(三) 应变与生存,让生命绽放异彩

生命教育就是让人热爱生命并发现每个人独特的生命潜能,将个人的生命融入社会,能更好地应对社会政治经济的变革,在各种环境下都具有坚定的信念与理想,以博大的胸怀和坚忍的毅力实现个体生命的价值,立足于社会。

人的生命不是孤立存在的,而是与生活各个层面紧密相连。当一个人的生命出现问题时,可能会表现在自我价值偏差、人际关系失衡、不能应对生活环境带来的冲突与压力,不能全面地看待生命等。因此,生命教育既是一切教育的基础,也是教育的最高境界。生命教育的核心目标在于通过对生命的维护和管理,让每一个人都成为"真实的自我",并且都能最终实现"本真"的生命价值,即把生命中的仁爱和慈善全部展现出来,为社会焕发出个体独有的美丽光彩。

第二节　生命教育研学旅行的实施与运营

一、生命教育研学旅行的实现途径

（一）通过开展生存教育来实现

生命的延续依赖于生存技能的掌握，因此生存知识的教育至关重要。生存教育包括常态生存与非常态生存两个方面。鉴于研学实践的时间限制，常态生存教育，包括安全知识在内，更适宜在学校和家庭环境中进行。研学实践则以其项目化和课程化的特性，为非常态生存教育提供了独特的平台。在研学旅程中，可以设计"野外生存我能行"等环节，让学生在陌生的环境中，模拟应对各种危险情境。通过这样的学习、体验和实践，学生可以掌握如辨识方向、净化水源、生火、寻找食物、发送求救信号等基本的生存技能。同时，还需培养他们在紧急情况下止血、消毒、包扎等自救互救的能力。这样的研学实践不仅有助于提升学生的自主能力、自救能力和自我防范意识，更为他们认知生命、珍爱生命、保护生命奠定了坚实的基础。

（二）通过开展生活教育来实现

生活作为生命的基本体现，因而倡导生活教育至关重要。生活教育倡导"珍视生活，熟知生活常识，掌握生活技能，养成良好的生活习惯，关爱他人与集体，确立正确的生活目标"。《剑桥大学生活素养框架》将学生生活素养划分为"创造性思维""批判性思维""学会学习""学会交流""学会合作"以及"社会责任"六个领域。在研学实践活动中，各研学营地（基地）可根据这六个领域的划分，结合地域与学生实际情况，选择相应领域，设计实践项目。

（三）通过开展生命教育来实现

生命教育具有开放性，其教育素材具备生成性。在研学旅行过程中，处处皆为美景，时时蕴含教育意义。例如：如何应对旅途中的困苦艰辛？如何看待石缝中那株顽强的小草？清明节为何要缅怀先祖？这些问题均属于生命教育的契机与资源。通过师生间的对话、心得分享等方式，启发并引导学生探讨生活与生命的真谛。开展生命教育并无固定方法，活动导师在陪伴学生成长的过程中，务必强化敬畏生命、珍爱生命、尊重生命与成就生命的意识。既要充分利用显性教育资源，也要深入挖掘隐性教育资源，激发学生的生命意识和自觉性，引导学生关爱自己的生命、善待自己的生命，并推己及人，关爱一切生命，善待一切生命，从中享受生命的乐趣。

二、生命教育研学旅行课程形式

当前，根据组织举办者的不同，国内研学旅行中的课程一般分为学校课程、营地课程、基地课程。在研学课程中,以生命教育为主题的课程设计可以有以下几种参考形式。

(一) 学校教育与营地体验项目联合的学习型课程

比如学校的安全教育课(进行安全教育)＋营地的(地震、火灾逃生)安全体验馆体验课(学习自救自护技能)。在教室里,老师用生动的案例和易懂的语言,向他们传授如何预防火灾、如何正确拨打紧急电话、如何在遇到危险时保持冷静等安全知识。在安全体验馆,学生则有机会亲自动手,学习自救自护技能。他们可以在模拟火灾现场的环境中,学习如何正确使用灭火器,如何在烟雾中迅速找到安全出口。在模拟地震的设施中,他们可以体验地震发生时的摇晃,学习如何在地震中保护自己,避免受伤。此外,学校还可以定期组织学生参加各种安全主题的实践活动,如紧急疏散演练、模拟救援行动等。这些活动可以使学生将所学的安全知识应用到实际中,可以提高他们的应急反应能力和自救自护能力。

(二) 营地项目与周边基地联合的体验型课程

生命研学课程,比如营地的烘焙馆实践课(动手加工食物)＋基地型现代农业观光园、牧场工业园观摩课(体验现代农产品的高效安全、直观感受奶制品的营养与卫生)。营地的烘焙馆实践课,学生不仅可以通过动手加工食物,亲身体验美食制作的过程,还可以学习到烘焙技巧、食材搭配和营养搭配等方面的知识,这门课程可以激发学生对烹饪和美食的兴趣,培养他们对生活的热爱。基地型现代农业观光园、牧场工业园观摩课,让学生近距离了解现代农业技术和奶制品生产。学生可以参观现代农业基地,了解农作物的种植、生长和收获过程,以及现代农业技术的应用。此外,学生还可以参观牧场,直观地感受奶制品的营养与卫生。

(三) 开设生命之旅研学专线

在为期 $N(N<5)$ 天的活动中,生命健康作为核心主题,贯穿整个活动设计。通过整合多元化的社会资源(包括但不限于营地基地),我们可以规划出富有意义的研学路线。例如,三天生命健康专线的设计如下:第一天,上午关注视力健康,开展相关实践活动,下午则关注口腔健康,进行相应的实践活动;第二天,上午安排参观中医健康体验馆,提升健康观念,下午前往禁毒教育基地,听取相关讲解,进行珍爱生命的教育;第三天,参观革命红色研学基地,聆听讲解,参加相关仪式和活动,深入领悟生命的崇高意义。

三、生命教育研学旅行项目推广策略

(一) 联合推广

生命教育研学旅行作为一种创新且持续的教育服务形式,其推进需要得到教育部门、文化和旅游部门、教育机构、企业和社会团体的协同参与和共同努力。作为生命教育的新平台和思想教育课程的实践拓展,生命教育研学旅行的项目品质必须得到严格保障,其服务供给必须保持连续和稳定。因此,教育部门需要全面考虑学校和学生的实际教育需求,旅行社等社会企业需提供有序且高质量的服务供给,同时其他部门和社会团体也需要积极配合实施，以确保生命研学旅行在竞争激烈的市场中得以生存，并实现教育服务产品的多元化和互动性。

（二）Logo 形象推广

生命教育研学旅行作为一种思想解放的体验和心灵历程，其内容和成果具有一定的抽象性，因此在推广形式上面临一定的挑战。为了使广大客户更加深入了解生命研学，可以根据生命研学项目的内容，设计一组既可爱又成熟的卡通形象，将生命研学理念和核心内容具象化。在生命教育研学旅行活动和推广过程中，以这些卡通人物为核心，将其塑造为一个品牌。后续可将这些卡通人物发展成为动画、电影以及生命研学文化创意产品，作为生命教育研学旅行的衍生品进行深度开发，契合现代企业多元化发展理念。

（三）促销与奖励推广

在生命教育研学产品市场中，除了学校，许多家长也会自发选择此类产品。获取这部分家长的认可对于生命研学产品供应商而言至关重要。这些自主选择生命教育研学产品的客户不仅关注安全因素，更看重产品的品质和性价比。因此，在广告推广方面，应着重展示生命教育研学产品的实际效果，主打温情和品牌路线。通过记录研学过程中的温馨时刻，制作成短片，并在上下班高峰时段播放，以吸引更多潜在客户。在性价比方面，项目设计了一系列激励措施，如免除研学费用、赠送优惠券、旅行券、加餐券等。这些奖励机制在一定程度上能够刺激推广，提高生命教育研学产品的市场认可度。

（四）在线生命教育研学平台推广

构建生命教育研学网络平台，该平台为系统化媒体矩阵，整合了多样新媒体策略。平台内容丰富、功能强大，既能塑造品牌、推广产品、发布资讯，同时还可实现生命教育研学在线授课及解答等互动服务。这一优质可信的品牌网络平台，旨在最大限度地方便家长获取有效生命教育研学产品信息，减轻其选择困扰与担忧，成为生命教育研学推广的重要途径。

本章小结

生命安全与健康是人类生存、发展的基本需求和永恒追求。生命教育是中小学教育的重要内容。研学旅行是一种以生命教育内容为对象的旅游活动。生命教育研学的主要内容是尊重生命。生命教育的目标是欣赏生命、爱惜生命、绽放生命。生命教育研学旅行实践要让学生成为主体，引导学生审视自我，学会对生命负责，它包括生存教育、生活教育及开展生命教育三种途径。生命教育研学旅行课程形式主要有学校教育与营地体验项目联合的学习型课程、营地项目与周边基地联合的体验型课程、开设生命之旅研学专线。生命教育研学旅行项目推广策略有联合推广、Logo 形象推广、促销与奖励推广、在线生命教育研学平台推广四种形式。生命教育研学旅行的目标是促进学生身心健康成长，帮助他们认知生命，实现自我的人生价值和意义。

课后
训练

一、填空题

(1) 2010 年,教育部公布实施《国家中长期教育改革和发展规划纲要(2010—2020年)》,提出要"重视安全教育、_____、国防教育、可持续发展教育"。

(2) 中小学生命教育的开展旨在让学生认识生命、保护生命、_____、欣赏生命,探索生命的意义的同时实现生命价值。

二、思考题

(1) 请简述生命教育的目标。

(2) 请简述生命教育研学旅行的实现途径。

(3) 请简述生命教育研学旅行项目推广策略。

在线答题

第十章
研学旅行项目市场营销

本章概要

本章主要介绍研学旅行项目市场营销概述;研学旅行项目市场调研,包括调研的手段、调查的程序、调查报告等;研学旅行项目市场渠道策略,包括营销渠道的类型及渠道的选择等;研学旅行项目市场促销策略,包括广告推广策略、营业推广策略、公共关系策略等。

学习目标

知识目标

(1)了解研学旅行项目市场概述、研学旅行市场营销的概念。

(2)了解研学旅行项目市场调研、研学旅行项目市场渠道策略、研学旅行项目市场促销策略。

能力目标

(1)掌握研学旅行项目市场调研。

(2)掌握研学旅行项目市场渠道策略。

(3)掌握研学旅行市场促销策略。

素质目标

(1)具备创新创业的基本知识和能力。

(2)具备求真务实的精神。

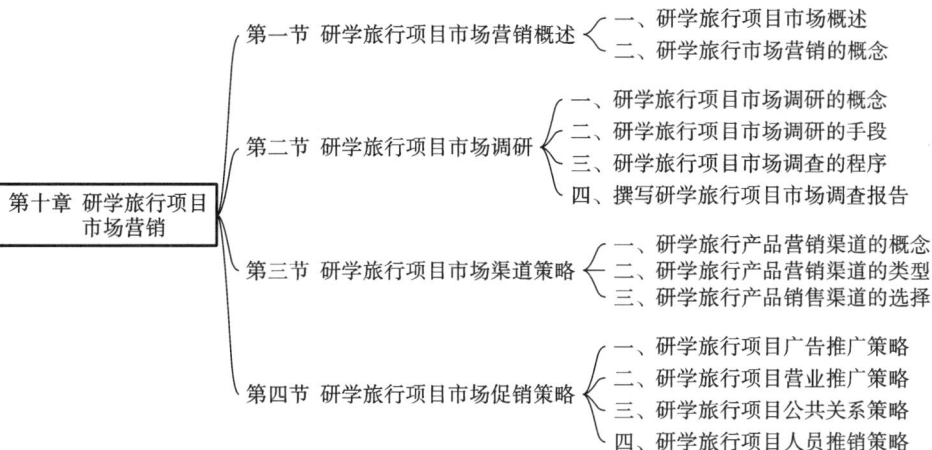

知识
导图

第一节　研学旅行项目市场营销概述 〈 一、研学旅行项目市场概述
　　　　　　　　　　　　　　　　　　 二、研学旅行市场营销的概念

第二节　研学旅行项目市场调研 〈 一、研学旅行项目市场调研的概念
　　　　　　　　　　　　　　　　 二、研学旅行项目市场调研的手段
　　　　　　　　　　　　　　　　 三、研学旅行项目市场调查的程序
　　　　　　　　　　　　　　　　 四、撰写研学旅行项目市场调查报告

第十章　研学旅行项目
市场营销

第三节　研学旅行项目市场渠道策略 〈 一、研学旅行产品营销渠道的概念
　　　　　　　　　　　　　　　　　 二、研学旅行产品营销渠道的类型
　　　　　　　　　　　　　　　　　 三、研学旅行产品销售渠道的选择

第四节　研学旅行项目市场促销策略 〈 一、研学旅行项目广告推广策略
　　　　　　　　　　　　　　　　　 二、研学旅行项目营业推广策略
　　　　　　　　　　　　　　　　　 三、研学旅行项目公共关系策略
　　　　　　　　　　　　　　　　　 四、研学旅行项目人员推销策略

章节要点

（1）研学旅行项目市场营销概述。

（2）研学旅行项目市场调研。

（3）研学旅行项目市场渠道策略。

（4）研学旅行项目市场促销策略。

学习导入

　　市场营销是企业以顾客需求为出发点，综合运用各种战略与策略，把商品和服务整体地销售给顾客，尽可能满足顾客需求，并最终实现企业自身目标的经营活动。现代的市场营销概念是从过去的市场销售发展而来的。人类社会自从有了商品和商品生产，就有了销售活动。但营销与销售或推销不同：销售或推销都是从卖方的需求出发，根据产品的成本定价，通过必要的促销手段最大限度地扩大销量而最终达到获利的目的；而营销则从市场的需求出发，根据消费者的需求设计产品并依据市场情况定价，再以消费者愿意接受的方式促销，通过满足消费者需求来获得最大利润。企业的市场营销活动通常包括市场调研；消费者行为分析；目标市场的选择和定位；产品的开发、定价、分销、促销和售后服务等活动，几乎涵盖了企业的大部分业务活动。

　　（资料来源：朱捷、陈晓健、孙增兵《市场营销》，电子科技大学出版社，2020年版）

　　营销是商品实现价值的手段。营销大师菲利普·科特勒定义营销为个人和集体通过为他人创造产品和价值并进行交换而满足其需求和欲望的社会过程和管理过程。研学旅行是一个充满人文关怀的事业,有着特定的服务对象。营销人员需要具备战略能力、洞察力、执行力、开拓创新能力,还需要具有渊博的知识及较高的科学素养与人文素养,有求真务实的精神。

第一节　研学旅行项目市场营销概述

一、研学旅行项目市场概述

(一)研学旅行项目市场概念

市场作为企业运营的起始点与归宿,既是企业与外界构建合作与竞争关系的桥梁与介质,又是衡量企业运营成效的关键。识别市场、抢占市场、迎合需求,使企业运作与社会需求相契合,构成了市场营销活动的核心要义。

在市场经济环境下,研学企业同其他各类企业一样,持续与市场展开双向的信息交互:一方面汲取外部市场信息;另一方面将企业及关联产品与服务的信息传达给外部市场。唯有保持与外部市场的高效沟通,研学企业才能稳健发展。

研学旅行市场营销是旅游经济组织或个人对产品、服务的构思、预测、开发、定价、促销以及售后服务的计划和执行过程,它以旅游者需求为中心,适应旅游市场环境的变化,实现旅游商品价值的交换。

(二)研学旅行市场与旅游市场的关系

旅游市场是指旅游产品交换关系的总和,是一种生产与消费同步进行的市场形势,具有多样性、季节性、波动性等特点。

在传统食、住、行、游、购、娱六要素框架基础上,旅游市场正向文、商、养、学、闲、情、奇多元化新旅游综合要素体系发展,已呈现出观光旅游与休闲度假旅游双轨并举、传统业态与新兴业态齐头并进、基础设施建设与旅游公共服务协同发展的新格局。旅游业深度融入经济社会发展全局,已成为国民经济的战略性支柱产业。

研学旅行市场与旅游市场相互交织,既是旅游市场的细分领域,又是旅游与教育跨界融合产生的新兴业态,具有很强的政策导向性。

回顾研学旅行发展历程可见,该市场并非孤立存在的,而是伴随大众休闲时代崛起与素质教育改革浪潮,在旅游市场基础之上孕育出的一种新型市场架构。教育界与旅游界对研学旅行市场的认知与界定各有侧重。在教育视角,研学旅行市场的核心参与者为中小学生;在旅游视角,中小学生虽为主体,却非唯一主体。相较于教育界,旅游界对研学旅行市场的关注度与接纳度更高,对其内涵与外延的理解更为广泛。

(三)研学旅行市场的特点

研学旅行市场与旅游市场紧密相连,既具有旅游市场的某些共性特征,又具备自身的独特性。

1. 研学旅行市场更加注重产品

研学旅行本质上是一种教育实践活动,兼具实践性、教育性等多元特质,通常以学校为组织单元。研学旅行的教育本质决定了研学旅行市场与旅游市场存在显著差异。研学旅行市场更侧重研学产品或研学课程,提供的产品尤为重视教育功能,强调学习过程,在实践中学习,在学习中体验,在实践中收获知识与技能;而旅游市场则侧重参与者的体验感,以休闲娱乐为目的。

2. 研学旅行市场更加注重渠道

研学旅行市场的商业模式虽与旅游市场相似,均通过提供专业化的线路产品或服务赚取差价与佣金,但由于组织模式的差异,研学旅行市场相较于旅游市场更强调渠道的作用。优质的研学旅行产品需借助直销与分销渠道精准地到达消费者手中。

3. 研学旅行市场更加注重品牌

研学旅行市场主要面向学生群体,尽管学生流动性强,但因研学旅行企业在开拓市场过程中更多对接学校,而学校需求稳定、评估持续,故要求研学旅行企业在推动市场开发时要高度重视品牌建设。研学旅行企业通过提升品牌影响力赢得学校信任,增强市场吸引客户的能力。

二、研学旅行市场营销的概念

研学旅行市场营销是研学机构或者企业通过分析不同学段学生的校外实践学习需求,进行研学课程开发和服务体系建设,为学校课外综合实践活动或者学生的专项校外研究性学习提供解决方案和实施的过程。这一过程中,研学旅行市场营销尤为强调以研学者需求为核心,敏锐应对旅游市场环境变化,达成旅游商品价值的交换。换言之,无论研学者当前是否明确表达需求,营销活动应致力于激发研学者潜在需求,或在已有需求基础上创新超越,提供超越研学者期待的价值体验。

作为新兴市场形态,研学旅行兼具显著的教育特性,尤重企业、消费者与社会三方利益的有机统一,尤其重视研学旅行内在的公益价值。在市场运作实践中,研学旅行遵循社会市场营销理念,以人为本,致力于人的全面发展,力求在提供优质教育产品与服务中赢得市场回报与社会认同。

研学旅行市场的主体多元,包括旅游公司、教育培训机构、旅游景区、研学基地或营地等各类机构。无论是依托资源盈利的企业,还是依赖佣金创收的企业,均与旅游市场有着紧密关联,可视为旅游市场营销在新兴业态中的具体表现形态。因此,探讨研学旅行市场营销的演进路径与规律,实质上与研究旅游市场营销的基本逻辑相一致。

第二节 研学旅行项目市场调研

一、研学旅行项目市场调研的概念

研学旅行项目市场调研即运用科学的方法和手段,有目的地针对研学旅行项目市场需求的数量、结构特征等信息以及变化趋势进行的调查与研究。

这一概念突出了研学旅行项目市场调研必须采用科学的方法和手段,包括资料收集、整理与分析方法的科学性与实用性,确保调研结果的客观真实性与可信度。同时,强调了市场调研的目的导向性,即任何调研活动并非目的本身,而是围绕特定调研目标精心设计和实施的。

二、研学旅行项目市场调研的手段

(一)市场调研的手段

市场调研手段可划分为传统调研手段与网络调研手段两大类。传统调研手段主要通过访谈、观察等线下方式收集数据,直接了解消费者需求;网络调研手段则利用互联网技术,将传统调研流程数字化、智能化,聚焦于线上收集、整理与分析市场信息,侧重于揭示市场需求状况、行业发展现状,可以为研学旅行产品的决策提供依据,降低经营风险,提升决策效果。

1. 传统调研手段

传统调研通常通过分发纸质问卷、邮寄信函、电话访谈或面对面交流等方式进行。面对面调查可在家庭、办公室进行,也可采取街头拦截或入户访问,其优势在于能更深入地了解消费者需求,细致捕捉他们的观点信息。

2. 网络调研手段

依据目前国内的现状,网络调研手段可以分为两类。

(1)普通网站调研。

一般网站利用简易编程将问卷转化为网页形式,用户浏览时填写问卷,生成初步调研结果。普通网站调研常见于各大门户网站。

(2)专业在线调研。

专业在线调研,如问卷星等专业平台,将整个调研流程全面网络化、智能化,不仅完成数据收集,还进行深度分析,形成专业报告。

网络调研访问又可分为在线访问和计算机辅助电话访问。

(1)在线访问。

企业通过在线问卷、网络评论、在线调研等方式收集客户信息。优点包括高反馈率、成本效益佳、数据分析便捷。但存在潜在问题,如用户自发起的在线访问可能导致结果偏颇,自动回复系统可能导致回复准确性降低,以及信息收集可能因非全员在线反馈而不完整。

(2)计算机辅助电话访问。

计算机辅助电话访问(CATI),利用计算机技术和电话访问相结合,按照预设问卷进行电话调查。CATI具有速度快、样本代表性强、访问质量易控等优点,相较于传统面访,具有速度快、效率高、质量优等特点。

(二)信息渠道选择

信息获取是通过各种途径与方式搜集所需信息的过程。随着信息技术进步,调研者对信息的依赖程度加深。通过选取恰当的信息获取渠道,企业能了解不同群体对研学产品的特殊需求,从而提供个性化服务。

1．学术信息获取的渠道选择

学术信息获取的渠道主要有学术搜索引擎、学术数据库,以及各类网站。其中,学术搜索引擎包括百度学术等;学术数据库包括中国知网、万方、维普、Web of Science 以及爱墨瑞得(Emerald)管理学、经济学、工程学数据库,ProQuest 学位论文全文数据库,Elsevier 等。

2．市场信息获取的渠道选择

市场信息获取的渠道主要有国内咨询机构网站数据报告、国内互联网公司数据报告、国外咨询机构网站数据报告、各大公司不定期发布的报告、企业信息报告、投资机构的统计报告、政府统计类网站和数据库,以及北大法宝、汤森路透的万律(Westlaw)数据库等法律类数据库。

(三) 数据挖掘工具

1．Arachnid 工具

(1) 应用。

Arachnid 是一个基于 Java 的 Web spider 框架,它包含一个简单的 HTML 剖析器,能够分析包含 HTML 内容的输入流,通过实现 Arachnid 的子类就能够开发一个简单的 Web spider,并能够在 Web 上的每个页面被解析之后增加几行代码调用。Arachnid 的下载包中包含两个 spider 应用程序例子,用于演示如何使用该框架。

(2) 优点。

Arachnid 是一个微型爬虫框架,含有一个小型 HTML 解析器,具有灵活、方便等特征。

2．Spiderman 工具

(1) 应用。

Spiderman 是一个基于"微内核＋插件式"架构的"网络蜘蛛",它的目标是通过简单的方法就能将复杂的目标网页信息抓取并解析为自己需要的业务数据。

(2) 优点。

Spiderman 灵活、扩展性强,"微内核＋插件式"架构,通过简单的配置就可以完成数据抓取,无须编写一句代码。

3．ThinkUp 工具

(1) 应用。

ThinkUp 是一个可以采集 Twitter、Facebook 等社交网络数据的社会媒体视角引擎。ThinkUp 通过采集个人社交网络账号中的数据,对数据进行存档以及处理的交互分析工具。ThinkUp 能将数据图形化以便用户更直观地查看。

(2) 优点。

ThinkUp 是一个能够采集推特、Facebook 等社交网络数据的社会媒体视角引擎,可进行交互分析并将结果以可视化形式展现。

4．Soukey 工具

(1) 应用。

Soukey 采摘网站数据采集软件是一款基于 .net 平台的开源软件，也是网站数据采集软件中唯——款开源软件。尽管 Soukey 采摘开源，但并不会影响软件功能地提供，甚至要比一些商用软件的功能还要齐全。

（2）优点。

Soukey 功能丰富，毫不逊色于商业软件。

三、研学旅行项目市场调查的程序

研学旅行市场调查的程序，一般分为调查准备、调查实施和调查结果处理三大阶段。在三大阶段中又包含了研学市场调查的四个步骤：确定问题和研究目标、制订市场调查计划、收集和分析数据、提交调查报告。研学旅行企业开展市场调查可以委托专业市场调查公司来做或是研学旅行企业设立市场研究部门负责此项工作。

（一）调查准备阶段

1. 确定问题和研究目标

市场调查的第一步就是要求研学旅行企业的管理者和营销人员确定问题和研究目标。研学旅行企业的管理者必须善于把关，对问题的定义既不能太宽泛，也不能太狭窄。

2. 确定收集资料的范围和方式

调查计划要求既要收集二手资料，又要收集一手资料。二手资料是指已经存在并且已经因为某种目的而被收集起来的资料。一手资料是指为当前的某种特定的目的而专门收集的原始资料。二手资料容易获得，成本较低，但调查人员所需资料可能不存在，或者现有资料已经过时、不正确或者不完全可靠。一手资料虽然收集成本较高，其数据往往更适用当前存在的问题。

3. 制订调查计划

市场调查准备阶段的一个重要工作就是要制订具体的调查计划，完善的市场调查计划一般包括调查的要求、调查的内容、调查表、调查地区范围和如何选取样本方法等，确保调查实施有章可循。

（二）调查实施阶段

1. 对调查人员进行培训

调查开始前要对调查人员进行必要的培训。培训内容包括调查的基本方法和技巧、研学产品的基本情况、实地调查的工作计划、调查的要求及要注意的事项确保调查人员具备相关工作能力。

2. 进行实地调查

市场调查的各项准备工作完成后，便可以开始进行问卷的实地调查工作了。进行实地调查要做好两方面工作。

（1）做好实地调查的组织领导工作。

实地调查是一项较为复杂烦琐的工作：要按照事先划定的调查区域确定每个区域调查样本的数量、调查人员的数量，每位调查人员应访问区域内样本的数量及访问路线；每个调查区域应配备一名督导人员；明确调查人员的工作任务和工作职责，确保任务清晰、目标明确、责任到人。

（2）做好实地调查的协调、控制工作。

调查组织人员要及时掌握实地调查的工作进度完成情况，协调好各个调查员的工作进度；要及时了解调查员在访问中遇到的问题，及时解决调查中遇到的共性问题，提出统一的解决办法。

每天访问调查结束后，调查员应先对回收的问卷进行自查，然后由督导员复核，找出存在的问题，以便在后续调查中及时改进。

（三）调查结果处理阶段

1. 调查资料的整理和分析

实地调查结束后，进入调查资料的整理和分析阶段。收集好已填写的调查问卷后，调查人员对调查问卷进行检查，剔除不合格调查问卷，将合格调查问卷统一编号，以便于调查数据统计。

2. 撰写调查报告

市场调查的最后一个步骤就是撰写一份高质量的调查报告。调查报告是研究工作的最终成果，也是制定市场营销决策的重要依据。调查报告根据读者的不同需要可分为专题性报告和一般性报告。这两种报告分别适合不同兴趣和不同背景的读者，专题性报告是供专业人员做深入研究用的，一般性报告供研学旅行企业领导或公众参考。

调查报告的结构一般包括封面、目录、研究结果摘要、前言、调查结果、结论和建议、附录七个部分报告通过严谨的结构与翔实的内容，有效支撑研学旅行企业的战略决策与市场行为。

四、撰写研学旅行项目市场调查报告

（一）市场调查报告的标题

标题是市场调查报告的题目，一般有两种形式。

1. 公文式标题

由调查对象和内容、文种名称组成，例如《关于 2013 年全省入境游客消费结构构成调查报告》。同时，实践中常将市场调查报告简化为"调查"。

2. 文章式标题

用概括的语言形式直接交代调查的内容或主题，例如《全省旅游纪念品购买力调查报告》。这种类型市场调查报告的标题多采用双题（主副题）的结构形式，以增强吸引力与引导性，例如《市场在哪里——研学旅行的潜在客户群调查》等。

（二）市场调查报告的引言

引言又称导语，是市场调查报告正文的前置部分，要求简明扼要、精练概括。一般包含调查的目的、时间、地点、对象、范围、方法等与调查者自身相关的情况，也可概括市场调查报告的基本观点或结论，帮助读者快速了解全文内容与意义。然后用一过渡句承上启下，引出主体部分。这部分文字务求精要，切忌啰嗦复杂；视具体情况，有时亦可省略这一部分，以使行文更趋简洁。

（三）市场调查报告的主体

主体部分是市场调查报告的核心，也是写作的重点和难点。主体部分要完整、准确、具体地说明调查的基本情况，进行科学合理的分析预测，并在此基础上提出有针对性的对策和建议。具体包括以下三方面内容。

1. 市场调查报告的情况介绍

市场调查报告的情况介绍，即对调查所获得的基本情况进行介绍，这是全文的基础和主要内容。采用叙述和说明相结合的手法，讲述调查对象的历史和现实情况，包括市场占有情况，生产与消费的关系，产品、产量及价格情况等。在具体写法上，既可按问题的性质分类，采用设立小标题或者概括主旨的形式；也可以按时间为序展开，或者列示数字、图表或图像等加以说明。市场调查报告力求做到准确和具体，富有条理性，以便为下文进行分析和提出建议提供坚实、充分的依据。

2. 市场调查报告的分析预测

市场调查报告的分析预测，即在对调查所获基本情况进行分析的基础上对市场发展趋势做出预测，它直接影响有关部门和企业领导的决策。要采用议论文的写作手法，对调查获得的资料条分缕析，进行科学的研究和推断，得出符合事物发展变化规律的结论性意见。用语要富有论断性和针对性，做到细致入微、言简意赅，切忌脱离调查所获资料空泛议论。

3. 市场调查报告的营销建议

这层内容是市场调查报告写作目的和宗旨的体现，要在上文调查情况和分析预测的基础上，提出具体的建议和措施，供决策者参考。建议应具有针对性和可行性，能够切实解决问题。

（四）市场调查报告的结尾

结尾是市场调查报告的重要组成部分，要写得简明扼要、短小有力。结尾一般是对全文内容进行总括，以突出观点，强调意义；或是展望未来，以积极乐观的笔调作结。视实际情况，这部分可适当省略以使行文更趋简练。

第三节　研学旅行项目市场渠道策略

一、研学旅行产品营销渠道的概念

研学旅行产品营销渠道，是指研学旅行产品从生产企业向消费者转移过程中经过的取得产品使用权，或帮助使用权转移的中介组织和个人，即这个过程中经过的各个环节连接起来而形成的整个流通结构。研学旅行产品营销渠道主要包括各类研学旅行产品的批发商、零售商、代理商，以及学校、教育辅导机构和基（营）地等。

二、研学旅行产品营销渠道的类型

(一) 直接营销渠道和间接营销渠道

根据旅游生产企业在营销活动中是否经过中间商来划分,研学旅行产品营销渠道可分为直接营销渠道(无中间商)和间接营销渠道(有中间商)。

1. 直接营销渠道

直接营销渠道也称零层次渠道,是指研学旅行企业不通过任何中间商而直接把研学旅行产品销售给研学者的销售渠道。这是一种传统的销售模式,主要依靠研学旅行企业的市场销售部来进行,中间不经过任何环节,结构比较单一,没有其他任何组织和个人介入,也无层次环节多少之分。直接营销渠道的模式有以下三种。

(1) 学校直接购买。

学校方提出研学旅行需求,研学旅行企业通过竞标的方式直接销售研学旅行产品,旅游景点、餐馆、酒店、汽车租赁等旅游接待企业经常采用该模式。

(2) 直接预订。

家长或者研学旅行者利用电话、互联网等现代化通信工具直接向研学旅行企业预订产品。

(3) 通过销售网点购买。

这一模式是指研学旅行企业在目标市场设立自己的销售网点,例如教育辅导机构网点、研学旅行公司的销售网点等,适用于规模较大的研学旅行企业,以此来达到提高知名度和扩大销售量的营销目的。

直接销售渠道可以省去支付给中间商的费用,降低产品成本,获得价格竞争优势。同时,直接销售渠道可以使研学旅行企业及时获取旅游消费者的需求信息,建立客户消费档案,从而有针对性地提高研学旅行产品和服务的质量。

2. 间接营销渠道

间接营销渠道是指研学旅行企业通过一个或多个旅游中间商将其产品销售给消费者。研学旅行产品使用权的转移由旅游中间商来负责,研学旅行企业不直接向消费者售卖,而是通过一个或多个中间商进行售卖。间接营销渠道,通常也叫多层次营销渠道。按中间环节的多少和使用平行渠道的情况,间接营销渠道有以下三种模式。

一是一级营销渠道,又称为单层次销售渠道,是指研学旅行企业通过一个层次的中间商向消费者销售其产品。这种模式的中间环节较少,流通成本较低,能在瞬息万变的市场环境下快速将研学旅行产品推向市场,但销售的范围和规模有限,仅适用于规模较小、地区狭窄、产品单一的研学旅行产品。这一模式主要应用在代客订票、代订酒店、预约营地、预约研学课程等业务中,这些零售商不是向生产企业收取佣金,而是向消费者收取佣金。

二是二级营销渠道,或称二层销售渠道,是指研学旅行企业先通过旅游批发商,旅游批发商再经由旅游零售商把研学旅行产品销售给消费者。旅游批发商以较低的价格大量购买研学旅行企业的某种产品,并根据自己目标市场的不同需求进行组合,然后经过旅游零售商销售给消费者。这种销售渠道包含了旅游生产企业到旅游批发商、旅游批发商到旅游零售商、旅游零售商到消费者三个环节。

三是多层次营销渠道,是指研学旅行企业通过旅游代理商,经由旅游批发商再到旅游零售商,最终将研学旅行产品销售给消费者。因为中间环节多于三种及以上,因此也称多层次销售渠道。当前,该销售渠道模式广泛应用于我国国际研学旅行市场拓展中。在这种销售渠道中,研学旅行产品从我国的研学旅行企业开始,经国内旅游批发商,通过国外的旅游代理商再经由国外的旅游零售商到达国外研学旅行者手中。

(二) 长渠道和短渠道

根据研学旅行产品销售过程中经过的中间环节的长短可将营销渠道分为短渠道和长渠道两种。营销渠道的长度取决于产品流通过程中经过流通环节的多少。

1. 短渠道

短渠道是指产品从生产者向消费者转移过程中,只经过一道环节。渠道越短,中间环节产生的营销费用就越少,信息传递快,销售及时,能对营销渠道进行有效的控制,旅游消费者购买研学旅行产品的价格也较低。但是研学旅行企业需承担的销售任务就越多,需要生产商投入大量人力、财力,可能增加费用,不利于生产企业大批量组织生产。

2. 长渠道

长渠道是指旅游生产者经过两道或两道以上的中间环节,把产品销售给消费者,如通过旅游批发商、旅游零售商等。旅游销售渠道越长,销售环节越多,企业可以有效地覆盖目标市场,扩大产品的销量。但是由于环节增多,销售费用也会随之上涨,影响生产者及时获得市场信息并迅速占领市场。营销渠道的"长"与"短"只是相对而言的,流通过程不同,并非是衡量营销渠道优劣的标准。

(三) 宽渠道和窄渠道

研学旅行产品营销渠道的宽度是指营销渠道中销售产品的中间商或销售网点的数目以及网点分配的合理程度。按渠道的宽窄,产品营销渠道可分为宽渠道和窄渠道两种。

1. 宽渠道

宽渠道,就是在某一销售环节上使用的同类中间商较多,产品在市场上的销售面较广的营销渠道。通常说的要多设营业网点,就是指加宽销售渠道的宽度。如,一般化、大众化的研学旅行产品主要通过宽渠道销售,通过多家批发商或代理商经销给更多的零售商去销售,从而能大量地接触研学旅行消费者,大批量销售研学旅行产品。

2. 窄渠道

窄渠道,就是在某一销售环节上使用的同类中间商较少,产品在市场上的销售面较窄的营销渠道。窄渠道易于企业控制,一般只适用于专业化较高、特色较强或者费用较高的高端研学旅行产品。

(四) 单渠道和多渠道

研学旅行企业根据其采用的销售渠道类型的多少,可将销售渠道划分为单渠道和多渠道两种类型。具体而言,单渠道指的是企业完全依靠自身直接销售或完全委托给批发商进行销售,不涉及其他类型的销售渠道。多渠道则是指企业根据目标市场的不同特点和需求,灵活运用多种销售渠道,以适应不同消费群体的购买习惯和需求。这种策略的实施有助于企业更好地拓展市场,提高销售效率和客户满意度。

三、研学旅行产品销售渠道的选择

线上渠道在研学旅行市场中占据举足轻重的地位,这得益于它突破地理界限、时间限制和空间约束的能力。此外,线上渠道凭借大数据资源、广泛的用户流量以及多样化的销售渠道等优势,进一步提升了研学旅行的便捷性,使其更加符合旅游者的需求和习惯。然而,线上渠道的发展尚处于初级阶段,相较于传统线下销售渠道,线上渠道在品牌知名度、用户体验感、信用度以及区域性资源等方面仍存在不足。因此,目前线上渠道面临客户投诉率上升等挑战。

传统线下渠道则凭借直面消费者的实体品牌、专业服务团队及区域资源优势,提供良好的用户体验,但受限于不够便捷、覆盖范围有限、缺乏系统化工具等短板,发展面临挑战。线上、线下渠道各有优劣,唯有两者融合,整合优势资源,构建系统,不断创新,取长补短,方能推动研学旅行行业的可持续发展。

(一)在线旅行渠道

在线旅行(OTA)渠道允许消费者通过网络或电话预订机票、酒店、旅游线路等产品或服务,通过线上支付或线下付费完成交易。结合中国在线旅游现状,通过服务商网站查询并经呼叫中心成功预订的交易也计入网络旅行交易。

OTA 作为线下旅游服务的中介,具备低频次、高单价特点,为消费者提供预订、比价、在线支付等一站式服务,解决信息不对称、预订耗时长等问题,同时满足企业销售需求,提升产业链整体运营效率,具有长期投资价值。OTA 能够优化消费者体验,降低商家获客成本,提高预订环节效率,完善研学旅行价值传递流程。

(二)新媒体渠道

新媒体营销是指利用新媒体平台进行营销的方式。在 Web2.0 带来巨大革新的时代,营销方式也发生了变革。新媒体具有沟通性(Communicate)、差异性(Variation)、创造性(Creativity)、关联性(Relation)、体验性(Experience)等特征。进入新媒体传播时代,研学旅行企业可以使用公司网站、二维码、短视频、微博、微信、直播等新媒体平台进行营销。

1. 公司网站

研学旅行企业应该建立属于自己的网站,发布产品信息,塑造企业文化,维护与公众、市场的联系,树立并推广品牌。选购优质服务器,设置产品信息板块发布新品、报价、付款方式、联系方式等信息;设立研学旅行行业板块,分析市场与行业前景,吸引合作企业;展示已举办的研学活动,吸引潜在客户;搭建售后服务板块,明确产品质量问题处理方式,建立客户信任。

2. 二维码

二维码相比一维码,具有信息容量大、误码率低、编码范围广等优势,可将图片、声

Note

音、文字、签名、指纹等数字化信息编码,制作简便、成本低、耐用。研学旅行企业可设计产品美图搭配二维码说明,确保二维码清晰可见,美图交由专业美工美化,发布于社交群、论坛、微博等平台;也可制作与二维码关联的图片、视频,快速提升产品的知名度。

3. 短视频

随着短视频平台的发展,用户参与短视频营销的热情高涨。短视频具备其他营销方式无法比拟的优势,成为人们接受信息、记录生活的新方式。短视频平台用户量庞大,品牌覆盖面广,缩短用户转化路径,提升转化率。抖音等平台通过内容创意缩短转化路径,吸引用户,提高品牌转化率。

4. 微博

微博营销是指通过微博平台为商家、个人等创造价值而执行的一种营销方式,也是指商家或个人通过微博平台发现并满足用户的各类需求的商业行为。微博营销以微博为平台,通过更新内容与网友交流互动,发布热点话题,实现营销。微博营销注重价值传递、内容互动、系统布局、精准定位,营销效果显著。微博营销涉及认证、有效粉丝、话题、开放平台、整体运营等,内容要新颖,可以利用图片、文字吸引粉丝。

5. 微信

微信包括微信群、朋友圈、公众号三类营销渠道。企业微信应设置易于记忆的昵称、体现产品定位的签名、展示工作场景或产品的封面。朋友圈内容规划应体现专业性,让更多人了解企业业务,增强信赖感。微信群要设定运营目标,准备话题,筛选活跃用户,维护良好关系。微信公众号基本无篇幅限制,能够提供优质内容,助力塑造专业形象与个人品牌。

6. 直播

直播营销以直播平台为载体,随事件进程实时制作播放节目,旨在提升品牌知名度或增加产品销量。直播营销是营销形式的重要创新,充分体现了互联网特色。

(三) 中间商

中间商是连接研学旅行企业与消费者,专门从事研学旅行产品转售的经济组织或个人。旅游中间商主要有旅游代理商、旅游经营商、旅游分销商、旅游俱乐部、旅游经纪人五类,它们以不同方式运作。

1. 旅游代理商

旅游代理商包括旅游批发代理商和旅游零售代理商。旅游代理商的主要任务是销售研学旅行产品,促进供应商与潜在消费者的直接联系。与传统零售商不同,旅游代理商不购买产品,不加价销售,而是从研学旅行企业获取佣金。

2. 旅游经营商

旅游经营商主要销售包价研学旅行产品,可以直接采购产品(享有较大折扣),也可以自行提供产品。消费者购买包价产品可享受便利与价格优惠。

3. 旅游分销商

旅游分销商通过购买未售研学旅行产品,并将产品直接销售给个体旅游消费者或以折扣价供给旅游代理商。

4. 旅游俱乐部

旅游俱乐部用于促销团体研学旅行产品。旅游俱乐部通常会制订团体研学旅行行动计划,依据此计划,俱乐部全体成员可以以优惠价格购买旅行产品或服务。

5. 旅游经纪人

旅游经纪人作为中介,不拥有产品所有权,不控制价格和销售条件,仅为研学旅行企业与消费者牵线搭桥,促成交易后收取佣金。

研学旅行企业可通过中间商主动接触或企业主动寻找中间商建立业务关系。在选择中间商时,研学旅行企业应详细调查分析中间商的市场重点、经营范围、产品种类、竞争对手、市场地位、销售实力、信誉、服务水平、偿付能力、与银行的关系、历史背景、现状与发展趋势、规模与数量、对供应商依赖程度、对本企业产品的兴趣与合作意愿等。对比分析后,选定中间商并进行 3—6 个月的"试用期",根据试用效果决定是否与该中间商签订为期三年及以上的合作协议。

（四）辅导机构与学校

研学旅行受文旅融合、素质教育热、政策支持等因素驱动,发展迅猛。辅导机构与学校作为研学旅行主要责任人,通常由学校主导研学旅行的整体设计。校方在选择研学旅行企业时,应关注企业资质、明确服务内容、确定行程、确保行程安全,并且要求中间商做到方案科学、价格合理、服务质量有保障等。

出于安全责任考虑,许多学校不愿组织研学旅行活动。为此,建议教育主管部门、学校、家长、研学旅行企业四方签署协议,明确各方在研学旅行中的责任与权利。一旦出现问题,依据协议追责。如研学旅行企业违约,学校应将其列入黑名单,不再采购该研学旅行企业的产品与服务,并依法追责。

第四节　研学旅行项目市场促销策略

一、研学旅行项目广告推广策略

（一）研学旅行广告的概念

研学旅行广告是指研学旅行企业借助一定的宣传媒体以付费的方式,将有关研学旅行产品和服务的信息传播给目标研学旅行消费者的一种有偿宣传方式。

研学旅行广告主要由研学旅行广告主体、广告客体和广告媒体三方面构成。研学旅行面向市场主体为学生的特点决定了其广告形式不能囿于传统广告,而是要多使用新媒体、互联网等新的广告平台和手段,与研学旅行消费者建立互联和互动,实现营销目标。

（二）研学旅行广告的类型

通过对研学旅行广告进行分类,同学们可以加深对研学旅行广告的了解。根据不同的分类标准研学旅行广告可以分成不同的类型。

根据使用媒体的不同进行划分，研学旅行广告不仅包括大众媒体广告，如报纸杂志、电台、电视、户外媒体等，还包括新媒体广告，如博客、微博、微信、电子杂志、网络视频、数字电视等。

根据具体针对对象，研学旅行广告可分为研学旅行者广告、研学旅行中间商广告、研学旅行相关企业广告等。

根据传播范围的不同，研学旅行广告可划分为国际性广告、全国性广告、地区性广告、地方性广告等。

根据表现的艺术形式分类，研学旅行广告可分为图片广告、文字广告、表演广告、演说广告、情节广告、标识广告等。

根据表现方式分类，研学旅行广告可分为印象型广告、说明型广告和情感诉求型广告。

二、研学旅行项目营业推广策略

（一）研学旅行营业推广的概念

研学旅行营业推广是指研学旅行企业在特定时期，固定预算和一定的空间范围内，促使研学旅行消费者尽快购买研学旅行产品而采取的一系列临时性促销手段。

（二）研学旅行营业推广的方式

依据研学旅行营业推广对象的差异，可将研学旅行营业划分为三类推广方式。营业推广对象主要包括研学旅行消费者、研学旅行中间商以及研学旅行销售人员。

1. 针对研学旅行消费者的营业推广

一般旅游产品的适用范围广泛，对精准投放的要求相对较低。然而，研学旅行产品独具特点，其主要消费群体为在校学生，因此针对这一受众群体的市场营销策略至关重要，具体措施如下所述。

（1）免费体验。

研学旅行主办方可以邀请特定学校或教育机构的学生参加不付费的体验活动，同时积极收集学生反馈，借助目标群体的影响力扩大传播范围。此策略主要适用于新款研学旅行产品的推广。

（2）赠送优惠券。

研学旅行作为一种具有公益性质的活动，它的发展离不开政府、学校和社会三方面的协同努力，以降低学生个人负担。发放优惠券的方式在一定程度上能够缓解学生的经济压力，同时提高学生回购率，有助于研学机构稳定客户群。

（3）赠送研学旅行纪念品。

研学旅行企业可采取向学生赠送太阳帽、遮阳伞、文化衫、旅行包等研学旅行纪念品的方式，实现业务宣传与推广。

（4）有奖竞赛或抽奖。

消费者在购买特定额度的旅游产品后，有权参加每月一次的抽奖活动。若幸运中奖,消费者可免费体验企业提供的某项活动或产品。

2. 针对研学旅行中间商的营业推广

为了拓展研学旅行企业的销售途径,争取合作伙伴的信任与支持,企业会通过中间商,向目标客户群体进行推广。以下为常见的针对研学旅行中间商的营业推广策略。

(1)价格折扣。

研学旅行企业依据与研学旅行中介机构签订的合约,针对房费、餐费、交通及门票等支出项目,提供相应优惠减免。

(2)研学旅行广告津贴补助。

研学旅行企业倾向于对研学旅行中间商提供部分广告费用补贴,或者以广告津贴的方式激励中间商进行适度广告宣传。

(3)提供研学旅行宣传品。

促使研学旅行中介机构树立品牌意识,塑造良好品牌形象,并激发中介机构销售或推广特定研学旅行产品或项目的积极性。同时,为中介机构宣传研学旅行产品提供便利,向他们提供音像资料、宣传册等。

(4)赠品。

研学旅行企业针对部分重要的研学旅行中间商,予以一定程度的奖励,以示鼓励。

(5)旅游展销会推广。

参与旅游产品展销会亦为推广研学旅行的一种常用策略,借此方式,企业可以为研学旅行中间商提供宣传与促销的平台。

3. 针对研学旅行销售人员的推广

在营业推广活动中,销售人员扮演着至关重要的角色,他们是企业与消费者直接互动的关键。销售人员的业绩表现直接关系到研学旅行企业的盈利状况。因此,为了激发销售人员的积极性和创造力,提升公司整体收益,企业通常会采取一系列的激励措施。这些措施旨在激发销售人员的潜力,推动他们更好地履行职责,从而实现企业目标的最大化。

(1)提成让利。

研学旅行企业可赋予研学旅行销售人员一定程度的定价权限,超过一定利润空间的收益将作为销售人员的提成;或者在销售每件研学旅行产品时,企业会给予销售人员相应的利润分成。

(2)销售竞赛。

企业要对每年度或季度的销售数据进行汇总,以便评选出表现杰出的销售人员,给予他们相应的奖励。这种做法既能及时地对优秀销售人员给予鼓励,保持他们的工作热情,同时也能树立起优秀人员的典范和引导作用,激发其他销售人员的工作积极性。

(3)销售奖励。

研学旅行企业可以采取以下措施激励销售人员:在佳节时分赠送礼品;按照预先约定的规则对完成销售任务的人员颁发奖金或奖品;定期组织销售团队旅游等。

(三)研学旅行营业推广步骤

1. 选择推广对象

在营业推广活动中,针对各类对象制定相应的推广目标至关重要。旅游企业需全面审视不同情况,明确目标受众,例如是面对个人还是面对团体,是面向旅游者还是面向旅游中间商或者推销人员。对推广对象范围的精准把控,有助于旅游企业找准主攻方向,从而顺利实现营业推广目标。此外,选择适当的推广范围亦十分重要,范围过大可能导致推广效率降低,而范围过小则不利于拓展新市场。

2. 确定推广规模

在进行推广活动时,推广规模的选择应结合推广对象及企业自身资金状况进行全面评估。在实施营业推广时,尤其需要关注推广规模的合理性。过大的规模和过长的执行时间可能导致促销效果减弱,同时增加成本;规模过小则无法达到预期效果。因此,企业需根据推广目标和预期效果来确定适宜的推广规模。通常,研学旅行企业可以分析各类营业推广活动中销售业绩与成本增加的相对比例,以确定最优推广规模。

3. 分析推广途径

推广途径是指向推广对象传递信息的渠道,主要包括广告、宣传单、邮寄、推销卡、新闻报道、人员推销和电话推销等。在明确推广对象和规模的基础上,选择适当的推广途径至关重要。研学旅行企业应在评估推广途径的费用、效益以及了解推广对象对信息最佳接收方式的基础上,选择最具成效的推广途径。

4. 选择营业推广工具

研学旅行产品在选择营业推广工具方面与实物推广存在显著差异。鉴于研学旅行产品的价值在于实践体验,消费者无法直接通过实物展示来感知其特点。因此,我们总结了以下研学旅行产品常用的营业推广工具。

(1)赠券。

赠券是为购买特定产品的消费者提供的优惠凭证。在研学旅行过程中,住宿、餐饮等必要费用的产生是不可避免的,通过赠券的方式减免这些费用,能够激发消费者的二次消费意愿。此外,赠券不仅有助于提升成熟期产品的销售业绩,而且对于新产品引入阶段的推广同样具有显著效果。

(2)顾客酬谢。

一方面,对频繁购买企业产品或服务的客户,予以现金或其他形式的奖励。另一方面,为回头客提供特别优惠,以此提升客户对企业产品的认知度与好感度。

(3)售点陈列。

售点陈列是指在买卖现场进行的各种陈列和演示。售点陈列可以用来宣传企业的产品或服务,或者销售企业的产品和服务。

(4)竞赛、抽奖和游戏。

竞赛、抽奖及游戏等活动,作为常见的推广手段,能为消费者提供赢得特定奖品的机会。

(5)赠品。

赠品是指以较低价格或免费方式提供的物品,旨在激发消费者购买特定产品的欲望。

三、研学旅行项目公共关系策略

（一）公共关系概念

公共关系是营销沟通的一种形式，其面向现有购买者、潜在购买者或其他利益相关群体传递产品或服务的价值，并影响他们对企业的产品或服务的感受、观点和信心。

研学旅游业公共关系以社会公众为对象，信息沟通为主要手段，通过一系列决策与行动，树立、维护、改善或改变研学旅行企业或旅游产品的形象，增进旅游企业与社会公众之间的良性互动，从而提升人们对研学旅行行业的认知度和美誉度。

（二）公共关系活动

公共关系活动是企业为了维持与特殊公众和普通大众之间的关系而举行的若干活动的总和。研学旅行企业的营销人员可运用多样化的公关策略来实现目标。现将主要的公关手段列举如下。

1. 新闻公关

新闻公关的客观性和准确性赋予了公众对新闻的高度信任。新闻公关的功能并非仅限于此。当有利于研学旅行企业的新闻发生时，新闻界客观公正的正面报道能够吸引公众关注和了解企业，对企业形象塑造和产品销售产生深远影响。反之，若出现不利于研学旅行企业的新闻，新闻界的报道可能会对企业发展带来不良影响。因此，研学旅行企业的公关人员应与媒体保持紧密联系，争取新闻界的支持，以便在消息发布前通知企业，使企业有足够的时间做好准备。

除对已发生的新闻进行宣传报道，研学旅行企业还可以有意识地"制造新闻"。涉及企业、产品及员工形象的主题，或是公众关注的社会热点，均可作为"制造新闻"的素材。

2. 举办专题活动

企业仅依赖单一的宣传方式难以实现预期效果，众多研学旅行企业倾向于采取线下方式开展公共关系活动，这些活动能在很大程度上助力企业公共关系方案的实施。通过举办专题活动，研学旅行企业能够实现与消费者的面对面接触，往往能达到预期目标。常见的专题活动包括：赞助和支持各类社会活动；参加或举办专题展览会；对外开放参观旅游企业；开展联谊活动；庆祝周年和特殊节日庆典活动五种。

3. 出版各种宣传资料

研学旅行企业可以印发、出版涵盖企业发展历程、宗旨及产品介绍等信息的宣传资料，以传播企业信息、塑造良好品牌形象。这些宣传资料多以赠送为主，制作精美，能激发公众兴趣。同时，宣传资料上注明企业地址和联系方式等信息，以便于消费者联系企业。

4. 征询公共意见，传递信息

通过搜集公众信息、开展舆论调查及民意测评等方式，研学旅行企业可以深入探究消费者的需求、消费习惯以及他们对企业与产品的期待。企业对反馈信息进行汇总与整理，不断提升企业公共关系形象，更好地服务于公众。同时，此举也有助于传递研学旅行企业的资讯,提高公众对企业的认知度。

5. 提供各种旅游服务

研学旅行企业致力于为公众带来热忱、全方位、高效且优惠的服务,以博得公众好感,进而提升研学旅行企业的品牌形象。在提供优质服务的过程中,研学旅行企业应秉持以客户为中心的理念,通过服务客户,激发客户消费需求;借助口碑传播,促使曾体验过本企业旅游服务的客户为研学旅行企业进行有力宣传。

四、研学旅行项目人员推销策略

(一) 人员推销的概念

人员推销是指企业派出的销售人员,运用营销知识和技能向顾客直接传播信息以赢得顾客的信任和好感,达到扩大销售目的的一种销售推广方式。研学旅行人员推销是指研学旅行企业派出专人向旅游消费者进行一对一的介绍、推广、宣传,以促进产品的销售。推销人员除了需要完成销售,还需要了解顾客的需求,为开拓市场做准备。

(二) 人员推销的方式

研学旅行人员推销属于直接促销,他们在没有中间环节的情况下,与旅游消费者进行面对面或电话交流,直接向他们介绍和宣传研学旅行产品或服务,以促使消费者产生购买意愿。研学旅行销售主要可分为专业人员推销和全员推销两类。

1. 专业人员推销

专业人员推销,即经过企业专业培训的并熟悉企业产品、项目等各项参数的销售人员为消费者提供推销服务的销售模式。这是企业广泛采用的推销策略之一。尽管这种方式将增加企业成本,但能带来更高收益,极大提升营销效率。在实际推销过程中,鉴于旅游终极消费者分布较为分散,专业人员推销主要针对旅游中间商和团体购买者。通常,专业人员销售主要采用以下三种方法。

(1) 上门推销。

上门推销指销售人员直接拜访旅游消费者并进行推广的方法。这种模式要求推销人员具备优秀的沟通、说服技巧以及推销技巧。学校是研学旅行的重要目标客户之一,针对研学旅行市场的促销,主要专业推销人员需走访相关学校和教育机构,探寻客户的需求,并有针对性地推广研学旅行产品。此类推销方式要求推销人员具备卓越的人际交往能力,擅长沟通交流,并具有灵活变通的能力。

(2) 电话推销。

电话推销指在合法获取消费者电话等身份信息的基础上,通过电话开展产品推广活动。这一方式要求销售人员具备优秀的语言表达能力、判断力及沟通技巧。在当前通信设施日益完善的背景下,电话使用频率逐年攀升,同时也带来了骚扰电话的增多。在进行电话推广前,研学旅行企业应准确定位潜在消费者,了解潜在消费者的购买意愿,进而采用电话方式进行产品推介。此举可避免打扰无购买意向的消费者对企业产生负面影响。

（3）推销展示会。

推销人员可借助各类会议之机，对本企业旅行产品或服务进行介绍与宣传，如交易会、洽谈会、展览会、展销会、新闻发布会等。此举既节省时间，又降低成本，且覆盖面广，单次成交规模较大。然而，此方式受会议时间限制影响较为明显。

2. 全员推销

全员推销是一种旅游企业员工对研学旅行产品或服务进行推销的一种销售模式，涉及企业在接待游客过程中的各个环节。在这种模式下，企业从业人员充分利用内部设施、设备和资料，销售自己的产品。全员推销并非仅限于个别人员，而是调动整个项目中的各个环节员工共同参与。与专业人员推销相比，全员推销要求员工在消费者主动咨询时，能够准确地阐述该环节服务特点、种类及独特优势。

这种推销方式相较于电话推销和上门推销，采取了一种更为被动的策略。推销人员只能在良好的销售环境和接待技巧的支持下，才能满足客户需求，完成销售任务。

（三）人员推销的步骤

人员推销虽作为一种灵活的销售方式，但仍需遵循一定的程序性步骤，这些步骤统称为程序化模式，亦称公式化模式。在整体框架内，推销人员根据不同情境灵活运用销售技巧，从而达到事半功倍的效果。综合而言，人员推销主要包括以下六个步骤。

1. 寻找潜在客户

在推销初期，企业若无法精确锁定目标客户，盲目地采用广泛撒网的推销方式，将导致效率低下且无法实现预期效果。因此，在开展推销活动之前，企业应积极寻找潜在客户。推销人员可以从旅游供应商、旅游中间商处挖掘潜在线索，了解目标客户的消费标准和需求，进而筛选出适合进行推销的潜在或现有客户，实现"精准出击"。

2. 推销前的准备

推销作为一门专业技术，要求推销人员对企业的产品和项目有深入的了解。为此，在推销之前，推销人员需接受全方位的培训，全面掌握企业的项目、产品及相关的推广活动，以便在解答消费者提出的各种问题时游刃有余。

在完成知识储备后，推销人员须准备相应的推销材料，如研学旅行地区的介绍材料、价目表等，以及必要的推销工具，如宣传画册等。在此基础上，推销人员应根据实际情况选择合适的推广方式，如电话推销、上门推销或全员推销等，以实现最佳的营销效果。

在与消费者沟通完毕后，推销人员应及时规划路线、时间等客观因素，以确保满足消费者的需求。

3. 面谈与讲解

研学旅行产品以实践性为特点，消费者对其内涵的实质性体验较为有限，同时，缺乏实物参照。因此，相较于实物产品的推销，研学旅行产品的推销更侧重销售人员的详尽解读。在相对短暂的推销过程中，销售人员需在有限的时间内，凸显产品的独特之处，并根据消费者的反馈，着重推荐消费者感兴趣的内容。销售人员应运用自身专业知识，结合所掌握的客户资料和实际情况，灵活运用各种讲解技巧，以吸引客户，使其认同自己推销的产品，进而激发消费者的购买欲望。在必要时，旅游企业的销售人员在讲解过程中可辅以图片和景点光盘,以加深消费者的印象。

4.处理异议

在研学旅行企业销售过程中,销售人员在面对消费者时,无论对方是否具有购买意愿,往往会产生各种异议。这些异议主要包括需求异议、价格异议、产品异议、服务异议、购买时间异议、竞争对手异议以及针对销售人员及其代表企业的异议等。这些异议无疑是对销售人员心理素质和对企业产品熟悉程度的严峻考验。

消费者产生异议的根源往往在于对产品的不了解,因此销售人员应把握这一切入点,深入分析消费者产生异议的原因,并巧妙地运用语言艺术来化解异议,以达成销售目标。

5.成交

成交是销售流程中的终极阶段,它在某种程度上体现了销售人员对异议妥善处理的结果。当消费者决定购买企业的产品时,意味着他们对企业产品或服务给予了肯定,这是成交的本质。然而,在成交过程中,企业要注意消费者行为和评价,因为在消费者尚未完全脱离推销阶段时,谨慎行事是必要的。针对保守型心理的消费者,应尽力消除其交易障碍;同时,也要致力于强化消费者的交易意识。

6.客户追踪

在与客户达成协议后,虽然意味着推销实践环节的结束,但并不意味着整个推销过程的终结。尤其对于研学旅行这类具有重复性消费特点的领域,后续的追踪和售后服务至关重要。企业通过提供满意的消费体验,最大化提升消费者的购买体验感,既能满足消费者需求,也能借助消费者之力发挥间接宣传作用。积极的消费者追踪策略,将带来双倍的正面效应。

(四)人员推销的技巧

人员推销是一项技术性较强的活动,销售人员在具备扎实的营销技巧知识储备的同时,还需具备良好的物质性要素,如得体的着装、良好的仪表和适当的妆容等。因此,成功的推销实为内在素质与外在因素共同作用的结果。

1.语言艺术

语言沟通乃一门技艺,内涵丰富且深邃。优雅的言辞能够给消费者带来身心愉悦,甚至在一定程度上影响消费者的内心世界。销售人员欲成为称职的表达者,必须关注以下几个方面。

(1)良好的外在形象能够给消费者留下一个良好的第一印象。推销人员在上岗之前应当打理自己的仪表,做到干净整洁。

(2)语气缓和,不能给消费者营造紧张和不悦的氛围。

(3)不能直接讨论话题的核心,而是利用一些其他的事件引出推销的产品。

(4)善于倾听。推销人员在推销过程中应当秉持谦逊的态度,多倾听消费者群体的观点,并且对该观点予以肯定。若消费者的观点存在隐性瑕疵,那么应该婉言提醒,时刻做到以消费者为中心。

(5)注重实际。推销人员应当注重语言的实际性,切勿高谈阔论,应该讲究实事求是。

2. 投石问路

在业务洽谈初期，双方可以畅所欲言，探讨各种话题。随后，洽谈者应适时提出一系列问题。推销人员为了核实自己掌握信息的准确性，应寻找机会，向对方提出一些自己已掌握的问题。若对方给出的回答与预期不符，说明双方中至少有一方的信息存在偏差。在这种情况下，接下来的洽谈需谨慎对待，以免因情报失误导致不良后果。

3. 掌握火候

在商业洽谈中，推销人员提出的条件，若已经过深入调研和对比分析，并得到证实，则应当坚决维护。然而，过早地揭示底牌，有时可能会阻碍洽谈的顺利进行。因此，推销人员在设定和提出条件时，应保留一定的"公差"空间。这个"公差"不宜过大，以给予消费者一定的讨价还价余地。当推销人员提出的条件，哪怕是细微之处，一旦消费者显示出让步的意愿，推销人员应迅速捕捉这一契机，逐步施压，促使消费者在其他方面做出进一步的让步，直至达到推销人员事先设定的条件为止。在此过程中，推销人员应保持冷静、审慎的态度，以确保洽谈能够高效、有序地进行。

4. 巧用筹码

针对推销人员而言，在商品畅销时自然有筹码可供利用，然而在商品滞销时，是否也存在筹码运用之可能？这取决于推销人员是否善于思考和制定策略。巧妙地运用筹码，既能拓展商品销售渠道，又能实现预期效果。

5. 当机立断

在既定目标达成之际，洽谈应迅速终结，此时应果断地达成协议并予以书面确认，以防止出现意外变故或导致进程中断。在订货会上，一种常见的情况是双方前一天达成的口头协议，第二天便被单方面取消，甚至在短短的几分钟内便出现反悔现象。这种现象的出现，原因繁多，因此推销人员需要善于把握时机，果断决策。

本章小结

研学旅行市场营销是为学校课外综合实践活动或者学生的专项校外研究性学习提供方案并实施的过程。研学市场调研的手段主要为传统调研手段、网络调研手段。信息渠道选择有学术信息获取的渠道、市场信息获取的渠道，数据挖掘工具有 Arachnid 工具、Spiderman 工具、ThinkUp 工具、Soukey 工具等。研学市场调查的程序主要分为调查准备阶段、调查实施阶段、调查结果处理阶段。研学市场调查报告包括标题、引言、主体、结尾。研学旅行产品营销渠道的类型有直接营销渠道和间接营销渠道、长渠道和短渠道、宽渠道和窄渠道、单渠道和多渠道。研学旅行产品销售渠道选择主要有在线旅游渠道、新媒体渠道、中间商、辅导机构与学校四种类型。研学旅行项目市场促销策略主要有广告推广策略、营业推广策略、公共关系策略、人员推销策略等方式。整个营销过程中，营销人员需要具备创新思维及求真务实的态度。

课后训练

一、填空题

（1）研学旅行市场营销是为学校_____或者学生的专项校外研究性学习提供方案并实施的过程。

（2）撰写研学市场调查报告内容包括标题、引言、_____、结尾。

（3）研学旅行产品销售渠道选择主要有在线渠道、新媒体渠道、_____、辅导机构与学校。

在线答题

二、思考题

（1）请简述研学旅行市场营销的概念。

（2）请简述研学旅行项目市场调查的程序。

（3）请简述研学旅行项目市场渠道策略。

（4）请简述研学旅行项目市场促销策略。

Note

第十一章
研学旅行项目品牌塑造与推广

本章概要

　　本章主要介绍品牌树立，包括品牌内涵、品牌价值、品牌效应以及研学旅行项目品牌服务平台的建设；品牌传播，包括品牌定位、整合品牌传播；品牌管理，包括品牌管理的价值法则、品牌管理实务；研学旅行产品品牌策略，包括产品品牌构成要素、产品品牌策略的具体措施、品牌战略决策策略。

学习目标

知识目标

（1）了解研学旅行品牌内涵、品牌价值、品牌效应。

（2）了解研学旅行品牌定位。

（3）了解品牌管理的概念、品牌管理实务等。

（4）了解研学旅行产品品牌及其构成要素。

能力目标

（1）掌握研学旅行产品品牌策略的具体措施。

（2）掌握研学旅行品牌战略决策策略。

素质目标

（1）具备创新创业的基本知识和能力。

（2）具备求真务实的精神。

知识导图

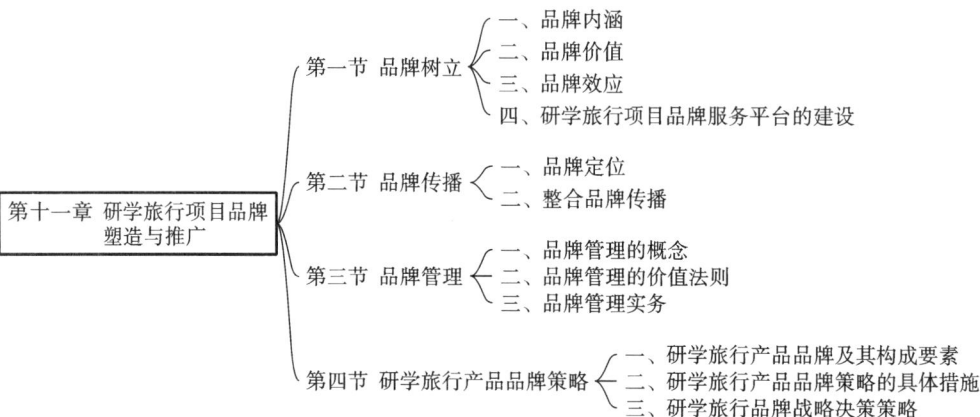

第十一章 研学旅行项目品牌塑造与推广

第一节 品牌树立
- 一、品牌内涵
- 二、品牌价值
- 三、品牌效应
- 四、研学旅行项目品牌服务平台的建设

第二节 品牌传播
- 一、品牌定位
- 二、整合品牌传播

第三节 品牌管理
- 一、品牌管理的概念
- 二、品牌管理的价值法则
- 三、品牌管理实务

第四节 研学旅行产品品牌策略
- 一、研学旅行产品品牌及其构成要素
- 二、研学旅行产品品牌策略的具体措施
- 三、研学旅行品牌战略决策策略

章节要点

（1）品牌树立。

（2）品牌传播。

（3）品牌管理。

（4）研学旅行产品品牌策略。

学习导入

左江花山投资股份有限公司

左江花山投资股份有限公司（以下简称公司）是经崇左市委、市政府批准成立的国有企业。公司主要对崇左市旅游产业工程项目进行资源整合、招商引资、策划包装、开发建设及运营管理，力争把广西崇左市打造成为面向东盟开放合作、具有民俗文化旅游、山水文化旅游、红色文化旅游、边关文化旅游特色的国际旅游城市。

目前，公司旗下运营有旅行社、游船公司、汽车投资服务公司、本色花山供应链公司、左江斜塔景区、白头叶猴生态旅游区、石景林·园博园景区、弄岗国家级保护区弄岗站、大型神话实景剧《花山》、大型花山风情音舞剧《骆越·天传》等项目。自2019年以来公司积极探索自然教育，致力于打造崇左特色研学旅行品牌。现公司拥有三处国家级研学基地项目，分别为白头叶猴国家级研学基地、弄岗国家级研学基地、花山国家级研学基地（世界文化遗产），更与广西弄岗国家级自然保护区管理中心、广西大学自然培训中心、白头叶猴管理中心等高校和管理、科研机构签订了开展自然教育的合作协议。

2020年，公司结合自身的资源特色，推出了地理类、旗舰物种类、植物类、文物类、民族艺术类等研学课程,这些课程涵盖一日游至五日游,还包括了专为家庭设计的亲子旅行课程,获得了家长们的高度好评,为崇左市的研学旅行发展起到极大的推动作用。

（资料来源:左江花山投资股份有限公司）

品牌是企业的身份象征,代表着企业的价值观、使命和愿景。品牌需要具备独特性、持续性、可靠性、可感知性和创新性,品质是核心。策划者需要具备学习、思考、洞察、创新、预测等能力,既要具备创新创业的基本知识,又要有求真务实的精神,才能做出一个好的品牌。

第一节　品牌树立

一、品牌内涵

品牌的本质是品牌拥有者的产品、服务或其他优于竞争对手的优势,这些优势能为目标受众带去同等或高于竞争对手的价值。其中,价值包括功能性利益和情感性利益。

广义的品牌是具有经济价值的无形资产,用抽象化的、特有的、能识别的心智概念来表现其差异性,从而在人们意识中占据一定位置的综合反映。品牌建设具有长期性。狭义的"品牌"是一种拥有对内和对外两面性的"标准"或"规则",是将理念、行为、视觉、听觉四方面进行标准化、规则化,使之具备特有性、价值性、长期性、认知性的一种识别系统的总称。这套系统我们也称之为CIS体系(Corporate Identity System,企业形象识别体系)。

现代营销学之父科特勒在《市场营销学》中认为,品牌是销售者向购买者长期提供的一组特定的特点、利益和服务。品牌是给拥有者带来增值的一种无形的资产,它的载体是用于和其他竞争者的产品或服务相区分的名称、术语、象征、记号或者设计及组合。品牌是企业的无形资产,能为企业带来强大的市场竞争力。增值来源于消费者心中关于其载体的印象。品牌承载的更多是一部分人对产品及服务的认可,是一种品牌商与顾客购买行为间相互磨合衍生出的产物。

二、品牌价值

"品牌价值"的关键在于"价值",这一概念起源于经济学中的"价值"理念。它表明品牌具备使用价值和交换价值的双重属性。进一步而言,品牌价值的内核在于其货币化的"财务价值",这是品牌在市场交易中所体现的价值,成为品牌管理要素中的核心部分,同时也是品牌区别于同类竞争产品的显著特征。

经济全球化使市场竞争日益激烈,企业竞争已上升为品牌竞争。品牌代表了产品质量、知名度、信誉度和企业形象,它们构成了品牌价值。品牌设立旨在突出产品特点,市场经济的不断完善使品牌内涵更加关注消费者精神体验。品牌价值在产品与消费者互动中塑造,被赋予更多文化价值。研学产品开发周期逐渐缩短,消费者逐渐秉持理性消费观念。从市场营销角度看,品牌是激发消费者持续消费的驱动力,能提升消费者对产品的忠诚度。为实现品牌个性化和特色化,企业正不断扩展其应用领域,将品牌的核心理念向市场化延伸,应用范围不断扩大。

三、品牌效应

品牌效应是品牌在产品上的使用,是企业在社会市场中价值的延续,是塑造企业形象的有效途径,是产品经营者通过使用品牌而获得的利益。在品牌导向的商业模式中,品牌效应涉及商品定位、经营模式、消费及利润回报等方面。品牌效应能建立企业声誉,展示品牌质量、特性、性能及用途,吸引品牌用户。

从用户视角出发,品牌可以理解为名称、术语、标志、包装风格、广告形象、价格水平、质量信誉以及诸多其他复杂含义的集合。现今的品牌文化为精神、物质与行为的有机融合。品牌文化是以品牌为灵魂与核心的精神定位,是以物质层面的品牌产品或服务作为载体,是以品牌传播、营销行为、实践为整合方式的整体反应。公众通过商标认知品牌至关重要。品牌既是符号,也是象征。品牌的无形价值体现在品牌形象上,而品牌效应则主要表现在以下几个方面。

(一)品牌的差异效应

品牌的效应是品牌在产品中的差异,而品牌用户所呈现的差异和效果是品牌差异效果的外在体现。品牌的差异效应推动了竞争性品牌差异化战略的实施。企业在打造品牌时,往往倾向于多元化发展并塑造自身品牌优势。

(二)品牌的光环效应

品牌的光环效应有助于品牌用户形成和保持和谐共鸣的心理印象,品牌效应创造了品牌忠诚度,增强了企业的品牌形象,深化了品牌价值。深入了解品牌光环效应,高度关注品牌拓展,打造品牌共鸣。用户有机会通过商品或服务,将自己的价值观或社会价值观与品牌价值紧密联系起来。

(三)品牌的情感效应

品牌的情感效应与用户相互作用时,情感会在决策中起到很大的作用。用户在评价品牌时,情感偏好对品牌具有显著的影响。品牌的忠诚度源于品牌的积极情感的影响,这种影响力远高于其他品牌属性,且影响力更为显著。

(四)品牌的附加效应

品牌的附加效应导致品牌价值的提升,品牌附加值是品牌通过各种方式在产品的有形价值上附加的无形价值。企业通过满足用户心理需求或提供高品质的产品与服务，将品牌附加效应转化为特定的品牌价值。

四、研学旅行项目品牌服务平台的建设

（一）研学旅行品牌服务平台建设的意义

构建研学品牌服务平台，可以协调研学知识产权权益。在快速推进服务平台的构建过程中，不仅促进各类文化知识产权专利的研发与共享，还扩大参与研学企业数量，减轻企业产品开发成本与风险，同时加快研究开发与产业化进程，进一步提高研学企业在知识领域的应用效率。此举将有助于研学市场品牌体系的加速构建，推动研学产业的蓬勃发展。

（二）研学旅行品牌服务平台的分类

从来源看，研学旅行品牌服务平台有五大类：一是以国家文旅部指导的研学事业机构为主的平台，提供中小学教育教学计划，为研学旅行基地设置标准，并对组织管理、安全责任提醒、经费筹措机制进行指导；二是政府各部门以研发研学基地产品为载体的公共服务平台，如博物馆、图书馆、展览馆、纪念馆等；三是各大高校、科研机构、大型企业的研发部门等，可作为研学开放性知识管理和技术服务平台；四是由旅行社演变或直属部门专门开发的研学旅游网络服务平台；五是其他小型企业为支持国家研学政策而自主研发的研学旅游产品服务平台。

（三）研学旅行品牌服务平台的特点

1. 公益性

政府部门建设的研学基地，主要服务于中小学教育，打造一个开放、共享、多功能、跨学科、多用户、资源保障的教育服务平台。此类基地具有推动国家教育进步、世界科技繁荣以及社会经济发展的公益性特点。因此，推进研学基地建设是政府部门一项社会公益性举措。

2. 专业性

研学旅行服务主要面向中小学生。在构建服务平台时，各部门需具有高度专业性，各环节均遵循质量服务体系标准。服务系统还需结合传统知识与科技创新等特质，为中小学生提供精准学习指导与成果转化等专业性服务。

3. 综合性

研学旅行品牌平台构建涉及多行业、多领域及多人群，产品涵盖各类知识和科技体系。平台整合共享社会资源，与教育部门、中小学生、企业基地等紧密合作，以共同开展政治、文化、经济等活动。

第二节　品牌传播

一、品牌定位

（一）品牌定位含义

品牌定位是指企业在市场定位和产品定位的基础上,对特定的品牌在文化取向及个性差异上的商业性决策,它是建立一个与目标市场有关的品牌形象的过程和结果。换言之,即指为某个特定品牌确定一个适当的市场位置,使商品在消费者的心中占据一个特殊的位置。品牌定位是品牌经营的首要任务,是品牌建设的基础,是品牌经营成功的前提。品牌定位在品牌经营和市场营销中起到不可估量的作用。品牌定位使品牌与这一品牌所对应的目标消费者建立了一种内在的联系。

品牌定位是市场定位的核心体现和集中体现。在确定目标市场后,企业需针对性地设计、打造自身产品、品牌及企业形象,以赢得目标消费者的认同。市场定位的终极目标在于推动产品销售,而品牌则是企业传播产品相关信息的关键载体,同时也是消费者选择商品的主要参考。因此,品牌扮演着连接产品与消费者的桥梁角色,品牌定位便成为市场定位的核心与集中体现。

科特勒认为,营销人员可从三个层面来对品牌进行定位:首先,在最低层次上,通过产品属性进行品牌定位;其次,在产品属性上,企业可以将品牌名称与消费者渴望获得的利益相结合,实现更有效的品牌定位,许多企业通过强调利益成功地打造了品牌;最后,在利益之上,企业可以围绕产品为消费者创造的情感体验来定位品牌。最成功的品牌定位应超越产品属性或产品利益,深入消费者的内心深处,将品牌定位在消费者的思想和精神层面,打动消费者的内心。

（二）研学品牌定位的内容

1. 品牌区隔的建立

品牌区隔就是要让你的品牌（产品）在消费者的心智中实现区隔,抢占心智资源。换言之,定位的本质便是区隔。品牌拥有独特性,是构建品牌区隔的理想途径。

2. 品牌作用、方向和消费者心理

品牌作用、方向及消费者心理在企业商标使用决策中扮演着至关重要的角色,这些因素共同构成了品牌定位的基石。

3. 品牌重新定位

随着市场环境变动以及消费者商品偏好的转变,企业需针对品牌态势进行相应调整,如改进产品品质、包装、设计、配方。在此背景下,企业应审慎评估品牌重新定位所带来的收益与风险。品牌重新定位不仅是企业适应经营环境和市场竞争的必要举措,

更是实施经营战略的关键所在。通过重新定位,企业及其产品在消费者心中的形象得以更新,实现"旧貌换新颜",从而赋予企业更旺盛的生命力。

(三)品牌定位的步骤

在企业品牌重新定位的实施策略上,我们要了解品牌重新定位需要经过的几个步骤。

1. 调查与分析评估,明确企业的竞争优势

针对企业现有品牌调整之必要性进行分析与评估,从竞争态势、企业自身实力、消费者行为及市场状况等多角度,深入研究企业当前所处的市场环境;同时,高度重视消费者对品牌认知与评价的重要性。

2. 选择具有品牌竞争力的定位

企业在确立新的品牌定位时,应在调查分析的基础上,以实现竞争优势的最大化为基本导向。为此,企业需审慎评估重新定位后的品牌在消费者心中的认同度、与企业形象的契合度以及是否便于确立在竞争中的优势等。

3. 制定整合营销传播方案,在不断传播中强化新的品牌形象

企业应采取广告、促销、公关等多种策略与形式,迅速确立重新定位后的品牌形象,使品牌形象深入人心,稳固品牌形象在消费者心中的地位。

二、整合品牌传播

整合品牌传播(Integrated Brand Communications,IBC)观念认为,从单一的战略平台上整合地使用各种媒体工具,比以往独立地使用媒体工具进行传播会带来更大的投入回报。整合品牌传播策略是一种整体性的传播方案,包括公关、广告、投资者关系、互动或内部传播等多种活动,旨在有效管理公司品牌资产。该策略起源于品牌价值管理,核心理论是通过品牌管理实现整合品牌传播价值的最大化。

整合品牌传播的首要价值在于提供一种全过程的管理,协同品牌资源,促进企业发展。制定策略时,企业需采取战略性方法,构建与消费者之间稳固的关系。以下是成功实施整合品牌传播的步骤。

(一)明确品牌在企业中充当的角色

品牌的作用是通过创造顾客忠诚度以保障未来收入。因此,整合品牌传播的起点应包括对品牌所充当及可充当角色的分析,以提高顾客忠诚度。在评估品牌价值时,需综合考虑企业战略、顾客需求、员工反馈以及关键股东等因素。

(二)理解品牌价值的构成要素

整合品牌传播计划为管理人员提供了评估品牌资产投资绩效的工具。虽然部分企业采用品牌价值评估方法,但在整合品牌传播中,价值评估的目的并非是得出具体数字,而是识别影响品牌价值的要素,并衡量传播活动对品牌价值的影响程度及预测效果。通过测量品牌价值的相对变化,企业可以量化投入回报并评估整体效果。

（三）明确谁是品牌信息期望到达的人群

品牌角色明确后，下一步是确定目标顾客。企业要区分、辨别核心顾客和有一定影响作用的顾客。成功影响核心顾客能激发其他顾客的关注和反应。首要挑战在于设计针对核心顾客的品牌战略和传播计划。

（四）形成"大创意"

"大创意"是独特的价值主张，传播独特信息可催化成长，传播雷同信息则浪费资源。"大创意"源于深入了解目标顾客需求、市场动态和商业计划，与企业策略相契合。"大创意"需满足四个标准：符合顾客需要；诉求区别于竞争对手；诚实可信；具备能够随着企业业务的发展而发展的内在张力。企业要明确怎样才能通过改变认知来获得"大创意"，一旦顾客形成了和品牌的忠诚关系，顾客将逐渐被纳入这个过程中。

（五）通过信息传播改变消费者认知

改变消费者对品牌的认知是艰巨任务，需不懈努力突破信息过载的心理防线。传播者必须通过精心准备的信息以消除混乱，促使消费者改变心理预期。在控制媒介预算的前提下，蕴含"大创意"的驱动性信息可获得良好的传播效果。投放媒介前确保信息准确，将有助于优化投入回报。

（六）理解单个媒介在改变认知态度和维持发展势头中的作用，一旦获得"大创意"，就需要使用合适的传播媒介

通常在各个参与阶段，均需采用个性化的媒介来满足受众需求。广告与公关活动是提升品牌认知的有效手段，同时对品牌相关性的塑造具有潜在影响。接触频率较高的媒体，无论间接、直接还是互动形式，均有助于强化品牌相关性及其独特价值感知。当购买决策形成后，直接互动成为提升满意度和忠诚度的有效途径。然而，此举亦面临一定挑战，需在各种媒体间寻求平衡，以构建一种整合的、能最有效传播信息的媒体解决方案。

（七）确定最佳媒介组合

执行的根本挑战在于确定最优的媒介组合，以激发目标受众对品牌的强烈忠诚度。关键在于在有限的媒介预算条件下，最大化信息传播效能，从而产生一种驱动性投入回报，并保障未来收益。创新性的媒介策划对于合理分配媒介预算至关重要，尤其在前一年，这将是对成功产生重大影响的因素。此后，作为示范性成果，第二年及后续年份的预算将以此为参考，进行品牌投入。

（八）效果测量

投资决策应在充分了解事实的基础上进行。在与其他投资方案的对比中，为使人们认同品牌传播整合投入作为一种投资而非开支，需展示相应的令人满意的投入回报。通过定量评估信息与媒体传播效果，有助于在未来几年内提升传播效果。

（九）从第五步开始，重复整个过程

整合品牌传播是一个有机的过程，深入展开可以使之得到滋长并变得更加强大。首次效果测量后，需回归整合起点，探讨提升空间。首先，审视信息维度，探讨驱动性可能；其次，审视媒介计划，考量是否到达目标受众；再次，审视媒介预算，讨论预算合理性；最后，审视评估工具，确认其是否有助于推动计划的实施。

第三节 品牌管理

一、品牌管理的概念

品牌管理是营销管理的重要组成部分，是指针对企业产品和服务的品牌，综合运用企业资源，通过计划、组织、实施、控制来实现企业品牌战略目标的经营管理过程。

研学旅行作为一种旅游新产品，教育特征鲜明，服务对象独特，承担的研学活动具有公益性，因此对品牌管理的需求尤为迫切。这既是为社会提供更优质的研学产品和服务，亦是为国家素质教育贡献力量。

二、品牌管理的价值法则

（一）最优化的管理

遵循此原则的企业致力于实现管理和运营的优化，以提供中等品质的产品和服务，并以适宜的价格和便捷的方式满足客户需求。这类企业并非依靠产品的创新或与客户建立紧密关系来争夺市场领导地位，而是通过低成本和简约服务来赢得市场份额。

（二）最优化的产品

在竞争激烈的产品市场中，专注产品研发并持续推出新品的企业，有潜力成为市场领导者。企业的核心使命是提供优质产品，满足客户需求。但单一新品不足以确立市场地位，需持续创新，满足客户对产品性能的期望。

（三）最亲密的客户关系

遵循此原则的企业侧重于为特定客户提供所需服务，而非迎合整个市场的需求。这类企业并非追求短期交易，而是致力于与精选客户建立长期稳定的业务关系。只有在长期稳定关系的基础上，才能深入了解客户独特需求，并满足其特殊需求。这些企业坚信：我们深知客户所需，通过为客户提供全方位解决方案和售后支持，助力实现客户的长远目标。

三、品牌管理实务

（一）品牌强化

科特勒强调企业应审慎对待品牌管理，妥善管理品牌资产，以免价值受损。品牌应持续发展，为顾客打造卓越的品牌体验，而非仅依赖广告投入。优化顾客品牌体验是构建品牌忠诚度的核心要素，每次满意的体验都能为品牌增色。

企业应动员全体员工参与品牌强化工程，推进内部品牌建设，帮助员工理解企业品牌承诺，并对其保持热情。此外，企业还可培训和激励分销及经销商为顾客提供优质服务。

品牌强化是持久战，企业需在品牌定位和传播方面持之以恒，传播品牌理念，让消费者牢记品牌核心理念。在保持核心品牌主张不变的前提下，企业可尝试传播策略和手段的微创新，实现品牌传播目标。

（二）品牌活化

科特勒指出："消费者品位和偏好的变化、新的竞争者和新科技的出现或者是营销环境的任何新发展都可能影响到一个品牌的命运。"但是，他又认为"很多曾经著名的、受尊敬的品牌都曾经历过困难时期甚至因此消失，但经过品牌活化，其中的一些品牌得以重新归来，并散发出重生一般的新活力。"针对此，科特勒对企业提出建议：当品牌陷入"山重水复疑无路"的境地时，可尝试"回归基础"，即重新审视品牌发展现状并回归初始定位；若原有定位已不再适用，企业可尝试"重塑自我"，根据实际情况和发展规划确立新的定位。无论采取哪种策略，最终目标均是使品牌焕发生机。实际上，激活老品牌的途径多种多样。消费者需求不断变化，品牌也需不断求新求变，紧跟市场发展和消费者消费行为。为摆脱或延缓衰老趋势，企业必须在品牌活化方面下功夫。

（三）品牌延伸

科特勒指出："品牌延伸就是把一个已有的品牌名称使用到一个新类别产品。"这种策略可以帮助企业将自己的知名品牌或者具有市场影响力的成功品牌扩展到与成名产品或者原产品不尽相同的新产品上，借助成功品牌的名气来推广新产品。品牌延伸主要分为产品线延伸和特许商品两种形式。品牌延伸策略有多项优势，如迅速吸引新客户、扩大经营范围、节省推广费用等。然而，品牌延伸策略需谨慎运用，需从消费者需求、品牌认知、潜在认知、长期发展战略等多方面评估，做出理性决策。对企业而言，品牌延伸是推广新产品进入市场的有效方法，但需注意策略的运用，避免滥用。

（四）联合品牌

科特勒指出："企业可以将旗下的某个品牌与自己的其他品牌或者其他公司的品牌捆绑起来，形成联合品牌。"联合品牌的核心优势在于集结多个品牌之长，提升产品吸引力，增强消费者信任。品牌联合是针对无直接竞争关系的企业进行战略整合，通过整合资源，为各类企业提供低成本的拓展渠道，触达更多潜在客户。品牌联合的核心在于寻找相似客户群体的其他企业,通过合作共同开发市场,实现强强联合,提高品牌吸引力,降低进入新市场的难度和风险。

第四节　研学旅行产品品牌策略

一、研学旅行产品品牌及其构成要素

（一）研学旅行产品品牌属性

研学旅行产品品牌指用以辨别某一研学旅行产品(包括研学旅行目的地、基地或营地、研学线路、课程设计、单项研学服务等)的名称、标识、符号、图案或其组合,使研学者能够辨识研学旅行运营企业或研学基地的产品与服务,并将其与竞争对手区别开来,从而促使研学旅行者进行购买和参与。在研学旅行市场中,品牌的持久特质在于研学旅行产品的价值、文化和个性。

（二）研学产品品牌构成要素

一个优秀研学旅行品牌的构成要素,包括以下六个方面。

1. 品牌属性

研学旅行品牌,首要体现为特定产品的特定属性,为研学者带来独特价值和体验。

2. 品牌利益

品牌不仅代表着研学旅行产品的一整套特性,还代表着特定的权益。消费者在选购研学旅行产品时,并非仅仅关注其所具备的属性,更是期望获得某种独特的利益。

3. 品牌价值

研学旅行产品品牌在一定程度上反映了研学目的地的政治、经济、文化状况,以及自然、历史和人文风貌。同时,它也传达了企业所秉持的思想观念和行事风格,这些共同构成了研学旅行品牌的价值观。

4. 品牌文化

品牌文化是企业文化的重要组成部分。品牌文化不仅代表了企业的形象和价值观,还反映了企业的历史、使命和未来愿景。一个强大的品牌文化能够激发员工的归属感和自豪感,增强企业的凝聚力和竞争力。

5. 品牌个性

品牌代表了一定的个性,是特定研学旅行产品与其他研学旅行产品相区别的重要因素。

6. 品牌使用者

客户依据地域、年龄、性别、教育背景、性格等因素,按照教学计划和课程体系,会选择合适的研学地点、研学旅行运营企业,以及各种旅行套装行程来参与适合自己的研学

旅行活动项目。

二、研学旅行产品品牌策略的具体措施

（一）研学旅行品牌化决策

研学旅行品牌化决策，是指研学旅行运营企业决定是否给研学旅行产品起名，是否设计标识、图案、符号等形象识别系统，研学地是否进行研学形象设计，以及是否开展研学口号创作、会展营销、整合营销等一系列活动的决策活动。

（二）研学旅行品牌使用者决策策略

旅行品牌使用者决策，是指研学旅行企业决定使用本企业（制造商）的品牌，还是使用经销商的品牌，或两种品牌兼用。在研学旅行产业中，制造商与经销商之间的品牌使用权竞争主要表现在研学旅行产品的生产者和销售渠道之间，即涉及饭店、景区、研学目的地等研学旅行产品生产者，与旅行社、旅游电子商务网站等研学旅行产品销售渠道之间的博弈。

（三）研学旅行品牌名称决策策略

研学旅行品牌名称决策，是指研学旅行运营企业决定所有产品使用个别品牌或几个品牌，还是不同研学旅行产品分别使用不同的品牌，大致有以下四种决策模式。

1. 研学旅行个别品牌名称

研学旅行个别品牌名称，即研学旅行运营企业决定每个研学产品使用不同品牌，采用个别研学旅行品牌名称。针对各类产品寻求独特市场定位，有助于提升销售业绩、应对市场竞争，同时分散风险，确保研学旅行运营企业整体声誉不会因特定研学旅行产品表现欠佳而受到影响。

2. 研学旅行统一品牌名称

研学旅行统一品牌名称，就是对所有研学旅行产品使用共同的品牌名称，即研学旅行运营企业所有研学产品都使用同一种品牌。针对享有盛誉的知名企业，统一使用单一研学旅行品牌名称策略，可充分发挥其品牌优势，推动运营企业所有研学产品热销。同时，此类企业在宣传新产品方面的费用投入相对较低，有利于新研学旅行产品顺利进入市场。

3. 研学旅行大类品牌名称

研学旅行大类品牌名称，就是各大类研学旅行产品使用不同的品牌名称，一般是为了区分不同大类的研学旅行产品，一个产品大类下的产品再使用共同的品牌，以便在不同大类产品领域中树立各自的品牌形象。

4. 研学旅行个别品牌名称与研学旅行运营企业名称并用

研学旅行个别品牌名称与研学旅行运营企业名称并用，即企业决定其不同类别研学旅行产品分别采取不同的品牌名称，且在品牌名称之前都加上研学旅行运营企业名称，此策略多用于新研学旅行产品开发。添加研学旅行运营企业名称作为新研学旅行产品的品牌，可使得该产品受益于运营企业的良好声誉；与此同时，运用各异的品牌名称，有助于展现各类新研学旅行产品的独特特色。

三、研学旅行品牌战略决策策略

（一）研学旅行产品线扩展策略

研学旅行产品线扩展指企业现有的研学旅行产品线使用同一品牌，当增加该研学旅行产品线的产品时，仍沿用原有的品牌。这种新型研学旅行产品主要通过对现有产品的局部优化升级，例如增添新颖课程、拓展探险目的地，以及调整行程和主题等手段，以满足消费者多元化需求。

（二）研学旅行多品牌策略

研学旅行多品牌策略是一种在相同研学旅行产品类别中引进多个品牌的策略。一个研学旅行运营企业在构建品牌组合时，实施研学旅行多品牌战略，主要是为了规避和降低风险。这些品牌之间的形象既有区别，又存在联系，品牌组合的概念寓意着整体优势大于各部分之和。

（三）研学旅行新品牌策略

研学旅行新品牌策略是为研学旅行新产品设计新品牌的策略。在研学旅行产业中，当一个运营企业在推出新款研学旅行产品时，可能会发现原有品牌名称与其不匹配，或认为有更优质、更恰当的品牌名称适合新产品，从而促使企业设计全新品牌。

（四）研学旅行合作品牌策略

研学旅行合作品牌也称为研学旅行双重品牌。研学旅行协同品牌策略指的是两个或多个研学旅行品牌在某一研学旅行产品上展开合作，旨在借助彼此的优势，提升整体品牌形象及消费者购买意愿。协同品牌策略有多种形式，如中间研学旅行产品协同品牌，以及研学旅行合资协同品牌等。在研学旅行行业的发展过程中，主要体现为各地研学旅行目的地携手合作，共同塑造整体研学旅行品牌。

（五）研学旅行品牌再定位决策策略

研学旅行品牌再定位决策策略是指一种研学旅行品牌在市场上最初的定位也许是适宜、成功的，但到后来研学旅行运营企业可能不得不对其重新定位。导致这一现象的原因错综复杂，包括竞争者可能推出新的研学旅行品牌，致使原有企业的市场份额受到挤压；市场营销中顾客偏好的变化，使得研学旅行运营企业的品牌需求降低；或者公司策略性地决定进入新的研学旅行细分市场等。这些变化均要求企业对其产品进行再定位，以适应市场的新需求。

（六）研学旅行品牌延伸决策策略

研学旅行品牌延伸决策策略是将某一成熟研学旅行品牌或某一具有较大市场影响力的成功研学旅行品牌使用到其他的研学旅行产品上。研学旅行品牌延伸并非仅局限于表面的品牌名称借用，而是对整个研学旅行品牌资产的策略性运用。

（七）研学旅行品牌更新策略

研学旅行品牌更新策略是指随着研学旅行运营企业经营环境和研学者需求的变化，研学旅行品牌的内涵和表现形式也要不断变化更新。研学旅行品牌转型升级策略涵盖形象刷新，定位调整，研学旅行产品更新升级，以及研学旅行管理体系创新等诸多方面。

（八）研学旅行品牌联盟策略

研学旅行品牌联盟策略是指若干家研学旅行运营企业共同使用统一品牌，利用自身的资源优势生产同一研学旅行产品或者系列研学旅行产品，形成较大的研学旅行品牌联合体。在研学旅行品牌联盟的架构下，各成员可共享研学旅行的销售渠道和广告推广资源，从而显著降低成本，并缩短研学旅行产品进入市场的周期。

本章小结

品牌是研学旅行项目运营的关键，它决定了研学旅行的质量与形象。品牌的价值是功能性利益、情感性利益。品牌具有差异效应、光环效应、情感效应、附加效应。研学旅行品牌服务平台具有公益性、专业性、综合性的特点。研学品牌定位的内容主要有：品牌区隔的建立；品牌作用、方向和消费者心理；品牌重新定位。品牌管理的价值法则包括最优化的管理、最优化的产品、最亲密的客户关系。品牌管理实务主要有品牌强化、品牌活化、品牌延伸、联合品牌四个方面。研学产品品牌构成要素主要有品牌属性、品牌构成要素。研学旅行产品品牌策略的具体措施包括：研学旅行品牌化决策、品牌使用者决策策略、品牌名称决策策略。研学旅行品牌战略决策策略，包括产品线扩展策略、多品牌策略、新品牌策略、合作品牌策略、品牌再定位决策策略、品牌延伸决策策略、品牌更新策略、品牌联盟策略。

课后训练

一、填空题

（1）品牌的价值是_____、情感性利益。

（2）品牌内涵六大内容是属性、_____、价值、文化、个性、用户。

（3）品牌具有_____、光环效应、情感效应、附加效应。

二、思考题

（1）请简述品牌效应。

（2）请简述整合品牌传播。

（3）请简述研学产品品牌构成要素。

（4）请简述品牌管理实务。

（5）请简述研学旅行产品品牌策略的具体措施。

（6）请简述研学旅行品牌战略决策策略。

在线答题

参考文献

References

[1] 景安东.中国传统戏曲艺术及经典剧目赏析[M].成都：电子科技大学出版社,2012.

[2] 巴兆祥.中国民俗旅游:新编[M].2版.福州:福建人民出版社,2013.

[3] 保继刚,楚义芳.旅游地理学[M].3版.北京:高等教育出版社,2012.

[4] 北京巅峰智业旅游文化创意股份有限公司课题组.旅游文化创意与规划[M].北京:旅游教育出版社,2017.

[5] 曹扬.体育旅游资源的特征、涵义和分类体系的探讨[J].体育风尚,2019(4).

[6] 陈航.研学旅行课程设计与实务[M].长沙:中南大学出版社,2022.

[7] 陈奕梅,赵霞.文学艺术鉴赏[M].成都:电子科技大学出版社,2016.

[8] 党印,魏玲云.新时代劳动教育实践基地建设与发展状况探析[J].中国校外教育,2023(1).

[9] 段红艳.体育旅游项目策划与管理[M].武汉:华中师范大学出版社,2017.

[10] 樊艳艳,苏日娜,王宇榕.基于研学旅行的中小学劳动教育路径探析[J].教学管理与教育研究,2022(24).

[11] 符茂正,庄雪球,黄健恒.谈如何树立海南研学游旅游服务品牌[J].才智,2020(1).

[12] 甘枝茂,马耀峰.旅游资源与开发[M].天津:南开大学出版社,2000.

[13] 国家旅游局资源开发司,中国科学院地理研究所.中国旅游资源普查规范(试行稿)[M].北京:中国旅游出版社,1993.

[14] 郝彬华.山东省小学国防教育类研学旅行课程开发研究[D].聊城:聊城大学,2022.

[15] 郝丽萍,王晶.借助研学旅行开展生命教育[J].河北教育(德育版),2020(6).

[16] 黄济.当代教师百科[M].杭州:浙江教育出版社,1994.

[17] 江丙瑞,杨钊,刘斌.基于集约理念的温泉旅游资源开发路径探析——以安徽省为例[J].重庆交通大学学报(社会科学版),2018(5).

[18] 姜振寰.科学技术史[M].济南:山东教育出版社,2019.

[19] 姜正国.劳动教育与工匠精神教程[M].北京:北京理工大学出版社,2021.

[20] 蒋雄超.知行合一,融合共生——基于研学旅行的劳动教育实践[J].中小学教材教学,2020(11).

[21] 康今印.简谈汉字的起源和形体的演变[J].河北师范大学学报(哲学社会科学版),1981(3).

[22] 李斌,徐波锋.梦山书系 国际教育新理念[M].福州:福建教育出版社,2015.

[23] 李岑虎.研学旅行课程设计[M].北京:旅游教育出版社,2021.

[24] 李继宗.现代科学技术概论[M].上海:复旦大学出版社,1994.

[25] 李林,吴天勇.武汉历史文化资源的保护与旅游开发[M].武汉:华中师范大学出版社,2017.

[26] 刘奔越.广东省体育旅游资源空间结构及其优化策略研究[D].广州:广州体育学院,2022.

[27] 刘嵋.大学生生命教育教程[M].北京:北京理工大学出版社,2020.

[28] 刘世峰.中小学的劳动技术教育[M].北京:人民教育出版社,1993.

[29] 芦爱英.导游文化基础知识[M].北京:中国旅游出版社,2013.

[30] 马耀峰,甘枝茂,宋保平,等.旅游资源开发与管理[M].3 版.天津:南开大学出版社,2013.

[31] 孟琢.汉字就是这么来的:走进汉字世界 [M].长沙:湖南少年儿童出版社,2020.

[32] 潘晶.多姿多彩的中国舞蹈 [M].济南:济南出版社,2018.

[33] 潘淑兰,王晓倩.研学旅行概论[M].武汉:华中科技大学出版社,2022.

[34] 彭其斌.研学旅行工作实务 100 问[M].济南:山东教育出版社,2019.

[35] 沈祖祥.旅游文化学[M].福州:福建人民出版社,2020.

[36] 韩玉曼,邓德智,石媚山,等.研学旅行市场营销[M].北京:旅游教育出版社,2020.

[37] 隋金秀.小学自然地理类研学旅行课程开发研究——以山东省为例[D].聊城:聊城大学,2021.

[38] 孙亚辉.文化旅游产业的研究[M].天津:天津科学技术出版社,2017.

[39] 孙月飞,朱嘉奇,杨卫晶.解码研学旅行[M].长沙:湖南教育出版社 2019.

[40] 唐云松.旅游资源学[M].西安:西安交通大学出版社,2019.

[41] 田昊.山东省小学科技类研学旅行课程开发研究[D].聊城:聊城大学,2022.

[42] 田里,李常林.生态旅游[M].天津:南开大学出版社,2004.

[43] 汪东亮,胡世伟,陆依依,等.旅游文化[M].北京:清华大学出版社,2016.

[44] 王明星.体育产业与旅游产业耦合发展形势下的场馆设计初探——以金山岭国际射击场为例[J].长春工程学院学报(自然科学版),2021(2).

[45] 王瑞花.云南山地旅游资源特征及开发保护策略——以滇中轿子雪山为例[D].昆明:昆明理工大学,2005.

[46] 王文彬.旅游市场营销[M].济南:山东人民出版社,2016.

[47] 王文章.非物质文化遗产概论[M].北京:文化艺术出版社,2006.

[48] 王兴华,王兆明,金花.中国旅游历史文化[M].北京:旅游教育出版社,2015.

[49]　吴必虎.区域旅游规划原理[M].北京:中国旅游出版社,2001.

[50]　吴春焕.红色旅游的社会效应研究——基于红色文化认同的视角[M].北京:旅游教育出版社,2019.

[51]　吴翠燕,刘幼平,邓鹏,等.生命教育视域下研学旅行课程设计与开发探讨[J].当代旅游,2021(26).

[52]　吴凯,刘慧.生命教育视域下研学旅行的着力点与实施路径[J].教育科学,2022(5).

[53]　肖光明.旅游规划[M].青岛:中国海洋大学出版社,2020.

[54]　谢贵安,谢盛.中国旅游史[M].武汉:武汉大学出版社,2012.

[55]　徐仁立.中国红色旅游研究[M].北京:中国金融出版社,2010.

[56]　许昌斌,李玺.研学旅行项目开发与运营[M].武汉:华中科技大学出版社,2022.

[57]　薛兵旺,杨崇君,官振强.研学旅行实用教程[M].武汉:华中科技大学出版社,2020.

[58]　薛兵旺,杨崇君.研学旅行概论[M].北京:旅游教育出版社,2020.

[59]　袁书琪,郑耀星.体育旅游资源的特征、涵义和分类体系[J].体育学刊,2003(2).

[60]　张伟强,刘少和.旅游资源开发与管理[M].2版.广州:华南理工大学出版社,2013.

[61]　张晓东.大学书法艺术与鉴赏[M].成都:西南交通大学出版社,2019.

[62]　张欣阳.牡丹江市历史文化旅游资源探究[M].北京:冶金工业出版社,2018.

[63]　赵尔奎,杨朔.文化资源学[M].西安:西安交通大学出版社,2016.

[64]　赵平.劳动教育和研学旅行的融合研究[J].创新创业理论研究与实践,2021(24).

[65]　赵文怡.遇见中国音乐艺术[M].上海:上海交通大学出版社,2021.

[66]　郑明玮.丹寨县民族手工业与旅游业融合发展模式研究[D].贵阳:贵州民族大学,2021.

[67]　郑晓非.地学研学旅行课程开发概论[M].北京:气象出版社,2021.

[68]　朱志荣.中国文学艺术论[M].太原:山西教育出版社,2000.

[69]　朱捷,陈晓健,孙增兵.市场营销[M].成都:电子科技大学出版社,2020.

[70]　李正福.科学教育基础设施建设的现状与发展[J].中国现代教育装备,2015(22).

[71]　李娟,陈玲,李秀菊,等.我国小学科学教师和科学教育基础设施现状分析研究[J].科普研究,2017(5).

教学支持说明

为了改善教学效果,提高教材的使用效率,满足高校授课教师的教学需求,本套教材备有与纸质教材配套的教学课件和拓展资源。

为保证本教学课件及相关教学资料仅为教材使用者所得,我们将向使用本套教材的高校授课教师免费赠送教学课件或者相关教学资料,烦请授课教师通过电话、邮件或加入旅游专家俱乐部 QQ 群等方式与我们联系,获取"电子资源申请表"文档并认真准确填写后发给我们,我们的联系方式如下:

地址:湖北省武汉市东湖新技术开发区华工科技园华工园六路

邮编:430223

电话:027-81321911

E-mail:lyzjjlb@163.com

旅游专家俱乐部 QQ 群号:758712998

旅游专家俱乐部 QQ 群二维码:

微信公众号二维码:

群名称:旅游专家俱乐部 5 群
群　号:758712998

华中出版柚书 Trip book

电子资源申请表

填表时间：_____年____月____日

1. 以下内容请教师按实际情况写，★为必填项。
2. 相关内容可以酌情调整提交。

★姓名		★性别	□男 □女	出生年月		★职务	
						★职称	□教授 □副教授 □讲师 □助教
★学校				★院/系			
★教研室				★专业			
★办公电话			家庭电话			★移动电话	
★E-mail（请填写清晰）						★QQ号/微信号	
★联系地址						★邮编	

★现在主授课程情况		学生人数	教材所属出版社	教材满意度
课程一				□满意 □一般 □不满意
课程二				□满意 □一般 □不满意
课程三				□满意 □一般 □不满意
其 他				□满意 □一般 □不满意

教 材 出 版 信 息			
方向一		□准备写 □写作中 □已成稿 □已出版待修订 □有讲义	
方向二		□准备写 □写作中 □已成稿 □已出版待修订 □有讲义	
方向三		□准备写 □写作中 □已成稿 □已出版待修订 □有讲义	

请教师认真填写表格下列内容，提供索取课件配套教材的相关信息，我社根据每位教师填表信息的完整性、授课情况与索取课件的相关性，以及教材使用的情况赠送教材的配套课件及相关教学资源。

ISBN（书号）	书名	作者	索取课件简要说明	学生人数（如选作教材）
			□教学 □参考	
			□教学 □参考	

★您对与课件配套的纸质教材的意见和建议，希望提供哪些配套教学资源：